胡雪岩全传

林学武 ◎ 著

华中科技大学出版社
http://www.hustp.com
中国·武汉

图书在版编目（CIP）数据

胡雪岩全传 / 林学武著. -- 武汉：华中科技大学出版社，2014.4（2023.9重印）

ISBN 978-7-5609-9990-6

Ⅰ.①胡… Ⅱ.①林… Ⅲ.①胡雪岩（1823~1885）—传记 Ⅳ.①K825.3

中国版本图书馆CIP数据核字(2014)第081291号

胡雪岩全传

林学武 著

责任编辑：吴丽程
封面设计：柏拉图创意机构
责任校对：孙 倩
责任监印：朱 玢

出版发行：华中科技大学出版社(中国 · 武汉)	电话：（027）81321913
武汉市东湖新技术开发区华工科技园	邮编：430223

印　　刷：天津中印联印务有限公司
开　　本：710mm×1000mm　1/16
印　　张：18.5
字　　数：257千字
版　　次：2014年06月第1版第1次印刷　2023年9月第1版第15次印刷
定　　价：32.00元

本书若有印装质量问题，请向出版社营销中心调换
全国免费服务热线：400-6679-118　竭诚为您服务
版权所有　侵权必究

【序言】

常言道："古有先秦陶朱公，近有晚清胡雪岩。"一代红顶商人胡雪岩在中国近代商业史上的地位，堪与中国古代"商圣"陶朱公范蠡相媲美，后人誉之为"亚商圣"。他由钱庄白手起家，以金融为龙头，设典当，倒生丝，开药铺，财源广进；他贩军火，筹军饷，借洋款，办船厂，周旋于官府势力、江湖漕帮、洋商买办等三教九流之间，层层托靠，坐收渔利；他生逢乱世，结交权贵，纳粟助赈，左右逢源；他善于孤注一掷，善于官商结合，精于商战谋略，巧于笼络人心，精于做人之道，官居二品，财色双收，留下无尽风流佳话。

然而，这一切都只是胡雪岩风光的一面。正如他自己所说："我是天从人愿，赌博一生，看似风光无尽，实则如履薄冰。"把胡雪岩放到清末那个特定的时代来考察，我们不难发现他其实是一个悲剧性的历史人物。

胡雪岩出身贫寒，发迹于官场，也败垮于官场。从他有意结识王有龄开始，就注定了他必然要与官场、政治时局产生千丝万缕的联系。他早期依靠王有龄的关系和势力，投机钻营，以精巧的连环计收买人心，网罗赌棍，拉拢富商，混迹于勾栏赌场，并迅速发迹。后来，他在战乱中两次机智的应变使他得到了左宗棠的赏识，顺势归于左宗棠麾下，一面为左宗棠筹粮，一面利用过手的官银扩办私人钱庄，继而独揽替左宗棠代购洋枪洋炮的生意，并为左宗棠计划在福建创建的马尾造船厂筹集资金，后又开举外债之先河。胡雪岩对左宗棠军务的支持引起了慈禧的关注，她先是御封其为四省税务代理总管，后又御赐其黄马褂，让他成为中国历史上唯一的红顶商人。此后，胡雪岩又凭借其卓越的商业头脑,在全国各地设立"阜康"钱庄分号,在杭州创立"胡庆余堂"中药店,事业可谓如日中天。为了打破洋商的垄断,他还创办了民族工业缫丝厂,迫使贪婪的英商不得不求助于左宗棠的政敌李鸿章。正是在李鸿章等人的幕后谋划下,胡雪岩被摘去"红顶",再加上对手的煽动,钱庄突然发生挤兑,近3000万两银子的家业也顷刻散尽,一代商业奇才在困惑悲叹中撒手西去。

胡雪岩的一生,既是一名商人在兵荒马乱中苦寻机遇、冒险打拼的真实写照,又是清末官场尔虞我诈、钩心斗角、争权夺利的一面镜子,也是中国最后一个封建王朝在内外交困中走向末路的一个缩影。100多年过去了,人们之所以仍记得胡雪岩,不仅是因为他创办的胡庆余堂还在,他修建的大宅子还在,更因为他传奇的一生,给人们留下了许许多多的启示和思考。

胡雪岩的一生,为什么会如此大起大落?他成功的经验是什么,他失败的教训又有哪些?

由于胡雪岩死前被抄家,留下的资料很少,因此现有小说中关于胡雪岩的传奇故事,多半取材于民间传说。本书尽可能搜集并考证更多资料,用写实的手法,再现胡雪岩波澜壮阔、跌宕起伏的一生。全书既重史实,又不乏细腻的细节描写,更有对其成败得失的概括总结,使读者能够更全面、更深刻地认识一个真实的胡雪岩。

为政要看曾国藩,经商要学胡雪岩。无论历史上的胡雪岩境遇究竟如何,作为一个有所成就、影响巨大的商人,他总能给人以启示;倘若后人能从中悟出点什么,这就足够了。

目 录
Contents

引　子 1

第一章　善恶有报，行仗义竟结仗义人 1

　　胡雪岩作为信和钱庄的"出店"，奉命去向捐官未成、欠下一屁股债的"徐疯子"讨债，恰巧遇到另一位债主正在威逼"徐疯子"，"徐疯子"羞愤难当，于当晚投河自尽。胡雪岩闻讯不禁感慨万千，主动出面安葬了孤苦伶仃的"徐疯子"。

第二章　慧眼识珠，冒风险助人遭解雇 8

　　每天忙完工作后，胡雪岩都会到"十里香"茶楼歇脚，由此认识了一个名叫王有龄的落魄书生。胡雪岩看出王有龄非池中之物，得知他捐过官却一直未能补实缺后，便擅自将刚收回来的呆死账500两银子赠予他，助他进京补缺，结果自己却被钱庄开除了。

第三章　意外重逢，出奇谋化解漕运难 ············ 16

王有龄进京后，遇到了自己的"总角之交"吏部侍郎何桂清。正所谓朝中有人好办事，王有龄很快得到了浙江海运局坐办之职。他走马上任后，面对积弊已久的漕运问题，不禁头痛不已。将这一切看在眼里的胡雪岩，心里有了自己的盘算。

第四章　结交漕帮，办海运各方巧周旋 ············ 28

为解漕运之难，胡雪岩靠"情义"二字，与江湖闻名的漕帮结交。他站在双方的立场进行筹划安排，左右周旋，上下打点，使积弊已久的漕运问题迎刃而解。

第五章　巧借人脉，开钱庄信誉即生意 ············ 40

王有龄因圆满解决了漕运问题而获"能吏"之称，胡雪岩也因此得到了巡抚的夸奖。随后，胡雪岩借力用力，装点门面，风光地创办了自己的阜康钱庄。

第六章　挑动芳心，装糊涂无意解风情 ············ 50

王有龄很快升任湖州知府，在陪王有龄赴任途中，胡雪岩与暗恋自己的翠环姑娘倾心交谈，但就是不将这层窗户纸捅破。这时，王有龄也恋着梨花春的芸香，于是，胡雪岩把这位与自己交情不浅的芸香姑娘赎出来，送给王有龄为妾。

第七章　背靠官府，办丝行拜会"顺生堂" ………… 59

　　胡雪岩得知湖州的蚕丝闻名天下，决定进入生丝行业。为了在这个竞争激烈的行当中站稳脚跟，他讲"义"让"利"，广交各路朋友，左右逢源，一举成为行业领头羊。

第八章　平叛定乱，施援手求贤助功成 ………… 68

　　王有龄还沉浸在晋升为湖州知府的喜悦之中，辖区内却发生了暴乱，他忙召候补道员嵇鹤龄剿匪平乱，但对方却应而不出。胡雪岩见状主动出面，为嵇鹤龄解决经济困难和后顾之忧，在情理相加、恩威并重之下，嵇鹤龄终于挺身而出，顺利平乱。

第九章　深谋远虑，助鹤龄补缺海运局 ………… 78

　　官场上的潜规则令王有龄穷于应付，在省级官员调整前夕，他产生了激流勇退的念头。胡雪岩及时为他详细分析利弊得失，力劝他激流勇进，并将官场上的各种关系处理得恰到好处，使双方各有所得。

第十章　再出奇招，助团练买枪又赚钱 ………… 87

　　作为一介商人，胡雪岩时刻关注着官场之事。地方办团练之议，让他窥见了巨大的商机。于是，他打通关节，结交洋人朋友，名正言顺地做起了军火生意。

第十一章　智斗洋商，抬高价垄断生丝行 ………………… 97

有感于洋商控制中国的生丝生意，盘剥桑农，胡雪岩挺身而出，出钱让利，联合"各自为政"的沪、杭、湖等地丝商，共同抗击洋商，一举成为华商勇斗洋人的一面旗帜。

第十二章　贩卖军火，解麻烦招安美名扬 ………………… 107

胡雪岩的军火生意原本一帆风顺，却突然被人插了一脚，甚至被匪帮打了劫。他审时度势，权衡利弊，对商场之争，让利；对匪帮之劫，收抚，终于使自己的军火运输畅通无阻。

第十三章　纳妾续房，迎翠环甘愿"两头大" ……………… 116

风流成性的胡雪岩，爱江山，更爱美人。对于喜欢的女人，他总是想方设法揽入怀中。为了迎娶自己恋慕已久的翠环姑娘，他颇费了一番周折。

第十四章　察言观色，舍阿巧割爱贿贪官 ………………… 124

在劝说江苏学政何桂清出任浙江巡抚时，胡雪岩的小妾巧云被何桂清相中。心领神会的胡雪岩为此忍痛割爱，将巧云拱手相让。

第十五章　眼观大局，助官府带头购宝钞 ………………… 133

时势造英雄。就在胡雪岩为扩大钱庄的业务范围而发愁时，发生了两件事：一是正在打仗的湘军要借贷发饷，二是户部分发官票要求各钱庄认购。他很快看到了其中的机会，于是顺势而为，不仅让阜康钱庄声名鹊起，而且分行和票号也相继开业。

第十六章　既打又拉，握把柄妙计拢人心 ……………… 143

胡雪岩与生丝巨商庞二合作已久，庞二发现手下朱福年有挪用公款之嫌，便拜托胡雪岩处理此事。胡雪岩见朱福年精明能干，是个可用之人，于是对账面漏洞看破不点破。朱福年心知肚明，对胡雪岩既佩服又感激，随后归顺其门下。

第十七章　略施小计，并泰康再征元昌盛 ……………… 154

胡雪岩志存高远，打算在全国各地开办自己的钱庄、票号。在"攻城略地"的过程中，面对"泰康""元昌盛"等竞争对手，他出其不意，攻其不备，将它们一一兼并，在上海、福州、北京等地顺利开张。

第十八章　临危受命，忘生死倾力救粮荒 ……………… 163

王有龄升任浙江巡抚后，恰逢太平军进扰浙江，杭州城闹起了饥荒。胡雪岩受王有龄委托，出城急购军粮。

第十九章　杭州城破，王有龄自绝桂花树 ……………… 171

胡雪岩出城购粮后，太平军将杭州城围得水泄不通，城内断粮断水，形势急转直下。王有龄率领的饥兵饿将抵挡不住强悍的太平军攻击，眼睁睁看着胡雪岩将粮食运到护城河，却无力抢运入城。城破之际，王有龄上吊自杀了。

第二十章　不负重托，献军粮助左受赏识 …………… 181

为免粮食落入太平军之手，胡雪岩将其运往宁波储藏。在绝望、悔恨、迷茫交织之时，他听说左宗棠率部反击太平军，已攻至杭州城南，于是将粮食重新装船，冒死拜见左宗棠，献上2万石军粮，望其收复杭州，为好友王有龄报仇。左宗棠对他赞赏有加，并委以重任。

第二十一章　悬壶济世，建药堂货真创名牌 …………… 192

有了胡雪岩的后勤保障，左宗棠所部顺利光复杭州，横扫浙赣闽太平军残部。左宗棠因功高升，随后委托胡雪岩参与杭州的战后复建工作。在向军民施药救苦的过程中，胡雪岩感到人们对医药的需求甚大，商机无限，于是以治病救人为宗旨，以戒欺为准则，创办了胡庆余药堂。

第二十二章　争权夺利，办船厂无意树强敌 …………… 200

湘军攻陷天京后，左宗棠升任闽浙总督，坐镇福州。胡雪岩倾力协助左宗棠兴办洋务，创办福州船政局，购买工料，聘请洋匠，雇用本国技工，开设工艺局。

第二十三章　长袖善舞，筹巨款力挺左宗棠 …………… 208

左宗棠在闽浙干得风生水起之际，新疆发生了叛乱，朝廷将他从大东南调往大西北作为平乱大吏，于是，为几十万军队筹措粮饷的重任又落在了胡雪岩身上。胡雪岩发挥自身特长，周旋于官场、商场、洋场，顺利筹集饷银千万两。

第二十四章　贪恋美色，亏当铺换得新夫人 ………………… 220

因忙于官场事务，胡雪岩疏于钱庄、当铺管理，以致问题重重。郭庆春建议把各分号的管总来个大调换。当时宁波当铺的问题最为突出，管总决定以色相诱，胡雪岩迷恋美色，果然心慈手软。

第二十五章　大兴土木，享安乐处处藏危机 ………………… 227

胡雪岩在官场、商场、情场可谓处处得意，于是斥巨资大建楼阁庭院，极尽奢华，出尽了风头，同时也为日后的衰败埋下了伏笔。

第二十六章　襄助西征，赐一品受赏黄马褂 ………………… 236

历经10年平叛，左宗棠终于功成凯旋，封侯赐爵。胡雪岩自然也功不可没。慈禧太后特赏二品红珊瑚顶戴和黄马褂，并封胡母金氏为一品夫人。胡雪岩可骑马行走于紫禁城，成为炙手可热的"红顶"商人。

第二十七章　官场权争，风云起左李龙虎斗 ………………… 245

常言道："祸兮福之所倚，福兮祸之所伏。"左、胡荣耀至极，引起了政敌的忌恨，他们制定"倒左先倒胡"的连环套，令胡雪岩措手不及，防不胜防，花费二十几年时间建立起来的金融大厦摇摇欲坠。

第二十八章　对抗洋商，窝里斗独木难力撑 ………………… 254

　　胡雪岩数年来囤积生丝，垄断洋场，大长国人志气。当政治风向骤转时，他不再是以前那个呼风唤雨的胡雪岩了，只能凭一己之力死抗洋商，不料官府却乘机拆台，令他赔尽血本。

第二十九章　上下其手，倾家产店铺被查封 ………………… 262

　　胡雪岩力挽狂澜，苦苦支撑着自己的金融大厦，但对手没有给他喘息的机会，制造了阜康钱庄挤兑风潮，为此他倾尽家产，紧急救市，无奈只是杯水车薪。这时对手仍在赶尽杀绝，他们纷纷参奏朝廷，要查抄他的家产。

第三十章　撒手人寰，烟云散一片白茫茫 ……………………… 272

　　发达于一时，破产于瞬间，胡雪岩的母亲在突如其来的打击中与世长辞，妻妾们也是死的死，散的散。回想自己波澜起伏的一生，空手来，空手去，胡雪岩露出了最后一丝微笑，撒手人寰。

后记 ………………………………………………………………… 279

引 子

"从政要学曾国藩，经商要学胡雪岩。"自近代以来胡雪岩就被商界奉为楷模。一个多世纪以来，许许多多白手起家、渴望创造奇迹的创业者，无不在追寻这位富可敌国的商人的成功足迹。作为中国近代史上一个有影响力的历史人物，胡雪岩经历清代道光、咸丰、同治、光绪四朝，是中国近代徽商的典型代表。

徽州自古以来山多田少、土地瘠薄，徽州人的农业收入不足以自给，只好转而从事手工业和商业。清代雍、乾两朝，安徽形成南文北武的传统，徽南以治学、经商最有成就，尤以徽州最具特色。

徽州绩溪胡里村（今安徽绩溪湖里村），山清水秀，远处龙峰耸立，呈虎踞之势；登源河蜿蜒而来，由东向西绕村而去。自东晋以来，胡氏家族繁衍不息，人丁兴旺，文风鼎盛，名人辈出。胡里村村民多为胡姓，胡姓中又分三支，其中一支是李氏改胡，从外地迁徙而来，属唐朝皇族李氏的后裔。胡鹿泉（号芝田）便是"外来胡"之一，他虽是小有学识的乡村名士，但因家境贫寒，不受"本地胡"待见，甚至连名字都未入胡姓家谱。

道光三年（1823年），胡鹿泉家的第四个孩子出生了，乳名顺官，后取名光墉。他出生后不久，胡家的老三光鼐就夭折了，光墉便排序为老三。光墉之后又有两个孩子出世，这样，胡家便有了光桂、光鉴、光墉、光培、光椿五个孩子。

胡鹿泉以种地为生，家里有几亩薄田，可以自给自足，后因家大口阔，只得兼做一些小生意，勉强维持一家人的生活。

胡光墉8岁就给地主家放牛。有一天，他与几个同村的孩子在山上玩耍，突然，一个年龄较小的孩子不小心从陡坡上滚落下去，吓得同伴们都奔逃回家。胡光墉没有跑，他赶紧爬下山谷去救人，所幸山上野草浓密，那个孩子只是受了一点外伤。胡光墉把他扶上山，用牛驮他回家，孩子的父母对此十分感激，村里人也都称赞小光墉机灵勇敢、心地善良。

胡鹿泉觉得这个孩子是可造之才，在胡光墉快10岁的时候把他送进私塾读书，自己抽空也教他一些书本知识和做人的道理。胡光墉天分极高，讲起事理来头头是道，很有读书进仕的抱负。不过，胡家有一条家训："读书做生意可以，但不能为官"。所以，胡鹿泉自己没有走仕途，也不希望胡光墉走仕途，他平时对儿子"传道授业"，大多是生意经。

为了养家糊口，胡鹿泉农忙时要在地里劳作，农闲时便出门做生意。商旅奔波劳累，加上几次生意上的挫折，他被彻底击倒了，最后抑郁而终。临死前，他把胡光墉叫到床边，嘱咐道："欲兴吾家，其惟顺儿乎！"这一年胡光墉12岁，他失学了，不得不又去给大户人家放牛。家中年纪稍长的兄姊都出门谋生去了，只剩下母亲和一个弟弟。胡母金氏一个寡妇，在胡氏家族中既没有地位，也少有人关照，要抚养照顾几个孩子实属不易，但她是个善良、正直、刚强的女人，她不卑怯、不求人，凭一己之力撑起了这个家。金氏的品行影响了胡光墉一生。

一晃一年过去了，胡光墉已13岁。这年秋天，一个微风习习、阳光明媚的上午，他将一群牛放到山坡上吃草，路过一个凉亭，想进去休息一会儿。刚走进亭子，他一眼就看到石凳上有个蓝花布包袱。他好奇地拿起包袱掂了掂，沉甸甸的，打开一看，里面有精致的首饰、银子，还有两个金元宝。他立刻将包袱系好，藏进草丛里，呆呆地坐了一会儿，心想："这么多财宝，若拿回家去，足够我们母子三人花上一辈子了，我再也不用放牛，母亲和弟弟也不愁吃、不愁穿了。"可是，他又一想："我光想自己，失主丢失了这么贵重的东西，一家子还能活吗？不义之财，我不能要。"于是，他就一直坐在凉亭里等待失主。直到太阳快要落山了，正当他打算牵牛回家时，一个商人模样的人满头大汗，匆匆忙忙地跑进亭子，四下寻找，连连捶胸，口里喊道："完了，完了。"

胡光墉走过去，机智而沉稳地问道："客官是不是丢了什么东西？"听了那人的描述，胡光墉确定这个人就是失主，便拿出包袱还给了他。

商人喜出望外，随手取出两锭银子送给胡光墉作为答谢，但他坚辞不受，并说："母亲教我诚实做人，不可贪人便宜。"商人觉得他品行不错，而且谈吐伶俐，有心收他为徒，便问他想不想出门学做生意。胡光墉说要与母亲商量商量。商人同意了，并说自己姓蒋，在浙江金华开有几间商行。

回到家里，胡光墉把这件事一五一十地告诉了母亲。金氏听了十分欢喜，自然支持儿子出门闯荡。大山挡住了徽州人经商的道路，但绩溪的水路还算便捷，"上接闽广，下接苏杭"。徽州人有经商的传统，尽管儿子年纪尚小，没见过什么世面，金氏虽不放心，但还是默默地将儿子送上了去往浙江的船。

蒋老板开的是杂粮行，13岁的胡光墉就此开始了学徒生涯。在卖力干活之余，他特别喜欢学珠算，而且似乎有算术的天分，打起算盘来手指练得飞快。他还善于心算，老板结账时他能很快用心算报账，精确程度令人惊讶。由于生得一双方方面面都能照顾得到的眼睛，大家都说他有"财神之目"。后来，蒋老板觉得他的名字太俗，当着众人的面对他说："看你面相，天庭突出，面容白皙，有如雪覆山岩、冷峻奇拔，乃喻卓尔不群，必出人头地也。唐人有诗《南秦雪》句云：'才见岭头云似盖，已惊岩下雪如尘。'你就叫胡雪岩吧。"此后，胡光墉便有了字：雪岩。

粮行做生意经常要与钱庄打交道，因胡雪岩善理财，品行又好，跑钱庄的事情一般就交给他去办。接触钱票后，胡雪岩觉得钱票很神奇，一张纸就能当银子花，进而对钱庄产生了兴趣，一个更大的目标也在他的心中孕育。

一晃4年过去了，胡雪岩成了杂粮行里的能手，蒋老板对他的表现非常满意，而且对他十分信任。蒋老板也从胡雪岩的言谈中了解到他的雄心壮志，深知他并非池中之物，便有心为他指一条更宽广的发展道路——介绍他去杭州一个朋友的钱庄做事。恰好此时胡母在老家为胡雪岩找了个媳妇，让他回家完婚，于是，胡雪岩就从浙江回到了绩溪老家。

道光二十二年（1842年），19岁的胡雪岩在老家娶了邻村的兰姑为妻。办完婚事后，他携妻子及母亲一同奔赴浙江杭州。

第一章　善恶有报，行仗义竟结仗义人

胡雪岩到杭州后，在蒋老板介绍的钱庄里当学徒，他从"学生子"到"跑街"，再升到"出店"，各方面表现都很突出，经常得到同行和客户的赞扬。"出店"主要负责跑市面，打探消息，发掘、招揽客户，弄清储户的详细情况，催讨欠债，登门送礼，应对客户各类的不时之需等，是个八面玲珑的角色，也是钱庄的骨干人物。

在杭州城北面，京杭大运河和余杭塘河交汇，两河中间还有条小河，小河的西侧就是小河直街，这条街很短，仅1000多米。但就是这样一条运河边窄小的老街，见证了自宋代以来运河的繁华和沉寂。

小河直街上挤满了木行、茧行、布庄、饭馆、茶楼、米店、客店、打铁店、篮子店等，是一条繁华的街道，也是一个热闹的码头。

咸丰元年（1851年）中秋，小河直街显得格外热闹和拥挤。在来来往往的行人中，有一位行色匆匆的英俊青年。他眉清目朗，白净的面庞被秋风吹得红红的。此刻，他正奉信和钱庄丁掌柜之命，去找"徐疯子"收一笔旧账。

过去的钱庄类似于近代的银行，靠放贷收利息为生，每一笔钱放出去都有一定的风险。不管在什么年代，信用考验的都是人心，而人心往往是不可靠的。所以，不论是古代的钱庄还是现在的银行，都会有烂账、死账。而客户的突变情况很多：有的是官员调走，有的是做生意亏本破产，有的是借钱捐官而最终没能做官，有的则是故意赖账。"出店"最怕遇到死账。

钱庄资本大部分来自客户存款，而放款都是凭信用放款，全靠"出店"口头约定，做活生意，人称"赊账码头"。由此可见，"出店"的权力有多大，责任就有多大。胡雪岩自然明白这个道理，他担任"出店"后，很快对原有死账一一核查，弄清原委，再酌情采取不同的方式催讨。"徐疯子"的欠债不是他放贷出去的，但既然当了"出店"，这账便不能不尽力去收。

"徐疯子"是杭州城本地的一个书生，原本有些家底，因多年苦读，屡试不第，家底便越来越薄。有志于仕途的人大都发奋读书，但像"徐疯子"这样的读书人却很少见。他先是变卖了一些家产供自己读书，到无家产可卖时，就一边做工一边读书，据说还在漕帮干过一些冒险的事情。由于半工半读实在太辛苦，后来他工也不做了，到处借债，继续读书。可惜，他读了20多年书也没能博得功名，反倒越读越迂腐，越读越痴傻。人们早就对他失去了信心，称他为"疯子"。"徐疯子"见实在无路可走，下定决心，托人向信和钱庄借了500两银子，想捐个官，也不枉费半生光阴。也许是他运气太差，钱是捐出去了，但仍然没能捞到一个实缺，只留下一身债务，不知猴年马月才能还得清。

"徐疯子"之所以对读书这么痴迷，不能不提当时的科举制度。清朝的科举考试，正式考试分四级进行，即院试、乡试、会试和殿试。院试是科举考试的最低一级，考中者为生员，也就是俗称的秀才。只有考取了秀才才能参加乡试，秀才上县衙门诉事，见县官可以不下跪，还免差役、免赋税。乡试得中者，也就是所谓的"中举"，头名称"解元"，其他为"举人"。乡试之后还有会试，头名为"会元"，其余为"贡士"。会试之后就是最高一级的殿试，皇帝亲自主试，分三甲录取。一甲三名赐进士及第，二甲赐进士出身，三甲赐同进士出身。一甲录取三名，第一名就是大家常说的"状元"，第二名称"榜眼"，第三名称"探花"。举人以上都有了做官的资格。人越穷越想读书，因为那时靠读书做官是穷人翻身的唯一途径。

一路上，胡雪岩都在琢磨怎样处理"徐疯子"的这笔旧账。他知道以"徐疯子"的经济状况，肯定拿不出这笔钱。胡雪岩一向尊重读书人，他想，如果"徐疯子"真有做官的才能，值得一帮，不妨继续帮帮他；万一他有时来运转发迹的一天，不仅可以解决钱庄的债务问题，自己也能多交一个朋友。

胡雪岩正想着，突然听到前面传来一阵吵闹声，一大群人在围观，便连忙跑过去看个究竟。他拨开人群，只见"徐疯子"跪在一棵树旁边，3个壮汉气势汹汹地对他大声呵斥，其中一个嚷道："限你3天之内将70两银子还清，分毫不能少，否则一把火烧了你那间破房子！"

原来是另一帮债主在逼债。胡雪岩一个箭步上前，一把扶起"徐疯子"，并对那几个人说："徐先生是读书人，你们这样做实在太侮辱人了。"

"你算老几？竟敢在此多管闲事！"一个壮汉冲他叫道。

"几位大哥，得罪了。我只是觉得徐先生很可怜，大家有话好好说嘛。"胡雪岩对他们拱拱手。

"有什么话好说，他这笔账已经欠了整整3年了，难道你想帮他赖账不成？"对方轻蔑地看着胡雪岩。

"欠债还钱，天经地义。"胡雪岩说，"但你们看他眼下的情形，哪有钱还你们呢？你们就算逼死他也没用啊。"

"逼死他又怎么样？不逼他难道你帮他还钱吗？"另一个壮汉不耐烦了，似乎要把矛头直接指向胡雪岩。

这时人群中不知谁说了一句："他是信和钱庄的伙计，也是来讨账的。"3个壮汉一听，顿时怒了："你小子耍阴招，叫我们不要逼债，好让他把钱都还给你是吧！"他们推搡着胡雪岩，拳脚相加。胡雪岩赶忙躲避，嘴里不住地说："误会，误会！"但他们不仅不住手，反而越打越凶。胡雪岩见势不妙，转身朝小河边跑去，见一只船停靠在石墩边，忙跳上去，对船家说："快开船！"

"胡大哥，怎么回事啊？"这位船家是胡雪岩的老朋友罗大叔，说话的正是罗大叔的女儿翠环，人们习惯叫她罗四。

"原来是你们啊。"胡雪岩这才注意到船上的父女俩，又惊又喜，

"有几个恶棍在追我,赶紧走。"船向河中心划去。胡雪岩将事情的经过一五一十跟他们讲述了一遍。

罗大叔叹道:"现在这个世道,哪一行都不好做啊。"罗家父女从小河转到运河,将胡雪岩送回钱庄。

"'徐疯子'死了!"胡雪岩去讨债的第二天清早便听到了这个消息。不到半天,这消息就通过关帝庙前说大书的邬先生的快嘴传遍了半个杭州城,此时认不认识"徐疯子"的人都纷纷猜测他的死因:有人说他是自己不小心喝醉了掉到河里淹死的;可马上有人反驳说,他穷得连鞋也没有,哪里还有钱买酒喝?于是有人断言他是自杀,原因是无钱补缺,空顶了一个"官老爷"的帽子,实际上活得连叫花子都不如,整日疯疯癫癫吹牛说梦话,如今吃喝无着落,实在无脸去见做过官的祖宗,只好一头扎进小直河,将一把老骨头喂鱼,以免辱没家门。还有些好奇的人赶去看个究竟——"徐疯子"毕竟是这一带的"知名人士"。

胡雪岩和邬先生常有来往,在关帝庙这个"情报中心",他自然很快得知了消息。原来,"徐疯子"头天受到几个讨债恶棍当众罚跪的羞辱,觉得颜面尽失,又感世态炎凉,前途无望,一身的债务只有死了才能一了百了,于是当天晚上投河自尽。第二天一大早,有人发现了他的尸体。

胡雪岩对此既感慨又伤心。人死了,账也就"死"了。当然,胡雪岩并不是因为死账而感慨,而是想到"徐疯子"悲惨的一生。读书做官是读书人心中的信仰,似乎读书之后不能做官就是最大的失败。做官不只是为了功名,也是为了生存。如果"徐疯子"中举,甚至中进士,那么他的一生就会改写。

伤感归伤感,眼前有一堆事情还需处理。"徐疯子"孤苦伶仃,后事总得有人料理。胡雪岩决定施以援手,但丧事再怎么简单也需要一些银两。胡雪岩一时凑不到多少钱,只得将"徐疯子"的家当收拾了一下,变卖了10两银子,用这笔钱给"徐疯子"买了一身寿衣、一口棺材,并雇人将他下葬,也算入土为安。500两银子的债务也随之"入土"了。事后，丁掌柜责怪胡雪岩没把那10两银子拿回来抵债。胡雪岩诚恳地对丁掌柜说："10两银子对钱庄来说微不足道，却可以买得到人心。做生意就是做人情，这样做可以为信和钱庄挣回好声誉，人们会念叨，是信和钱庄帮'徐疯子'入土为安的，他们会觉得信和钱庄可亲可信。"丁掌柜觉得胡雪岩不仅说得在理，而且见识非同一般，况且事已至此，再追究也无济于事，只得将"徐疯子"的债务一笔勾销。

不料，事情很快又节外生枝，有人诬蔑是胡雪岩逼死了"徐疯子"。一些不明真相的人以讹传讹，小河直街、清河坊街、信义坊街一时流言四起。胡雪岩有口难辩，也不想花精力去向那些无聊的闲人澄清事实。

一天下午，胡雪岩有事去码头找翠环，刚过新宫桥，迎面遇上一群人拦住他的去路。其中一个大个子指着胡雪岩厉声问道："你就是信和钱庄的伙计胡雪岩吗？"

胡雪岩颇感意外，拱手答道："正是在下！"他一边回答，一边揣摩对方的来意。只见大个子一挥手，其他人立即冲上来，将胡雪岩团团围住。

"你们想干什么？"胡雪岩顿感不妙，不禁有些慌乱。

那帮人将他绑起来，堵上嘴，带到靠河边的一条船上，进了船舱才将他的口松开。胡雪岩在船舱内见到了一位小爷，这位小爷虽然眉目清秀，但盛气凌人，开口便说："你这人一点情义都不讲，逼债竟逼出了人命，难道不该偿命吗？我要替徐老叔讨还公道！"

胡雪岩听了，悬着的心终于放下了，连忙解释。但是这位小爷懒得听，开口骂道："你们开钱庄的都只认钱不认人，人家借了点银子你们就把人往死里逼，你逼死他，我绝不能饶你，今天就要你赔条命来！"于是，这位小爷对身边的人喊道："把他给我扔到河里去！"

胡雪岩大惊失色，使劲儿挣扎喊叫。

一直在码头等待胡雪岩的翠环早发觉这伙人绑了个人上了旁边那条船，而且被绑的人很像胡雪岩。她以为是前几天那几个讨债的恶棍来寻仇，后来听到船上的对话，才知道是为"徐疯子"申冤的。她正在寻思怎样跟他们解释这件事，突然听他们说要将人扔进河里，情急之下，也顾不了那么多了，大声叫道："住手！"

她一个箭步跳上船去，对那小爷说："看你斯斯文文的，怎么做事这么粗鲁。胡大哥怎么得罪你们了？不明不白地就乱来。"

那位小爷愣了一下，说："他逼债逼死了徐老叔，难道不该偿命？"

翠环面无惧色，反问道："既然你们是行侠仗义，替徐先生申冤，那是不是应该先把事情弄清楚呢？"

那位小爷盯着翠环看了一会儿，才对身边的一个人说："阿三，你马上去米店余老板或关帝庙邬先生那里打听实情。"然后他又对翠环说："好，现在我给你一个说明真相的机会。如果你说的话与阿三打探的情况不一样，我就把你和他一起扔到河里喂鱼。"

翠环定下心来，将事情的经过一五一十道来，最后说："徐先生之死并非信和钱庄之过；相反，胡大哥还亲自操办了徐先生的丧事，让他入土为安！"

那位小爷听了还是将信将疑。过了一会儿，那个叫阿三的人回来了，他探听到的情况与翠环所言完全一致。

那位小爷知道是自己鲁莽了，连忙赔礼道歉，并代死者向胡雪岩下跪谢恩。胡雪岩连忙扶起他，问明究竟。原来，"徐疯子"生前曾经救过这位小爷的命，而这位小爷因误听流言，以为胡雪岩是害死"徐疯子"的罪魁祸首，便来向他寻仇，险些酿成大错。

临行前，小爷对胡雪岩说："胡先生如此仗义，值得我交你这个朋友。徐老叔欠信和钱庄的500两银子，我替他还了，过两天就派人把银票送来。"他又从身上取下一块玉佩送给胡雪岩，说："这是我的随身之物，今后在江湖上如有难事，可凭此物到松江府找魏老太太！"

真是不打不相识，一场误会竟换来了意外收获。胡雪岩望着乘船而去的小爷，心里猜想着他的身份来历。但不管怎样，江湖之人说话办事就是干脆，敢做敢当，恩怨分明，多交几个这样的朋友必然大有益处。

第二天，胡雪岩拿着玉佩去找邬先生，想弄清楚松江魏府是什么门派。邬先生接过玉佩仔细一瞧，惊讶地说："此乃漕帮信物，而松江漕帮之前的总舵主恰恰姓魏！"

胡雪岩听了又惊又喜，惊的是竟有如此奇遇，可以结交漕帮朋友；喜的是死账变活，人生真是善恶有报。当然，胡雪岩也没料到今后发生的许许多多事情都和漕帮有所关联。

第二章　慧眼识珠，冒风险助人遭解雇

辞别邬先生离开关帝庙，胡雪岩信步来到经常光顾的十里香茶楼。这家茶楼位于清河坊新宫桥边。

杭州城的清河坊在道光、咸丰年间是一条十分热闹的商业街，这里会聚了来自五湖四海的游人、商人、官员、闲士，还有贩夫走卒、杂耍艺人、落魄书生……

当时三教九流各色人物都喜欢光顾茶楼，十里香茶楼在这里也算小有名气。它之所以叫这个名字，并非因为里面的茶特别香，而是这茶楼的位置好，属"近水楼台"，人们往来方便。茶水倒很一般，并无特色，不过胜在便宜。

胡雪岩担任"出店"后，每天忙完各种活计，都会到这里来歇歇脚，通过人们的闲谈探听一些消息。茶馆里人们的话题从街谈巷议到名人绯闻，从农桑收成到时事政局，无所不包。但谈得最多的是今年大旱，乡下收成不好，而官老爷的浮利还要加一成，说是疏浚河道，可抓了那么多人干了一冬天，漕船还不是趴在河里？再说南京闹"长毛"①，路上也有风险，乡下不少灾民都跑到城里来，稻田肯定荒了不少。世道这么乱，今年的蚕宝宝怕是生不出好茧子来了。

每次喝茶，胡雪岩都会竖起耳朵，收集对自己有用的信息。眼光锐利，用心观察，才能看透对方隐藏的想法，听出别人讲话的重点。胡雪

---

① 长毛，指太平军，因太平天国成员皆披头散发，故由此称。此外，长毛也泛指盗匪。——编者注

岩能有这套本事，正是平日磨炼出来的。

胡雪岩注意到，好几个月来，有个人也是天天来茶楼，但从来不跟别人交谈。此人30岁左右，相貌堂堂，但面色不好，表情冷漠。据说他从福州来，是个读书人。他喝茶纯属"穷泡"，一壶"龙井"泡成白开水还舍不得走，四枚制钱买两个烧饼，算是一顿午餐。有趣的是，穷倒没什么，但他的架子还不小，经常两眼朝天，所以伙计、客人都不爱搭理他。

这一次，胡雪岩正好与这个书生打了个照面，也许是今天的消息让他对世事有了另一番看法，胡雪岩突然觉得书生很是有些与众不同，便有心结交。但书生还是那样冷漠，对眼前这个看似热情的钱庄伙计并没有多少好感，不太想接近他。下午的茶客特别多，胡雪岩乘机跟书生"拼桌"。他先去下了两盘象棋——这是他最大的业余爱好，不一会儿便笑嘻嘻走回来对书生说："走，走，我请你去'摆一碗'。""摆一碗"是杭州的乡谈俗语，意思是到小酒馆喝两盅。

"谢谢，不必破费！"

"自有人请客。你看！"他得意地打开手巾包，里面有2两碎银，"第一盘'双车错'，第二盘'马后炮'，第三盘小卒'逼宫'，杀得路断人稀。不然，我还要赢。"

今天书生因和一个客人争座位怄了气，心里不爽，加上胡雪岩一再邀请，盛情难却，便跟着去了。两人一路走到"城隍山"——"立马吴山第一峰"的吴山，挑了个可以眺望万家灯火的空旷地方，一边喝酒一边闲谈。书生见胡雪岩态度诚恳和善，而远山近水又颇有一番景致，不由得心情大好，便一五一十地讲起自己的身世来。

原来，书生名叫王有龄，字雪轩，出身书香门第，其曾祖父系举人出身，官至户部侍郎，至父亲一代家道中落。为了替祖上争一口气，其父不惜卖掉房产，为他捐了个"盐大使"的官衔。

常言道："一年清知府，十万雪花银。"清代的卖官之风最盛，捐纳制度在清代是一个很重要的制度，与科举制度互相补充。捐官是一种无奈且下作的做法，其情形不外乎两种，一种是做生意发了财，富而不贵，美中不足，捐个功名以提高身价，嘉兴、宁波、台州等地的盐商，个个都是花几千两银子捐来的道台，如此便可以与地方官称兄道弟，平起平坐，否则就不算"缙绅先生"，遇事上了公堂，要跪着回话。另一种是官宦子弟，书读得不错，就是运气不好，次次名落孙山，年纪大了，家境也破落了，总得想个谋生之道，只好卖田卖地，拜托亲友，凑一笔钱去捐个官做。不过，纳捐获得的官只是个虚衔，相当于领到了一张吏部所发的"执照"，取得了做某类官的资格；如果想补实缺，就要到北京的吏部去报到，这叫"投供"；然后抽签分发到某一省做候补，等这一省的在任官员调走或者出了什么事情，才有机会补上实缺。

为了找关系给王有龄补个实缺，王有龄父子从福建一路北上，可惜天不遂人愿，他们辗转来到杭州时，口袋里的钱已经所剩无几，再也无力继续北上了。这时王父又重病在身，真是雪上加霜。

以王有龄目前的状况，衣食尚且不周，哪有财力去替补实缺？"徐疯子"靠借贷捐官，最后落得个悲惨结局，这样的悲剧极有可能在王有龄身上重演。胡雪岩想到这里，深深为王有龄的前程担忧。

交谈中，胡雪岩发现王有龄并非因愚笨考不中举人、进士，而是因为不喜欢八股文，又爱针砭时弊，所以才屡试不第。他有才华，志向高远，不愿与世俗同流合污。胡雪岩觉得有必要劝慰他几句，于是说："听你谈吐不凡，非平庸之辈，我也懂点'麻衣相法'，看你是大贵之相，何以一天到晚'孵'茶店？"

王有龄说："如今这世道，做什么都要本钱，我能做什么呢？"

胡雪岩问道："那你怎么不再去打点一下，补个实缺？"

王有龄长叹了一口气，说："唉，我这个官还是父亲代捐的，我自己哪有捐官的心思？再说，我现在这穷困处境，到哪里去也不会有人给我放款。"

胡雪岩心想，一个异乡人，举目无亲，两手空空，就是自己也不会放心放款给他的。不过，补了缺的"盐大使"，一转眼就有可能捞个小

"知县"做做，这可是一本万利。

王有龄见胡雪岩良久不作声，不禁有点儿后悔告诉他这些，让人轻看了自己。

两人就这样各自想着心事，慢慢地呷着酒。天色渐渐黑了下来。

胡雪岩忽然抬头问道："打点、补实缺连同来回盘缠，满打满算，要多少钱呢？"

王有龄沉吟片刻，说："四五百两银子吧！"

随后，他们又谈到时局、各自的抱负与打算。一番推心置腹的交谈之后，胡雪岩对王有龄的状况有了大致了解，他觉得王有龄虽然现在落魄，但为人正直、谈吐不凡，又有忧国忧民之心，如果有机会做官，肯定是一个爱护百姓的好官。他们谈得十分投缘，高兴之余，两人还互通生辰八字，结拜为兄弟，王有龄年纪稍长为兄，胡雪岩为弟。

此次交谈后，胡雪岩连续几天都在考虑一件事情——如何才能帮助王有龄实现他的抱负，更具体地说，就是弄到真正的官做。

他曾私下问过邬先生："王有龄此人将来如何？"邬先生从旁观察了王有龄好久，然后说："奇怪！奇怪！看此人骨法当大富大贵，观其眉目则有横死之忧……"

有了"徐疯子"这个前车之鉴，胡雪岩决心不让王有龄成为第二个"徐疯子"，步入有"横死之忧"的末路穷途。但他自己也是勉强糊口而已，没有多余的钱去帮王有龄。正所谓天无绝人之路，几天后，漕帮的人送来了替"徐疯子"还债的500两银票。胡雪岩拿到银票后，心想，现在有了这笔银子，不是正好可以让王有龄拿去打点吗？银子虽然是钱庄的，但可以缓一点再去报账，自己只是挪用一下；等王有龄补了实缺，有了银子之后再如数归还，丁掌柜大概也不会很生气。于是，胡雪岩攥着那500两银票，风风火火地跑到王有龄家中。

王父重病在床时日已久，今天终于撒手人寰，胡雪岩来得正是时候，王有龄正在那儿悲痛不已。

"雪轩兄，请节哀顺变。当务之急，是让伯父入土为安！"胡雪岩劝慰道。

"潦倒至此，如今给父亲置办一口薄棺我也办不到！"王有龄悲哀地说。

"别愁，别愁！你看我手中是什么？"胡雪岩把那500两银票亮了出来。

王有龄见状大惊，略微一想就明白了钱的来路，说："你是钱庄的伙计，被掌柜知道就坏事了，此事万万不可。我是你兄长，再怎么为难也不能把你给害了！"

王有龄话虽不多，但是字字都讲到了胡雪岩的心坎里。

而胡雪岩回答得更妙："在家靠父母，出门靠朋友，你有难处我心里也难过，不拉你一把我于心不安！"

王有龄听了不禁热泪盈眶，说："这笔钱定要派上大用场，绝不可辜负了雪岩弟的一片至诚之心。安置父亲之事，我自己另想办法。"

胡雪岩说："雪轩兄，我还凑了些散银，原本是供你路上花销的，如今小弟孝敬老人家一口寿材、一身寿衣总不为过吧。"

王有龄感激涕零，泪如泉涌，哽咽着说："雪岩弟，我王有龄若有出人头地的一天，定当与你同享荣华，天地可鉴……"说完他"咚"的一声跪下了。

胡雪岩连忙也跪下，说："何必，何必？这不是大丈夫气概！"

他们二人一起对天立誓："苍天在上，运河作证，王有龄和胡雪岩相知相交，患难与共，生死同心，情义与天齐老，与日月共长……"

随后，在胡雪岩的精心策划下，王有龄穿着孝服，到福州商会、同乡会中磕头跪求，多少筹到了一些银两。他把父亲简葬在杭州郊外，只等光宗耀祖之时再风风光光地迁葬。

事不宜迟，王有龄揣着那500两银票，在第二天五更时分乘着京杭运河上的一艘船前往京城求官，竟来不及与胡雪岩道别。

王有龄北上之后，胡雪岩却遇到了不小的麻烦。话说，胡雪岩自进入钱庄以来，一直安守本分，对掌柜、同伙从不虚言假语，也不贪图小利、占人便宜，所以大家都非常信任他。丁掌柜对他也格外器重，使他工作起来如鱼得水。正因为如此，这次私自借款给王有龄，让胡雪岩内心感到十分不安，觉得对不起掌柜和同伙。但他转而一想，反正这笔借款对钱庄来说已是死账，如今转借给王有龄，将来能还最好，不能还，钱庄也没有损失，再加上他近来为钱庄收回了不少死账，这样一想稍微安心了一点儿。

胡雪岩的想法很明确：虽然他现在只是一个伙计，但是总有一天要创业，自己当掌柜。然而单打独斗难成气候，必须找一两个志同道合的人，才能成事。所以他常常告诫自己，一定要找到可以相助的人，来增强自己的实力。

胡雪岩坚信王有龄前途光明，只是眼前这难关过不了而已，如果现在能帮他渡过难关，将来他一定会知恩图报。

从表面上看，胡雪岩是在赌博，而且赌注下得很大。他赌的不仅是借给王有龄的500两银子，而且还有他那份得来不易的工作。对此，胡雪岩是经过认真考虑和仔细分析的，经商不可能没有风险，正所谓风险越大，回报越高，关键在于投资者的眼光和对风险的把握。

然而，事情坏就坏在他将此事和盘托出，而且写了一张经王有龄签名画押的借据送到总管店务的"大伙"那里。这事在同行中传开后，大家都说他胆大妄为，擅作主张，长此以往，岂不把店都弄"倒灶"了？

这天一大早，胡雪岩伺候完"掌盘"张胖子茶水，又帮丁掌柜倒掉夜壶，然后拿起大扫把打扫庭院。开店营业之后，有客户来办业务，他便立在一旁见机行事。这时，张掌盘说丁掌柜让胡雪岩马上来见。

胡雪岩心里有一种不祥的预感。没有寒暄，也没有话语过渡，他一进屋，丁掌柜便指着桌上王有龄的那张借据问："这500两银子，是不是你讨回来的？"

胡雪岩一看就明白了，坦然道："是，掌柜！"

"讨回来的钱，有没有入账？"丁掌柜的目光比他瓜皮帽上的琥珀还要亮。他可是一个精明透顶的商人。

"没有。"

"为什么不入账？"丁掌柜陡然提高了声音，瞪大眼睛问道。

胡雪岩并不想为自己辩解，只是如实说明自己的想法："掌柜，这笔款子，钱庄早已把它打入'死账'，从账本上一笔勾销了。现在起死回生，把它贷给一个可靠的人，可以为钱庄带来更多的利益。"

丁掌柜站起身来，说："你这小聪明不会是对我耍的吧？没有入账就转贷，这笔意外之财岂不是落入了你自己的腰包？钱庄借贷的程序你很清楚，明知故犯是何居心？"

胡雪岩小心地说："丁掌柜，雪岩岂敢中饱私囊？这笔账追讨回来，理应归还钱庄。只是我把这笔钱派上其他用场，周转借给了朋友，将来由我负责归还。这些我都跟张掌盘说得一清二楚，并无半点含糊。"

"掌盘"就是掌握全盘，是掌柜的助手。张掌盘觉得胡雪岩没把他放在眼里，才故意在丁掌柜那里告了他一状。平时，胡雪岩把这层关系照顾得很周到，但这次却疏忽了。

胡雪岩坦白了事情经过后，丁掌柜心想：这小子倒挺仗义，为了朋友铤而走险。但丁掌柜是久经世故之人，深知"行高于众，人必非之"的道理，张掌盘明显是出于嫉妒，可胡雪岩确实有错，此事若处理不当，会给钱庄管理带来很大麻烦。于是，他敲着桌子，声色俱厉地说："你违反店规，偷藏借据，坏我信和声誉！银两既已讨回，就是钱庄公款，你未经张掌盘许可，自作主张，先斩后奏，借与他人，错全在你。国有国法，店有店规，如果店里的人都像你这样'倒灶'，钱庄还办得下去吗？"

胡雪岩目光黯然地承认道："丁掌柜，我错了。"

"雪岩，蒋老板是我最好的朋友，他把你送到我这里当学徒，学做生意，这么多年来我从来没有亏待过你，对你信任有加。你跑街讨账，勤勉努力，我很看重你，曾想提拔你做掌盘，做我的得力助手。没想到你这次捅了这么大的娄子，钱庄恐怕不能再留你了，请你另谋高就吧！"

丁掌柜做出这个决定后，内心也有几分难受，更有些惋惜，像胡雪岩这么聪明、敬业、勤快的伙计实在难得啊！

胡雪岩抬起头，本欲辩驳几句，但他看到丁掌柜踱着方步进了金库，知道此事已无法挽回，便不再说什么，垂头丧气地走了出去。

回到家，妻子兰姑正在堂屋门口的绣花架上一针一线地绣牡丹，胡雪岩立在旁边看了一阵，默默地把手中仅剩的一点碎银交给她，并故作轻松地解释道："这是历年的红利加奖酬。"

为了生计，一连数日，胡雪岩跑了好几个钱庄，想找点事干，但毫无结果。钱庄规矩甚严，一个在钱面上犯了行规的小伙计，出于信誉方面的考虑，是没有哪个钱庄愿意雇用的。不久，胡母也察觉到儿子的工作出了问题，痛骂了他一顿。胡雪岩向母亲解释说这笔钱并非自己私吞了，而是贷给了一个急需帮助的人，这才得到了母亲的谅解。

进钱庄是没有希望了，无奈之下，胡雪岩只得另谋他业：米店、油坊、庄布、南广杂货，等而下之，还有跑邮、缫丝、茶博士、各类作坊……然而时世维艰，百业不振，民生凋敝，杭州城里早就觅食难于登天了！

不过，胡雪岩并没有灰心丧气，仍然每晚在家中勤练算盘。妻子兰姑抱怨家中没米了，并责怪他说，已经没事做了，还练什么算盘？胡雪岩却说，说不定哪天自己会成为胡掌柜呢！突然，他脑中灵光一闪，目前市场上最需要粮食，做粮食生意岂不是很好？危机里通常都蕴藏着机遇，只要有善于发现的眼光和转危为安的才干，总能出人头地。兴奋之余，胡雪岩立刻起身去找一位姓赵的同乡好友筹划此事。双方一拍即合，此后，胡雪岩开始做起了粮食生意，常年往返于杭沪之间。

第三章　意外重逢，出奇谋化解漕运难

就在胡雪岩艰难谋事的同时，王有龄却在京师遇到了贵人，这也意味着胡雪岩的筹码押对了人。

话说王有龄从杭州乘漕船北上，因运河淤积不通，只得改走旱路。为了节省盘缠，他专寻机会搭便车，若等不到机会，就只能步行。如此辗转数月，他总算来到了直隶通州（今北京市通州区），前面就是京师了。

通州是商业物资集散地，南来北往的商人、官家的采购大都集中于此，市面热闹非凡。

王有龄打算在这里找一家便宜旅店住下，但由于往来客人很多，他找了很久也没找到合适的。眼看天快要黑下来，北方天冷，不可能露宿街头，情急之下，他一狠心就去了通州驿馆。驿馆是官家的专门招待所，王有龄心想自己不也是一个候补"盐大使"吗，住一回官店又何妨？不料，他与驿馆当值的人交涉，对方根本就不买账。别说是一个候补盐大使，就是一个真正的盐大使，在这里也只是一个小小的芝麻官，只有当值的人心情好，也许才会派给他一间下房。王有龄心里很不服气，住店还要讲官级，太过分了。

就在他与当值的人争执的时候，走过来一个30多岁的小个子男人。等王有龄跟当值的人说完话，他便迎上前去与王有龄打招呼。此人操着云南口音，王有龄从小在云南长大，正所谓老乡见老乡，两眼泪汪汪，两人一见如故，于是互通姓名，称兄道弟。在对方的帮助下，王有龄终于住进了驿馆。

交谈中，王有龄得知此人叫杨继福，是京城一个大官的管家。他家主人领受皇命正要去巡察江南三省，刚好路过通州。王有龄听后心中窃喜，自己这次来京城不就是要拜见大官吗？这可是天赐良机啊。王有龄平日心高气傲，但在关键时刻也不能不低头，便有意巴结这位管家，并向他打听一些官场内幕。第二天，王有龄约杨继福"摆一碗"。酒足饭饱之后，王有龄得知一个更加令人兴奋的信息：杨继福的主人何桂清，竟然是王有龄的"总角之交"。

何桂清何许人也？原来，王有龄的父亲王燮曾在云南曲靖府衙任职，何桂清是知府衙门门役的儿子，自小与大他一岁的王有龄一起玩耍嬉闹。有一天，王燮从外面回衙，轿子刚被抬进大门，便听见门房里有人在读书，声音极其清朗，念得抑扬顿挫，把文章的精义表达得淋漓尽致，不由得惊喜异常。于是命人把读书的人找来，王燮看他才十一二岁，生得眉清目秀、气度安详；再仔细一看，他骨骼清奇，是一副早达的贵相，越发惊奇，开口问道："你叫什么名字？"

"回老爷的话，我叫何桂清，丹桂的桂，清秘的清。"

这一开口竟有一点翰林入"清秘堂"的征兆。交谈中，王燮又得知他竟是累世清贵的书香子弟，便问："开笔做文章了没有？"

何桂清略有些扭怩："没有人指点，还摸不着门道。"

"拿你的窗课来给我看。"

何桂清已把窗课带了来，就是用薄薄竹纸订的两个本子，他双手捧了上去。王燮打开一看，何桂清不但已经开笔做文章，而且除了八股文，还写诗词，颇有文采，字写得也不错。

王燮是苦学出身，深知贫士的辛酸，对何桂清顿起怜才之心，于是吩咐道："从明天起，你就跟大少爷一起念书吧。"

这大少爷就是王有龄，何桂清从此便成了他的书童兼同窗，两人一起在名儒蔡先生开办的塾馆读书。何桂清聪颖过人，读书又用功，为此，王燮常在王有龄面前夸赞他："桂清这孩子天分极高，将来必定是朝廷栋梁之才。"果然，何桂清少年得志，科举屡屡中榜，由秀才、举人，直到考中进士。入仕后，他很快由翰林院编修升至户部侍郎。现在朝廷又将他外放为江苏学政，并密查浙江巡抚的一桩案子。

由杨继福牵线，王有龄得以和何桂清见面。故友重逢，交谈甚欢。何桂清颇念旧情，先问了王有龄父亲的情况，又问王有龄本人如何，有何打算，王有龄均如实相告。酒至半酣，何桂清诚恳地对王有龄说："不瞒兄长说，你这500两银子够干什么？如今官场尔虞我诈，就算吏部有人开恩，随便派你个苦差事——派你到边远县去做个盐运使，又能有多大出息呢？不过，眼下你倒有一个机会，我的一个同年（同科进士）叫黄宗汉，刚好改任浙江巡抚，我与他交情还算不错。这次朝廷外放我任江苏学政，顺便调查浙江巡抚的一桩案子。你暂且回去，带我的一封密函给黄巡抚，当面交给他。我在信中提点一番，让他对你关照一二，他定会给你安排一个官职，这不比花银子到京城打点更好吗？"

王有龄听了感动不已。20年前的"书童"如今已是权柄在握的二品大员，身份已有天壤之别，所以他恭恭敬敬地对何桂清说："何大人，王某必定感恩戴德。"此刻的他恨不得插上翅膀立即飞回杭州。

按"投供"程序，王有龄得先到京城通过门路，把自己的名字（简历）挂到吏部候补官员的名单上去。但是，去面见浙江巡抚黄宗汉也刻不容缓，一定要赶在何桂清着手调查案子之前，否则，一旦案子具结，密函就失去了威力。

为了不误事，杨继福向何桂清推举自己的老乡高升返回京城，通过何桂清的关系把王有龄的名字挂上去。高升为人机灵恭谨，对官场也较为了解，何桂清比较放心。王有龄自己则迅速返回杭州去见黄宗汉。临别之际，何桂清又赠他白银1000两，供他周旋打点。

浙江巡抚黄宗汉，字寿臣，福建晋江人，道光十五年（1835年）乙未正科的翰林。黄宗汉办事干练，颇有政绩，但为人刻薄，且贪得无厌，常因此被人诟病。据说他刚到任，就向布政使椿寿索贿3万两银子，椿寿没有买他的账，因此惹来了麻烦。

椿寿是满族人，由湖南布政使转调浙江，在黄宗汉之前代理巡抚，又兼署藩司衙门。他任职期间，漕运发生了很大的变化。道光年间，陶澍由安徽巡抚调任江苏巡抚，锐意革新，消除盐、漕两事的积弊，在上海设立海运总局，沿岸各省也专设海运局。他亲自雇用运载关东豆麦的沙船1000艘、海船几十艘，分两次运漕米150多万石到天津，取得了极大的成功，省时省钱，米质受损极微。承运的船商，运漕米至北方，回程运大豆。过去一向漕船南下"回空"，海船北上"回空"，现在平白多了一笔收入，而且出力的船商还"赏给顶戴"做了官，可谓皆大欢喜。

但是，各河段的地方官吏为了一己私利，在海运省时省力之时依然恢复河运。他们需要靠这条运河的漕船来剥削老百姓，因而不愿意革新。后来又几改几废，直到徐州附近丰县以北段的运河决口，朝廷才下了改用海运的决心。

就在这一时期，椿寿从湖南调到了浙江。朝命初下时，黄宗汉是掌理一省司法的浙江按察使，通称"臬司"。椿寿到任时，他已经调任甘肃布政使。后来他因政绩不错，晋升云南巡抚，但他不愿去那偏远的地方，恰好江浙一带闹粮荒，朝廷便改任他为浙江巡抚。他与椿寿并没有真正在一起共过事。

此时太平军起事已有两个年头，势头正盛，湖南、湖北战事吃紧，朝廷将善于"捕盗"的浙江巡抚常大淳调任为湖北巡抚。浙江巡抚由藩司椿寿署理，而他的运气太差，这一年浙江从省城杭州到附近各州县，自5月以后，雨量稀少，旱荒已成，对其履职产生了两大不利影响：一是钱粮征收不起来，二是河浅不利于舟行，漕运极为艰难。

黄宗汉接任浙江巡抚后，椿寿仍旧干他的藩司。黄宗汉第一天接见椿寿时，就暗示椿寿的"乌纱帽"掌握在他手里，若想保全，赶快送3万两银子的"红包"来。黄宗汉敢狮子大开口，就因为椿寿在漕运之事上已经迟延，如果上司肯替他说话，便可以天灾为理由，即使有处分，亦属轻微。否则，耽延了"天庾正供"，必将严惩。

江南自隋代以来就是京城粮食供应的重要来源，所以隋炀帝才不惜劳民伤财修了条大运河。大运河开通后，着实红火了一阵，但是到清代已是年久失修，难免有毁损、淤塞，影响正常的粮食运输。

不久，黄宗汉上了道密札，谎诉藩司官风不正，任人唯亲，致使上下沆瀣一气，积弊难改，不能按时完成漕运。朝廷得了地方大员的诉状，自然下旨严办。但考虑到尚属积弊，便责令该藩司将功补过，今年（咸丰元年，1851年）务必如期完成漕运，以表悔过之意，否则必严惩不贷。

密札是在9月底交上去的，下旨则在10月中旬以后。椿寿接了这么一道密旨，如同五雷轰顶，知道巡抚没安好心。因为按往年的情况，一般漕运都要拖到来年五六月份才能完成。现在离年底只有两个多月，要想完成七八个月的任务，简直是痴人说梦。

椿寿一怒之下，要找巡抚讲理。手书递上去后，却被回绝，称巡抚生病，不能见客。一连几天都是如此。椿寿又气又恼，竟吞烟自尽了。

此次下派何桂清的任务之一就是要调查此事原委，然后据实奏报朝廷。

再说，王有龄拿了何桂清的信函，如获至宝，日夜兼程赶回杭州，马上就去拜见黄宗汉。这次造访，他多少增加了一些底气。

在巡抚衙门大门口，王有龄见到了巡抚衙门的师爷俞欢。俞师爷年岁不大，处事圆滑老道，还有些势利眼。他上上下下打量了一下来人，见来者衣冠不周，不屑地吐出两个字："何事？"

"请通报中丞大人，我带来京城何侍郎的一封密札，要面呈大人。"王有龄不卑不亢地说。

俞师爷听到"京城"二字，立即改换了一副面孔："请稍候。"他匆匆沿小径走去，在后花园找到黄宗汉："禀报大人，有人求见。"

黄宗汉正在闲逸地拨弄园中花草，闻言一脸不悦地说："不是早和你说过，我最近身体不适，不理公事……"

俞师爷赶紧说："此人刚从京城来，据说带来了何桂清何侍郎的一封密札。"

"什么？何桂清……"黄宗汉愣了一下，眼睛睁圆了。他早听说朝廷要派员来调查藩司，却迟迟不见人影，没想到是自己的同年。何桂清与黄宗汉同属二品，而黄宗汉作为一方封疆大吏，权势略重于何桂清，但何桂清此次毕竟是受皇命而来，马虎不得。

少顷，俞师爷将王有龄领进小客厅（衙门西边的签押房）。王有龄一再提醒自己要镇定，但见了黄宗汉，仍不免有几分畏惧，他战战兢兢，迎面跪下请安。

仆人端上茶，品着香茗，黄宗汉例行公事一般，问了几句家常话，当他知道王、何二人的关系后，显出十分热诚的样子："既然你跟根云兄如此亲近，那就是一家人，本丞理当坦诚相待。有事不妨直言！"说罢，他目光直直地看着王有龄，脸上堆着虚浮的笑。

王有龄没有什么官场经验，只得将实情和盘托出。

黄宗汉在客厅踱了几个来回，心里一直寻思：何桂清是有备而来，此事到底是要真办还是试探？他查的是藩司，莫非想打藩司的主意？不如把王有龄安排在藩司衙门属下，如果他抱着善意而来，藩司一案就可以不了了之。而现任藩司藩台兼海运局总办麟桂也是满族人，大清朝的满族人自觉高人一等，下级满族官吏常不把汉人上司放在眼里。麟桂同样不太听话，若让王有龄去任职，以后就多了个好说话的人，可以联手"共谋其利"。万一何桂清来者不善，就把藩司的麻烦事推给他，他也不敢不倚仗我这个抚台大人。如此也可以反制一下何桂清，这就叫均势制衡。

想到这里，黄宗汉打定主意，让王有龄出任藩司属下的海运局坐办，虽是副职，但既可牵制麟桂，又可使何桂清有所顾忌，进可攻退可守。黄宗汉即命文案替王有龄办理印绶、官服事宜，一面知会藩司衙门，一面咨文呈报吏部备案。

随后，他故作姿态地说："本丞一向看重才干，既然何侍郎这么热心举荐你，想必你一定是有真才实学的。再说漕运之事急如救火，刻不容缓。"

王有龄对这个官职虽然不是十分满意，但能弄到实职已经不错了，因此只能恳切地说："多谢中丞大人栽培。"

这时，黄宗汉话锋一转，又高谈阔论道："官场上你还缺少历练，很多事情处理起来要动脑筋，比如眼下的漕运，既是本丞之大事，也是朝廷之大事，就很考验人。京杭运河历经数百年沧桑，久未疏浚，有几段严重淤阻，河道不通。加上洪、杨之乱越闹越凶，致使湖南、湖北这些漕运大省再无漕粮发运。江南乃膏腴之地，是京师的粮仓，漕米是天庚正供，且当军兴之际，粮食乃兵营命脉，如今的重任都压在江浙漕运上……"

王有龄本想表示自己当尽力而为，不负厚望，但他转念一想，自己还未到任，不了解情况，怎能乱夸海口呢。因此，他谨慎地说："感谢中丞大人指教，愿全力为大人效力，今后还请大人多加指点。"

王有龄就此成为浙江海运局坐办。事情如此顺利，怪不得人们说"朝中有人好做官"，王有龄第一次有了切身体会。

没过几日，高升也从京城来到浙江，留下来帮王有龄料理日常事务。王有龄到任以后，简单收拾了一下自己的住处，安顿下来，马上去找胡雪岩，打算将这一喜讯告诉他。

然而，此时此刻，胡雪岩已经不在杭州。王有龄到处打听，也没打听到胡雪岩的下落。有人说胡雪岩做粮食生意，开始做得很不错，后来被歹人打劫了，亏了本，就在上海一家餐馆做杂工；也有人说胡雪岩根本不在上海，而是在湖州一家妓院做护院兼账房先生。

这一天，王有龄为解决漕运之事，公干来到湖州。湖州知府设宴款待王有龄，并邀湖州与漕粮有关的一班要员作陪，之后又特意去湖州最著名的"梨花春"听曲、品茶。

王有龄初入官场，在这种场合多少有些拘谨。"梨花春"是一个艺妓馆，以表演茶艺、曲艺为主，艺妓大都卖艺不卖身；也有少数艺妓对特殊客人卖身，当然条件也是很苛刻的。

为了显示地方的热情，粮台官点名让"梨花春"的头牌姑娘出来接待。"梨花春"的头牌姑娘叫芸香，出身官宦家庭，因父亲获罪处刑，又被罚没家产，被人卖到"梨花春"，以棋艺和曲艺著称。

芸香等人先用江南丝竹演奏了《浔阳月夜》和《行街》两首曲子。芸香擅长琵琶，接着又弹奏《子夜歌》，边弹边低吟，以水一样的柔情展现了一个女子在深夜仿佛听到情人低声呼唤，情不自禁地对空答应的情景，非常生动传神。夜静人息，万籁俱寂，一轮圆月当空悬照，朦胧的村舍在淡淡的雾霭中如仙山琼阁，虚无缥缈。王有龄听得有些入迷，仿佛感受到春夜的清爽，闻到淡淡的花香，听到姑娘那甜甜的应答声在微风中飘荡。他简直不敢大声喘气，生怕破坏了这美好的意境。

湖州粮台官见王有龄如此动情，忙叫芸香过来倒茶。芸香姑娘不善茶艺，平时也不给客人倒茶，看到眼前这么多官员，她想起了自己的不幸遭遇。给王有龄倒茶时，她的手猛然抖了一下，滚烫的茶水顿时洒到了王有龄身上。王有龄正呆呆地看着芸香，回味着江南女子的柔婉细腻，突然被茶水烫到，本能地"哎呀"大叫一声。

湖州知府恼怒地叫嚷起来："你怎么这么不小心……赶快向王大人赔罪！"

王有龄想息事宁人，连忙说："不打紧，不打紧。"

然而，湖州粮台官却不依不饶，觉得这有损他的面子。有个姑娘担心芸香吃亏，赶忙把能说会道的胡雪岩叫了出来。

"各位大人，得罪了，实在对不起。"胡雪岩一边说一边走过来，"我先替芸香姑娘赔罪。"

王有龄觉得声音十分耳熟，一眼望去，顿时呆住了："啊？雪岩老弟……"

胡雪岩也认出眼前这位官老爷就是王有龄。两人四目相对，悲喜交加。

事后，王有龄留下来与胡雪岩单独叙谈。得知胡雪岩因那500两银子丢了差使，至今落魄不堪。王有龄气愤不已，当即决定马上返回杭州，去钱庄还清本金与利息，顺便为胡雪岩出口恶气。

出乎王有龄的意料，胡雪岩谢绝了他的好意。胡雪岩心平气和地说："凡事不能做得太绝，得饶人处且饶人，这事毕竟是我坏了规矩在先，再说，与他们相处那么久，多少是有感情的，何必步步相逼呢？"

他见王有龄还是不解，又接着说："我不去挣这个面子的理由很简单，如果我与你一同前往，肯定会使对方相当难堪，颜面尽失，事情一旦张扬开来，不仅会严重影响钱庄的声誉，还会关系到他们的生存，我不希望他人也像自己落得如此境地啊！"

王有龄闻言更加敬佩胡雪岩，他说："好，就听你的，那我该如何做呢？"

胡雪岩说："难为雪轩兄了。我不但不与你同去，还想麻烦兄台当面也不要有愤愤之词，就如同没有见到我一样；同时，还望兄台多多美言张掌盘他们几句，就当什么事也没有发生过。"

胡雪岩的做法让王有龄不禁心中赞叹：此人宅心仁厚。换了别人，遇到这个可以扬眉吐气的机会，岂会轻易放弃？而他居然愿意委屈自己，保全别人的面子，好宽宏的度量！

二人又谈到漕粮大事。王有龄初入官场，就遇到如此棘手的事情，真可谓"官好当，事难做"。浙江是漕粮大省，仓储、漕运原本不难，问题在于太平军控制长江中下游，原本由大运河运往北京的漕粮运输线路被拦腰截断，且运河多处淤积不通。所以，朝廷颁旨将河运改为海运。江浙漕粮改由上海港起运，沿海路北上，进渤海湾到天津卫，然后解送北京。但是，即使是海运，也要把粮食运到海上去。如今已是8月，漕运的准备工作千头万绪，按常规，即使一切顺利也无法按时完成任务。现在又面临战乱，漕米运输丝毫不能耽误，朝廷已经有了谕旨，如果延期，必将重罚。

胡雪岩坚信一定可以想出一个可行的方案来。应王有龄之邀，他决定去海运局给王有龄帮忙，也就是当幕僚做参谋。碍于官场规矩，在公开场合，胡雪岩改口叫王有龄为"雪公"。

回到杭州后，王有龄十分兴奋，他先去见了麟桂，说抚台已有表示，差额由藩库先垫付，新漕中如何加派来弥补这笔款项，到时再定办法。接着他又去面见抚台，黄宗汉表示，只要事情能尽快办好，多花点钱无所谓。他还拿出两道上谕给王有龄看，一道是八旗京兵有15万之多，须严加训练，欠饷要设法发清，通谕各省，从速解运漕米银两，以供征用；另一道是酌减文武大臣"养廉银"，以充军饷。朝廷在粮饷上调度困难，如能早日运到京城交结，黄宗汉答应密保王有龄升官。

胡雪岩回到杭州匆忙见过家人后，就为漕粮海运的事忙碌起来。三四天后，胡雪岩向王有龄汇报他的预想方案："关于漕粮海运一事，我考虑了几天几夜。要把几十万石漕粮从浙江运到上海，势必兴师动众，耗费不少人力物力。雪轩兄，我们能不能变个法子，不带一粒大米去上海，照样能将浙江漕粮运往京城呢？"

王有龄一听，觉得莫名其妙，不带粮食去拿什么交差？到上海如何凭空变出39万担粮食？

胡雪岩接着说："你想呀，一改海运，漕丁都没饭吃了，所以漕米运去上海，然后转海运之事，他们巴不得办不成呢！你着急，他们却不着急，就等着看你的热闹呢！"

王有龄一下子慌了，急道："这么说来，漕米肯定是运不出去了？"

"正是！所以我才说不带一粒米去上海，不过这得冒一冒险。"

"冒什么险？"王有龄急不可待地问道。

"米就是米，到哪里都一样！"胡雪岩话中有话，但王有龄还是不懂，于是他又接着说道，"朝廷要的只是米，上海的米、浙江的米都一样。浙江的米运不出去，我们只要带上足够的银票，到上海买了米，直接运出海，不就结了！"

一语惊醒梦中人。王有龄激动异常，连声夸道："雪岩老弟，真是妙计！"

王有龄略加沉吟，又有了更大的担忧："我想想……从杭州不带一粒米去上海，实在是太冒险了！万一在上海买不到米，那就要误大事了。"

胡雪岩似乎胜券在握："这事你不用担心，我反复打听过了，上海的漕粮集中在松江，最近还积压着不少，而且那里的米价很低。但此事一定要绝对保密，以我前几个月做粮食生意的经验来看，倘若在某个地方大量采购，必然会使米价暴涨，增加不必要的成本。如果我们以浙江的米价悄悄在上海采购，不仅省时省力，还能减少漕运成本，岂不一举两得？只要筹划周密，赚上一大笔也是极有可能的。"

王有龄听了连连点头，不得不佩服胡雪岩精明的生意头脑，但他还是提醒道："雪岩老弟，你这个想法真是胆大包天啊……此事万万小心。"

"事情是有点麻烦，不过商人图利，只要有利可图，刀口上的血也要去舔，风险总有人肯背的，要紧的是一定要有担保。"胡雪岩说道。

主意已定，王有龄立即越级向黄汉宗汇报此事。他之所以敢这样做，是因为他从黄宗汉的几次谈话和暗示中，领悟了黄宗汉想把不听话的藩台麟桂架空的意图。黄宗汉听完他的奏报，也觉得这事太冒险，但如今也别无他法，况且之前已经出了一次人命。时间紧迫，最紧要的是能交差。再说，万一出了事，下有王有龄做替死鬼，上有何桂清帮忙扛，何桂清大概不会眼睁睁看着自己推荐的人出师不利、一举而败吧。

得到黄宗汉的认同后，王有龄信心倍增。当务之急是筹到银票。现在别说藩司衙门只有大米没有现银，就是有现银，也断然不会拿出那么大一笔钱去干冒险的事。怎么办？这一层胡雪岩早已考虑到了——利用钱庄来周转。当初，王有龄要去信和钱庄替胡雪岩出气的时候，胡雪岩就体现出了化敌为友的宽大胸怀，在眼下这关键时刻，不正留了一条可以走得通的路吗？

胡雪岩和王有龄商议了一下，决定先以赔礼还债的名义去找信和钱庄。胡雪岩据自己对那些老同事的了解，给每人准备了一份礼物，无不投其所好。然后他雇了一个挑夫，挑着这一担礼物去了信和钱庄。王有龄也特意换上便服，并将官轿换成一顶小轿来到信和钱庄。听说王有龄得官后前来还债，钱庄的张掌盘一下子紧张起来，因为信和钱庄当初就将这500两银子当作一笔收不回来的死账，所以根本没把王有龄写的借据当一回事，不知扔到哪里去了，他们找了个遍也没找着。张掌盘据实相告后，王有龄却说："这不打紧，以后找到，销毁就是了。"当即拿出该还的连本带息550两银子，只要求钱庄写了一个已经还清的收据。

胡雪岩也说了一些自责的话，又依伙计之礼，送给丁掌柜一个红绫包着的银质寿桃，因为后天就是丁掌柜的生日。这令丁掌柜十分感动。

趁此时机，胡雪岩举重若轻，故意轻描淡写地说明来意："我已在浙江海运局王大人手下当差。最近，我们奉中丞大人之命，到上海、松江一带采购一批漕粮，通过海运解往北京。为安全起见，我们不想带现金，只想带钱庄的银票去上海。这笔业务十分可靠，不知掌柜有没有兴趣？"

钱庄的要务是拥有足够的本金，而吸纳官银、沾上官府和国库的专用款项，是最有效的融通手段。胡雪岩给信和钱庄注入浙江漕银这样一股"活水"，丁掌柜自是心中大悦："太好了，这可是一笔大业务。雪岩，你究竟没有忘记老东家呀！这样吧，你们所需的购粮款，信和钱庄可预先借贷一部分，带上这些银票，到上海后，再联系大三元钱庄办理其余借贷。这样海运局不必事先筹措资金，一切到事后结算。雪岩，你看怎么样？"

此话正中胡雪岩下怀，他笑嘻嘻地说："这当然好，不过有句话得说在前头，我们没有任何商家担保，就凭王大人省海运局坐办的官职和我的信誉，不知丁掌柜可放心？"

丁掌柜正寻思怎样对开除胡雪岩的事做些弥补，因此，他由衷地说："雪岩，仅你的人格就足够担保！更何况还有王大人这棵大树，我一百个放心。"

张掌盘也拍着胸脯道："胡老弟，我可以陪你们去上海。需要多少银两，我一路代你们设法筹措。沿途钱庄有不少我的朋友，业务上都有往来。"

"那敢情好。"胡雪岩神色一凛，又说，"不过，有件事我得提醒一下各位，今天我跟你们谈的事，是中丞大人交代下来的，不得泄露半点！兵荒马乱之际如果闯出祸来，不要说我，就是王大人也救不了你们，做官之人不讲情面，到时抚台派兵来封信和钱庄的门，你们不要怪我。"

"没问题，一言为定！"过去的一对冤家举起双手，击掌为凭。

第四章 结交漕帮，办海运各方巧周旋

购粮款的问题顺利解决了，接下来就要雇船去上海。有好事胡雪岩向来不忘关照朋友。因为罗老叔一家平素给胡雪岩不少关照，所以他一早就来到草桥门外罗老叔家，特意雇了罗老叔最大的快船（大船外挂一只小船）。

下午，垂挂着"浙江海运"旗纛的官船，匆匆起航北上，全速赶往上海。此行有十多个人，王有龄仅带了两名衙役，一个是藩台的家臣叫陈世龙，一个是粮道台的家臣姓吴。胡雪岩、信和钱庄的张掌盘算是乘客。翠环和她娘管做饭，罗老叔带了两个船工管行船。还有一个小男孩，是翠环12岁的弟弟罗家驹。

船上无事可做，为了解闷，大家都各自找乐子。陈世龙不到20岁，看上去挺机灵，他坐不住，有事没事就去找翠环闲聊；王有龄性子急，心中有事，坐立不安，因此总嫌船走得慢，也没有心情观赏沿途风景；胡雪岩和张掌盘倒有个共同爱好——赌，但因凑不够人手，只好作罢；最活跃的是罗家驹，他船头船尾、船上船下，什么事情都观察得很仔细。

就在他们到嘉兴的那天傍晚，发生了一件怪事。船刚靠码头，就听到岸上传来一阵吆喝声："仔细搜一搜，别让她跑了！"原来是一伙人正在追赶一个人，到了船边，被追的人突然不见了，不知是不是逃到了船上。那伙人发现这是一艘官船，不敢贸然上船搜查，嚷嚷了一阵便离开了。

第二天清晨，两个船工正准备拔锚起航，发现有个女人躲在货舱

里。船工以为她想白乘船去松江，于是按照老规矩，把她绑了起来，吊到桅杆上，吆喝着要扔进河里去。

这时，罗家驹匆忙跑进胡雪岩的小隔间，大声叫道："胡大哥，不好了，他们要把她扔进河里。"

胡雪岩睡眼蒙眬，不知发生了什么事，连忙起床去看个究竟。刚出仓就听到一个女人连声大叫"救命"，胡雪岩忙叫人住手，把姑娘放下来。原来她就是昨天被追赶的那个人。胡雪岩仔细一看：姑娘十五六岁的样子，长相清秀，面若桃花，一双水汪汪的大眼睛，薄而红润的嘴唇，一头飘逸的长发，两条细如柳叶的眉毛，鹅蛋形的脸，极像翠环姑娘。只是身上、脸上都有些脏，神情十分紧张恐惧。"快放开她。"胡雪岩吩咐道。

罗家驹跑过去给她松绑，她稍稍平静了一些，脸上现出一片红晕，两眼死死地望着胡雪岩："这位大叔，俺不知咋感谢你才好。"

"大叔？"胡雪岩想笑，但忍住了，"唉！别谢了，听你口音像是河南人。你小小年纪，怎么会流落到浙江来？"

小姑娘含着眼泪说："俺就是河南人，大叔！两年前，黄河发大水，将俺村全淹了，俺爹娘全死在洪水中……俺跟着乡亲们一路讨饭来到江南，后来听说松江富裕，又转到松江，被一位有钱的老太太收留。老太太腿脚不利索，俺就做了她的丫头。"

"昨天晚上有人追你又是怎么回事？"胡雪岩问道。

这时，小姑娘不再害怕了，口齿也变得伶俐起来："3天前，俺上街给老太太买瓜果，被码头上一个船霸头子掳走。昨夜俺趁他们不注意，偷偷逃了出来，还没走多远就被发现了……我见你们船上有穿官服的人，就从后面的小船尾爬上来……大叔，你们去松江吗？我想搭你们的船回松江去。"

"你这小丫头倒挺机灵。我们确实是去松江，不过不方便带你去。"胡雪岩说的是实情，眼下最好不要节外生枝。

"捎上我吧，一看大叔你就是好心人，我会好好报答你的。"她恳求道，"咚"的一声跪下了。

"别这样，别这样。"这一跪让胡雪岩心软了，他略一思忖，又同意了，"那就捎上你吧。不过，以后别叫我大叔，叫我胡老哥吧。"

胡雪岩扶起她，问道："你叫什么名字？穷人家的孩子，会干不少活吧？"

"俺叫巧儿，胡老哥，俺可以帮你们做很多事，洗衣、洗菜、烧饭、打杂，俺样样都会。"她破涕为笑，单调寂寞的船上也平添了一些生气和笑声。

王有龄开始还为这个姑娘耽搁了一些时辰而心中不悦，没想到一会儿这姑娘就让他笑逐颜开，他亲切地称她为"阿巧姑娘"，郁闷一扫而光。

没几日，船便到了松江，泊于城内秀野桥下。

松江乃苏南门户，水陆要冲。清朝沿袭明制，归属江南省松江府，设江海关。上海自开埠以来便成为冒险家的乐园，松江这个古老的商埠更加繁华了。

登岸后，王有龄一行在旅店安顿好，立即兵分两路，寻找米商。王有龄和张掌盘等为一路，胡雪岩和陈世龙、巧儿为另一路。

胡雪岩做过粮店伙计，什么行情、米质一眼就能看透。走在熙熙攘攘的街道上，他甚至能闻到米的气味。

果然，前面就是一家米店，胡雪岩进去和老板攀谈。原来这是漕帮门下的丰裕米店，也是松江最大的米店。

双方客套了几句，谈了几句米市行情，胡雪岩故意问道："最近听说朝廷要将河运改为海运，老板知道是怎么回事吧？"

"对！现在太平军把南京、镇江的口子卡住，河运只好全改为海运了。此前，因大运河苏北、淮南段淤塞，松江的漕粮已经运不出去了，只是外头不清楚这个情况，粮食还不断往松江送。漕帮呢，管粮食卸船和进仓，可干了活却拿不到钱，帮里的人正闹事呢。"

胡雪岩马上嗅到了商机，压低声音问道："老板，请教一下，我们如要做大宗粮食买卖，是去找松江府粮台还是找漕帮呢？"

老板看了看胡雪岩，竖起一个指头："你只要找到一个人，一切全包在他身上。"

"是谁？"

"尤大伟，人称尤老五。在松江、上海，甚至千里运河上，只要一提松江漕帮，没有人不知道尤老五。"

胡雪岩得此信息，如获至宝。他回旅店与王有龄一碰头，结果王有龄和张掌盘也了解到漕帮有二十几万石粮食要卖，只是对方要求现银交易。

当时漕帮人物分为三类：第一类是漕帮中的"领运千总"，名义上是押运的武官，按传统，多在武举人中选拔；第二类是临时委派的押运官，大多为候补州县走门路获得这个美差，多少弄几文"调剂调剂"；第三类就是各帮中真正的头领——"尖丁"，漕帮中最管事的就是"尖丁"。松江漕帮"尖丁"正是尤老五。

看来，要在松江弄到足够的粮食，不仅要与松江府粮道台打交道，还要与漕帮的主要人物打交道。胡雪岩与王有龄一合计，决定登门拜访漕帮这位当家的。

第二天一早，王有龄穿戴整齐，带上两名衙役和胡雪岩、张掌盘，一起去拜访尤老五。其实，尤老五就住在松江魏府，不过胡雪岩此时还不知他与魏府的关系。

松江魏府又叫"筠秀园"，是松江第一豪宅。他们来到大门口请家仆通报，没想到魏府的人一听说是海运局来的人，就闭门谢客。王有龄吃了闭门羹，窝着一肚子火。胡雪岩劝道："雪公莫急，俗话说欲做生意，先交朋友。待我先与漕帮交个朋友，再来和他们谈买卖，肯定会有办法的。"

就在王有龄与胡雪岩找粮商、拜见松江知府及粮道台这几天，罗家驹却陪巧儿悄悄去寻她的主人家了。而她的主人竟然是漕帮尤老五的干娘，也就是去年漕帮"小爷"说的那位魏老太太。这让胡雪岩又惊又喜，立刻想到了那块玉佩，兴许这信物能派上点儿用场。

胡雪岩在朋友刘老板和顾老板的带领下来到魏家。他先找到巧儿，让她把那块玉佩给魏老太太看。不一会儿，巧儿回报说，魏老太太愿意见见他们。

魏老太太请胡雪岩三人在客厅喝茶。刘、顾两位老板见是一位80岁左右的老太太，且一目有疾，面容枯槁，腿脚也不便，颇感失望。而胡雪岩细心观察，发现这位老妇人慈祥中透出一股英气，声音清脆，颇有女中豪杰的气概，估计她对魏当家的有一定的影响力，看来要想说动尤老五，必须先说服这位老太太。

胡雪岩施以后辈之礼，魏老太太微微点头，用谦逊中带着傲岸的语气请三人喝茶，锐利的眼光直射胡雪岩，开门见山地说："不知三位远道而来，有何见教？"

胡雪岩谦卑地说："晚辈受浙江海运局王有龄王大人之托，前来向老前辈求教！我知道魏当家的名气在松江这一带是响当当的，无人不晓，这次路过，有幸拜访。王大人因身穿官服，不便相见，特意设下酒宴，敬请魏老夫人赏脸光临。"

魏老太太年事虽高，却也是心明眼亮之人，她笑了笑，说："胡老弟今日来访，除了宴请之外，必然另有请教吧，我个性直爽，有事直说无妨。"

胡雪岩见状也不再拐弯抹角，直接表明来意。末了，他强调说，这不仅是为王有龄大人在上海、松江等地筹措粮米，也是为了完成朝廷漕运改海运之事。

听到"海运"二字，魏老太太十分反感，她缓缓地闭上双眼，良久才睁开，紧紧地盯着胡雪岩说："胡老板，你不知道这样做是在砸我们漕帮弟兄的饭碗吗？至于在丰裕买米之事，虽然我甚少出门，但也略知一二，胡老板有钱买米，若丰裕不肯卖，道理可说不通，这点江湖道义我还是要出来维持的。倘若只是垫一垫，于胡老板毫无利益可言，可就让人费解了。"

听了魏老太太的话，胡雪岩并没有灰心，反而胸有成竹地说："老前辈，我打开天窗说亮话。如今战事紧急，浙米京运，朝廷盯得很紧，倘若误期，朝廷追究下来不但我等难脱罪责，漕帮也难辞其咎啊！请老前辈为漕帮弟兄想想，若误在河运，朝廷追究下来，很有可能被扣上通匪的帽子，那样的话，魏老前辈可对得起全帮弟兄？"

"嗯，你这样说倒也听得进去！"魏老太太点点头。

胡雪岩分析当前形势后，又说："江湖上有句话叫'山不转水转'，改海运只是个权宜之计，朝廷还在试办，漕帮弟兄的生计问题总会有办法解决，我们要想出一个对大家都有好处的办法来……当今之计是寻找转机，有饭大家一起吃。"

胡雪岩说得头头是道，魏老太太也听得十分认真，她发现胡雪岩虽然是海运局的人，但是这笔买卖并没有损害松江漕帮的利益。

她想了想，便让巧儿叫来了尤老五。

尤老五40来岁，个子矮小，浑身黝黑，肌肉饱满，两眼暗含神光，明眼人一看就知道是个厉害的角色。他客气地称胡雪岩为"胡先生"。

魏老太太说："胡先生是'祖师爷'那里来的人，为人侠肝义胆，以后你就称他为'爷叔'吧。"漕帮是青帮的一个支派，青帮的秘密组织中老前辈翁、钱、潘三祖都是在杭州拱宸桥成道，所以魏老太太有此一说。尤老五听了立即改口，称胡雪岩为"爷叔"。

"爷叔"是漕帮中人对帮外至交的敬称，这让胡雪岩有点受宠若惊，尽管他极力推辞，但魏老太太向来说一不二，尤老五更是一口一个"爷叔"地叫着，其余人也便跟着这样称呼他了。

尤老五见老夫人看重胡雪岩，同时也知道海运局要买漕帮的囤米，一时难以推脱。胡雪岩察觉到尤老五似有为难之处，便开口道："五哥不必勉强，我们宁可另想办法，也绝不能使兄弟为难。"

尤老五确实有他的顾虑，便说："松江漕帮会所的确掌控着松江的粮食业，但漕帮购买粮食的本金例由会员共筹分摊，只不过尤家出的本金多一点，因此粮食买卖无论多寡，都要找帮中的'会董'（俗称'三老四少')商量。但问题还不在这里,因运河淤塞,漕工失业、半失业者众多,人心浮动,稍有不慎便会引发内讧。偏偏占据金陵的太平军派人来找漕帮联络,让漕帮在松江起事,响应太平军;并派'间作'多人在漕工中活动。值此情形之下,漕帮会所行事不能不多加小心,慎之又慎。"

魏老太太对胡雪岩颇有好感,听尤老五说到"三老四少",突然想起一件事情,便问胡雪岩是如何与漕帮的"小爷"相识的。胡雪岩向魏老太太和尤老五说起玉佩的来历,以及与那位小爷交往的经过。魏老太太听了不禁哈哈大笑,说既然你们结交为朋友,不妨叫出来见见,随即叫人去传。胡雪岩也很想和那位"小爷"重叙旧情,没想到走出来的却是一位秀发披肩的姑娘,胡雪岩定睛一看,正是那位"小爷"。魏老太太笑着说:"这是我的干女儿,人称七姑娘,是帮里的四少之一。你结交了七姑娘,又救了阿巧,也算是与我漕帮有缘。"胡雪岩愣了半晌,才知道当初的"小爷"是女扮男装。

七姑娘姿容端庄,光彩照人,见了胡雪岩,不禁两腮飞霞,泛起异样神色。她得知胡雪岩有了难处,不由分说马上为他说情。在漕帮小字辈中,七姑娘的影响力仅次于尤老五。有了一个帮腔的人,胡雪岩又多了几分胜算。

魏老太太见尤老五还有些犹豫,发话道:"老五,浙江海运局的王大人还送了一桌海菜席,这桌席是松江府送他的,王大人特意转送给我。这难得的荣耀,不可不领情。'人敬我一尺,我敬人一丈',你先到官船上去替我磕个头,道个谢。"

"不必,不必!这话我带到就是了。"胡雪岩口中客气着,心里却十分高兴,只要尤老五去吃这顿酒,事情就算成了一半。不过,他得事先与王有龄通通气,尤老五去了,不好乱摆官架子,否则难免弄巧成拙。于是又接上一句:"今天王大人赴贵县大老爷的席去了。"

"那我明天一早再去。"

第二天,胡雪岩请尤老五派人到馆子里,把那一桌海菜席送到魏家。魏老太太茹素念佛，不肯入席，便由尤老五做代表。胡雪岩请客，而宴席设在魏府，这样一来，尤老五和胡雪岩两人都变成半客半主的身份，于是由张掌盘坐了首席，顾老板、七姑娘等人作陪。

酒过三巡，话入正题。胡雪岩把此行来意又讲了一遍，尤老五友好地表示："一切好谈，一切好谈！"

"一切好谈"四个字，听起来好听，其实没有什么实质性内容。于是，胡雪岩接着说道："五哥，既是一家人，有事但说无妨。如果你有为难之处，不妨直说，你的难处就是我们的难处，我们不能只顾自己，不顾人家。"

尤老五见胡雪岩态度诚恳，毫无虚言，便如实道来："并非我不肯卖掉这批米，只是如今战乱当头，米价一定看涨……我之所以急于将囤积的漕粮出手，是要换取现银，发给漕帮兄弟以解燃眉之急。"

的确，二十几万石米垫付给浙江海运局，虽有差价可赚，但将来收回的仍是米，达不到松江漕帮脱价求现的目的。

胡雪岩终于明白了，尤老五不是不肯卖米给海运局，而是想要现银！这一点海运局确实办不到。他看着张掌盘说："这就要靠张老板帮忙了。"

言外之意，即由钱庄放款给松江漕帮，将来卖了米再还。这算盘尤老五不是没打过，无奈钱庄最势利，一看漕米改为海运，都去巴结沙船帮，担心对漕帮放款有风险。尤老五怕丢面子，所以才抱定求人不如求己的宗旨，不惜损利，脱货求现。如今最大的问题，就是漕帮弟兄吃饭发薪的事绝对不能拖。等几个月后下一批漕米收上来，就有办法可想了。

从信和钱庄的长远利益考虑，张掌盘不得不百般应承，依胡雪岩的口风行事。他连忙打圆场说："信和钱庄给漕帮放款完全没问题。"

尤老五一听这话，与顾老板交换了一个眼色，仿佛颇感意外，是不是张掌盘信口开河？胡雪岩察言观色，马上明白张掌盘说话太随便，令人觉得不大可靠。

于是，胡雪岩特意用杭州方言相当认真地问张掌盘："张老板，说话就是白花花的银子，你不要'玩儿不当正经'！"

张掌盘是精明人，马上领会了胡雪岩之意，他以极其严肃的态度表示："做生意的人怎么敢'玩儿不当正经'？况且这关系到朝廷大计，岂可儿戏！只是张某尚不知漕帮兄弟有多少，具体如何支付，七八个月若只在10万两银以下，就包在我身上。"

胡雪岩立刻接口道："张老板是言出必行之人，五哥就不要犹豫了，将漕帮弟兄的日常开度算来给张老板听听。"

尤老五听了不假思索地说："1个月差不多要1万两，8个月8万两就足够了！"他想了想又说："如今我们是疲帮，你就不怕将来吃倒账。"

"笑话！"张掌盘说，"我放心得很，第一是松江漕帮的威望、信用和面子；第二是浙江海运局这块官招牌；第三还有这批米在那里。有这三样担保岂不是铁板钉钉？"

胡雪岩嘴快，连声说："好极了，好极了！那就由张老板借10万两银给漕帮兄弟周转。五哥把米垫给海运局，我敢保证，海运局8个月内肯定会把购粮的银子送到贵帮手中！"

"10万两？"尤老五以为胡雪岩说错了，有些惊讶。

"对，是借给五哥！"胡雪岩笑着说。

尤老五终于确信自己没有听错，是借给自己，而不是贷给自己，不用付利息！他不禁又是佩服又是感激，说："如此一来，倒是爷叔帮了我们的忙，不然，我们脱货求现，一时还不大容易。"说着，尤老五向胡雪岩连连拱手，一次又一次感谢"爷叔"。

七姑娘见他们谈得如此顺利，胡雪岩又如此重情重义，便趁热打铁说："五哥，胡老哥早已和我结为兄弟，你叫他'爷叔'岂不是乱套了，胡老哥这个朋友你一定要交，不如你们就以兄弟相称吧！"

胡雪岩兴奋地说："好极了，当着众人的面，我拜五哥为兄。"边说边跪下了。

尤老五也赶紧跪到胡雪岩身边，双双立誓。两人起身后，又以青帮的礼节互相行礼。青帮有个规矩，兴混不兴赖。有此一拜，以后到各码头，胡雪岩便可以堂而皇之地打着青帮旗号，并自称是尤五爷的结拜弟兄，但对做过的事不能不承认、耍赖皮，必须好汉做事好汉当。

双方约定第二天上午见面，然后随船到上海。至于丰裕米行如何交米，张掌盘如何调度现银借款给松江漕帮，都在上海酌情商量办理。

第二天，尤老五如约来到城内秀野桥下，与王有龄、胡雪岩一同赴沪。

不宽的江面上波光粼粼，晨雾缥缈。胡雪岩一看便觉得有些异样，秀野桥原本是个不热闹但也不太冷清的码头，大大小小的船总有十几艘挤在一起。现在那些横七竖八、乱泊乱靠的船全不见了踪影，只有他们一大一小两艘船，船头正对码头石阶，上下极其方便。

"咦！"张掌盘惊奇地说，"怎么别的船都开走了？莫非这地方有水鬼？"

"没有，没有！"尤老五忙道，"这地方干净得很。我是怕船都挤在一起，吵得你们晚上睡不着，昨晚叫他们移开了。"

闻言，几人都惊叹漕帮的势力，对上海之行更加充满了信心。

尤老五领着王有龄一行，于当夜抵达上海港。二十几万石粮食也将在两天后运达。他们先行一步是因为按行规要事先拜见"地头蛇"——沙船帮。王有龄、胡雪岩、张掌盘等人还要联系海运，拜见地方官员，办妥相关手续，并与当地钱庄接洽。

街道上，车来人往，各色人物错杂，衣着打扮奇异多彩。乍入洋场，众人一时眼花缭乱。他们挑选了一个靠近市中心的旅店住下，然后分头行事。

顾老板陪着胡雪岩去拜沙船帮这个码头。他们倒是很给面子。

王有龄最关注漕粮海运的官方文书。按官场规矩，他马上去拜访上海县粮道台，办理免征粮食落地捐、粮食报关等手续。官对官只是例行公事，相互抬举，事情十分顺利。接洽后很快定好在两个礼拜后，漕粮从上海起运。

　　事情稍微烦琐的是张掌盘。他联系了一家与信和钱庄有业务往来的"元"字号（晚清钱庄一般分元、亨、利、贞4个等级）钱庄通泰，他们听说是与管钱粮的官府藩司打交道，也很感兴趣。因为这种业务都是大宗的，用行话说属于做"长线"，因为漕粮是每年必供的。

　　通泰钱庄派出一位襄理吴先生专门负责处理此事。因洽谈顺利，吴襄理特意私下请胡雪岩去喝茶。胡雪岩笑道："浙江这批漕粮，出面的虽是信和钱庄，但通泰也可轻松捞上一笔。漕运改海运，浙江漕粮以后落上海的时候可就多了，麻烦吴先生的时候也多了。"他的笑容笑语如同手捧一束鲜花在人眼前，耀眼而芬芳，十分具有诱惑力。

　　吴襄理两眼放光，一脸的笑意更是迷人："漕运大省在新老八大行中，粮食始终摆在首位，又是公家生意……何况胡先生本来就是信和钱庄的人，一家人不说两家话，什么能瞒得过胡先生！胡先生对通泰如此关照，通泰又怎会忘记您的好呢！"

　　吴襄理一边说一边从衣袋里取出一个存折，丝毫不加掩饰地摆在胡雪岩面前："这是通泰专为胡先生开的户头，里面已有一定底金。胡先生可随时到各地通泰分号取存。"

　　胡雪岩假意推让了一番，便收了起来："吴先生太客气了，胡某愧不敢当，大家都是朋友，有事相互关照便是。"

　　"那是当然，那是当然，有事只要胡先生言语一声。"

　　眼下，信和钱庄的10万两银子还没有转到通泰钱庄来，有两件事急需解决。因此，胡雪岩换了一副表情，郑重其事地对吴襄理说："浙江海运局有两件小事务必请吴先生放在心上，一是明天有一批漕粮抵沪东，需结清漕帮的运输资费；二是请通泰以'浙江海运局'的名义，划拨1万两银子到福州去，算是这次漕粮交易中的一项开支。不知可否？"

　　吴襄理爽快地答应下来，只是有点不解："汇给福州的什么人呢？"

　　胡雪岩从衣袋里取出一张纸条，上面早已写好地址，他嘱咐吴襄理按照纸条上的地址汇出银两。纸条上正是浙江巡抚黄宗汉父亲的住址。

事后,王有龄见漕米办得如此顺利、漂亮,心情大好,便让大家在上海放心地游玩一番。胡雪岩抽空与王有龄闲聊,"雪公!"他随意问道,"今天晚上逢场作戏,可有兴致?"王有龄对赌博、逛夜市毫无兴趣,但说到吃花酒,他倒想试试。为免招摇,胡雪岩头天晚上安排王有龄去,第二天早晨又悄悄把他接回来。他自己则装病与翠环姑娘待在一起。这是一个难得的机会,一旦回到杭州,没什么事就不便与她多接触了。

第五章　巧借人脉，开钱庄信誉即生意

上海之行首战告捷，胡雪岩算是立了一个大功。他们在上海游玩数日后，便乘罗老叔的船回了杭州。

王有龄回到杭州后的第一件事，便是将藩司府库存粮20万担出售变成现银，然后拨付松江府转交漕帮，并修书一封，对尤老五再三表示感谢。事后，他又到巡抚衙门探问漕银之事。

黄宗汉一改往日严肃刻板的模样，笑着对王有龄说："王大人办事漂亮，救急有功，本丞已为王大人请旨嘉奖。至于漕银，户部这次拨付浙江的70万两不几日即可到账，本丞已考虑不入藩司，悉数交海运局调用。"

"谢谢中丞大人，谢谢中丞大人！"王有龄高兴极了，手中有这么大一笔资金可以调度，什么事办不成，什么生意做不了啊！不过，他觉得自己还是应该谦虚点，"不瞒中丞大人，漕运之事，除了中丞大人亲自督导和各位同僚大力协作外，有一个人的功劳最大。"

黄宗汉面露得意之色："是不是你那位结拜弟兄胡雪岩？此人经商理财，倒也算得上是行家里手，为官为宦，可称怪才……"

王有龄听了连连点头称是。两人又扯了几句官场闲话，王有龄见黄宗汉已经把茶盅捧到手中（这是送客的表示），赶紧告退。其实，这次黄宗汉并非想要送客，但见王有龄要走也不便挽留，便一直把他送到门口，一边走一边压低声音说："王大人汇到福州的1万两银票，家父已经收到，多谢王老弟代愚兄尽孝。"接着，他很亲热地拍拍王有龄的后背，"不日定有酬谢"。

黄宗汉的话让王有龄一头雾水，他哪里汇过1万两银子给黄父，此事恐怕是胡雪岩干的。他怒气冲冲地去问胡雪岩到底怎么回事。胡雪岩据实告之，并说："我认真了解过黄大人的个性。前任藩司为什么会死？仅仅是因为他没有按时完成漕运吗？雪公肯定想过，自然明白其中道理，只是不愿委屈自己去做，所以小弟便代劳了。"

王有龄解释道："不是为兄责怪你，只因数额巨大，你又做得如此明显，万一惹恼了中丞大人怎么办？"

胡雪岩以肯定的语气对王有龄说："雪公不必担心！我早想好了，万一出了什么纰漏，雪公并不知情，正好我一人担着，可以让你撇清干系，而我并非官场中人，也不能拿我怎样。不过，虽然我从未见过中丞大人，但完全可以断定，他对雪公说的话至少有一半是真的，只是以后要更加顺他的意，相信他不仅不会恼怒，相反真有回报也说不定。"

联想到黄宗汉今天的夸赞之语，王有龄终于明白了所谓事情办得漂亮，并非仅指漕粮之事。但他仍不放心，低声问道："雪岩，我问你，那1万两银子的亏空怎么填上？这一进一出，我们能赚到那么多银子吗？"

胡雪岩给他透底："这些全在张掌盘的账上。中丞大人是按照杭州本地官方的粮价核准这笔购粮款项，而我们付给松江漕帮的是市面行情价。官价高，市价低，而且尤五哥还给了我一些优惠，这一进一出，粗算下来，少说也能赚到四五万两银子。当然，还得等各种账全部结清了才能知道具体数额。"

王有龄听了惊喜不已，这一趟就有四五万两银子的赚头，就算打发掉一半，也是数目可观了，加上朝廷拨款周转，三五年下来，海运局该成"财神"了。

"雪岩！"王有龄兴奋地说，"我们二人合在一起，何事不可为？一定要好好干一番事业！"

"我也是这么想的。"胡雪岩说，"不过，我的心思你是知道的，我想仍旧干回老本行。"

王有龄早就知道胡雪岩想开自己的钱庄,他沉默半晌后,才缓缓地说:"雪岩,说实话,我现在还不太愿意你去开钱庄,希望你再帮帮我,帮我也等于帮你自己。你好歹也捐个功名,到哪里都跟我在一起。中丞大人已经有话,最近还有别的安排,大概是再派我兼一个差,那时我更加需要帮手,你总不能看着我顾此失彼而不管吧?"

"这我早就想到了。开钱庄归开钱庄,帮你归帮你,我两样都照顾得来,请你放心好了。"

"你的本事我当然知道,只是我刚入仕途,不足以帮衬你……"

胡雪岩没等他说完,赶紧抢过话头,说:"正因为雪公初入官场,刚刚得意,外面的人还不晓得,所以此刻我开钱庄是个大好的机会。若等你成了名满杭城的高官显贵,我再开钱庄,别人都晓得你我的关系,闲话肯定就多了。"

"那时别人又能说什么呢?无非说我出的本钱。我真有那么风光的一天,别人想说什么也不敢说啊!"

"此话不假,不过,雪公,尽管不招人妒是庸才,但可以不招妒而有意招妒,那就太傻了。到时候别人会说你动用公款营商自肥,告你一状,我于心何安?"

这话打动了王有龄的心,这事既要从长远考虑,也要顾全眼前,胡雪岩可谓想得周全。

见王有龄沉思不语,胡雪岩低声说道:"凡事都可以做得天衣无缝。钱庄有一个好处——代理道库、县库,公家的银子没有利息,等于白借本钱。雪公,司匦的差职迟早要放出去的,等你放出去再来开钱庄,代理你那个州县的公库,痕迹就太明显了,所以我要抢在这个时候开钱庄。"

"你总是能想在别人前头,我怎么就没想到这一层?"王有龄的脑袋也挺灵活的,只是他之前没把心思放在这上面,而胡雪岩则是时常琢磨此事。

此次上海之行,胡雪岩最感兴趣的还是钱庄,尤其是他发现公款往来运作中存在许多漏洞，若经营得好，必大有可为，只要手头有钱运作，就没有办不成的事情。钱庄是中枢环节，有了自己的钱庄，就能把各种经济力量联合起来，形成一种无形的势，什么样的目标都能实现。开钱庄的蓝图已悄悄在他心中画出，好歹先立起一个门户来，外面要弄得冠冕堂皇，里面是虚是实并不要紧，戏法都是假的，只要不戳穿，人们就会信以为真。等王有龄放了州县，自己的钱庄就可以代理该州县的公款，各项款银源源而来，空的就变成实的了。

不过，开钱庄怎么也要几万两银子才撑得起，还要有一定的本金周转，仅凭一己之力实在无法解决，而到同行中去调头寸①的话，利息就高了。这是胡雪岩最头疼的事，一连几天他都在为此事绞尽脑汁。

几天后，胡雪岩正在与家人聊上海的见闻和趣事，王有龄派人请他到茶馆相见，说是有要事相商。

见面后，王有龄告诉胡雪岩一个好消息：户部70万两漕银现直拨至浙江藩司，中丞大人已饬令藩司，这笔款由海运局专款专用。王有龄喜形于色地说："海运局目前只需结算漕粮运费，用不着这么多现银，70万两银子放在别的钱庄也不能生利息，你筹办钱庄不是正缺少本钱吗？开钱庄我不懂，只问你这笔钱让你周转大半年，能不能让你的钱庄运转起来？"

胡雪岩原本想着有个七八万两现钱，再拉几个老客户过来存钱，钱庄也就开起来了，没想到一下子有了70万两，不禁大喜过望。他胸有成竹地说："没问题！人助我，天也助我。你能将漕银放在我的钱庄，这将成为我的大靠山；而且现在正在打仗，银价常常有涨有落，只要眼光独到看得准，兑进兑出，就两面好赚。现在办个钱庄，真是天赐良机啊！"

两人谈得兴致盎然，但还有一个实际问题，这么大一笔官款明目张

---

① 调头寸，金融术语，实际指款项、钱，一般分为收入方和付出方，两方若是不平衡，有差额，就需调拨资金来弥补，即为头寸调拨，也就是借钱。——编者注

胆地拿过来放在自己新开的钱庄里，抚台、藩台不会不管。退一步讲，即使他们睁一只眼闭一只眼，也必定是要讲条件、有代价的。如何解决这一难题呢？胡雪岩想来想去，只有利用信和钱庄来移花接木。这方面，王有龄不懂行，便由胡雪岩陪同去跟信和钱庄商谈，条件是将70万两漕银先悉数存入信和钱庄，不要存款利息；但信和钱庄要转出30万两给胡雪岩周转，对信和钱庄来说，有40万两存银不必付利息，可以坐地收利，可谓天大的好事。经商都图利，信和钱庄觉得虽有风险，但利益的诱惑比风险更大，因此，他们痛快地与王有龄达成了合作意向。

一切都疏通好后，当务之急是要物色好的挡手①。杭州大源钱庄有个伙计叫刘庆生，胡雪岩和他打过一次交道，觉得他头脑灵活，仪表和口才也不错，决定挖他过来。信和钱庄的张掌盘正好和刘庆生很熟，于是做了中间人，介绍他跟胡雪岩认识。

胡雪岩在一家酒楼对刘庆生进行了一番考查。

钱庄是服务业，一个好的挡手必须有忍耐力，性格温和，不急不躁，这样才能处理好与顾客的关系，并且遇事能深思熟虑。胡雪岩一开始并不谈正题，只天南海北地闲扯，把刘庆生弄得莫名其妙。他几次想拉回正题，但胡雪岩总是敷衍一句，就又把话题扯开了。刘庆生终于明白了他的用意，干脆静下心来，看胡雪岩究竟想干什么。就这样，空话说了半个时辰，刘庆生仍不烦不急，胡雪岩非常满意。

接下来，胡雪岩又考了刘庆生的专业知识。刘庆生对所有问题均对答如流。当胡雪岩问及钱庄同行时，刘庆生把杭州全城四十几家大小同行的牌号一口气背了出来，显示了他对钱庄业的熟悉程度。最后，胡雪岩决定以一年200两银子的薪水聘请刘庆生，还不包括年终的"花红"。当他将200两银子的预付薪水拿出来的时候，刘庆生激动地说："胡先生，你这样待人，说实话，我听都没有听过。胡先生，你尽管吩咐好

---

① 挡手，旧时店铺里的管事人。——编者注

了，怎么说怎么好！"

胡雪岩笑道："钱是人的胆，你有200两银子在手，心思可以定了，脑筋也就活了，想个把主意，自然就会高明。"

按照胡雪岩的想法，钱庄的店面一定要讲究。所谓天大的面子，地大的本钱，门面不壮，怎能吸引储户？他好不容易选定了一家转让的书画铺。这家书画铺地处珠宝老街东段，不但门面轩敞，而且进深数丈，有扩充的余地，装饰一下就可成为一家气派的钱庄门店。

接下来还要给钱庄取名字。胡雪岩的要求是：一要响亮，容易上口；二要字眼与众不同，省得跟别家分不清；三要吉利。

王有龄有学问，考虑再三，选中了"物阜民康"中的"阜康"二字，并请黄宗汉手书"阜康钱庄"四个大字。胡雪岩分派刘庆生和罗家驹往各处分送喜帖，力图使钱庄开张的"堆花剪彩"办得隆重、气派、有看头，特别是要将抚台、藩台、臬台等重要衙门的人请到。

恰在此时，藩台麟桂家中"后院失火"了。据说是麟桂外出公干，有人送给他一只缅甸玉镯，他专门留给姨太太，结果被大太太看到，先下手为强拿走了。姨太太知道后，吵死吵活地要，大太太就是不给，姨太太一气之下便上吊了，幸亏发现及时救了过来。事后麟桂只好额外给她一笔钱，让她消消气。

麟桂是王有龄的顶头上司，对钱庄的开局至关重要，而且他与黄宗汉的矛盾很深，他们二人对待钱庄的态度对浙省官场影响重大。

刘庆生建议胡雪岩在"阜康"为麟桂的大太太、姨太太各开个户头，并存上20两银子，然后送存折过去。胡雪岩听了连声叫好，并吩咐道："钱庄重新理出一个名单来，将名单上的人用同样的方法都开个户头，钱算我们白送。"

王有龄对此甚为不解，同时也替胡雪岩担心，说："送一个两个还行，现在钱庄还未开业就白白送出去几百两银子，岂不是纯赔老本？"

胡雪岩回道："正因为我没有本钱，所以必须孤注一掷，集万家之财而成势，把场面做大，才能成大势，后来居上！省里这些官衙，倘若能为我所用，壮大钱庄势力，谁还会认为我阜康钱庄本小利薄，不能做大生意呢？再说，一个户头上只有20两，那些官家太太、有钱人家总不会只放这20两在户头上，有钱必先考虑存我们阜康钱庄。还有一层，钱庄若和官府有了往来，牌子自然就硬了，知名度大大提高，并且将来做什么事情，官府即使不帮忙也不会从中作梗。"

"雪岩，真有你的，哪来的这么多花花肠子，别人的肠子再长，也转不过你。"王有龄感慨道。

刘庆生当初也没想那么深，听胡雪岩这么一说，马上应道："我这就去写存折。"很快，17本存折一一送出。

咸丰三年（1853年）4月初，胡雪岩的阜康钱庄在杭州珠宝巷开张了。

这一天，钱庄门前，高车驷马，冠盖如云。"阜康钱庄"四个镏金大字，气势雄浑地俯瞰着珠宝巷攒动的人头。浙江巡抚衙门、浙江藩司衙门、浙江臬司衙门、杭州总兵衙门等都派人前来祝贺，还有一批名流士绅和富甲江南、名闻苏杭的商贾巨头也送来"堆花"，场面好不风光。

阜康钱庄开业后的一天下午，刘庆生正低着头在柜台里算账，门外走进来一位花枝招展的阔太太，后面跟着侍婢。

她进屋见茶具、茶盘簇新锃亮，店面伙计衣着光鲜，便翘起兰花指，从手中绣有富贵牡丹花的小锦袋里掏出一个存折："这个……是你们钱庄的吧？这存折中的钱能不能提取？"原来她就是藩台麟桂的姨太太。

刘庆生巧舌如簧："没错！当然能取，立马能取。存着的话，利息照算，夫人如看得起我们钱庄，有不急用的钱尽管来存，利息优厚，取用方便。"

"你们老板真是机灵鬼，把生意做到我们闺房里来了，真可怜他一片苦心。我正好有一笔钱不急着用，索性存到你们钱庄吧。"这位姨太太从锦包里抽出一张500两的银票交给刘庆生，又压低声音说："除了钱……金银珠宝、首饰古玩能否存入？"

刘庆生大包大揽："我们可以代为办理。如果夫人信任我们,鄙庄可派专人代您到这条珠宝街任何一家珠宝行去估价,折算为银两,然后存入我们钱庄,您随时可以取用。"

就这样,阜康钱庄开张不过一旬,官家女眷来存私房钱少则几百两,多则成千上万两。而且一传十、十传百,那些没有拿到存折的官太太,也来开户头,并且各显神通,互相攀比,比谁富、看谁阔,一时间钱庄人气大涨。

阜康钱庄开业不久,还接待了一位特殊的客户。

这位特殊的客户叫罗尚德,是大清驻守杭州绿营兵的千总。他打算存入阜康1万多两银子,既不要利息,也不要存折。这让刘庆生十分为难,于是把胡雪岩请来处理。

胡雪岩来后,罗尚德把麻袋解开,只见里面是一堆银子,有元宝,有元银丝,还有碎银子,仿佛是刚从土里挖出来的。

胡雪岩正疑惑不解,罗尚德又从贴身口袋里取出来一沓银票,放在胡雪岩面前。

"银票是8000两。"他说,"银子回头照秤,大概有3000两。胡老板,我把钱存进来,利息给不给都无所谓。"

"这……"胡雪岩越发奇怪,想不到一个只有几两银子月饷的绿营军官,会有上万两银子的积蓄,他的钱来之不易,利息不好少他的,于是答道:"罗老爷,承蒙您看得起小号,我们照市行息,请问存款的期限是长是短?"

"就是这期限比较难说。"罗尚德紧皱着那双浓密的眉毛,一只大手不停地摸着络腮胡子,仿佛遇到了极大的难题。

胡雪岩见罗尚德欲言又止,知道其中必有隐情,于是请罗尚德到附近酒楼摆上一碗。酒过三巡,罗尚德见胡雪岩如此豪爽,便把自己的经历与想法和盘托出。

原来,罗尚德是四川人,年轻时嗜赌如命,经常一掷千金。没过几年,他赌场失意,不仅把祖辈遗留下来的家产输得一干二净,还把从老丈人处借来的用于重振家业的1.5万两白银，在一夜之间输得分文不剩。老丈人气愤不已，不想看到自己的闺女跟着一个赌徒受苦受累，于是把罗尚德叫来，对他说，只要罗尚德把婚约毁了，那1.5万两银子的债也同时一笔勾销。血气方刚的罗尚德难以忍受老丈人看轻自己，当众撕毁婚约，并发誓今生今世一定要把所借的1.5万两银子还清。

之后，他背井离乡，辗转来到浙江，参加了绿营军。投军后，他辛辛苦苦，用十多年时间熬到了六品武官的职位，同时想方设法，拼命赚钱攒钱。在绿营军官中，大家无不是没有钱找钱，有了钱乱花钱，只有罗尚德与众不同，有了钱就埋在地下，或者换成银票藏在身上，不嫖不赌不借人，就这样攒下了1万多两银子。现在由于太平军兴起，绿营军马上就要开赴前线，罗尚德不可能将银票、银子带在身上，必须找个妥善的地方存放，但他又没有亲眷可以相托，这时恰好听说了胡雪岩的义名，于是带上毕生的血汗钱前来阜康钱庄。

胡雪岩听完，心里盘算了一会儿，对罗尚德说："罗老爷，承蒙您看得起阜康，当我是朋友，那么，我也做个爽快人，你这笔款子暂定作为3年定期存款，到时候你来取，本利一共1.5万两。你看可否？"

"那敢情好！"罗尚德惊喜万分，满脸的过意不去，"不过，利息也太多了。"

"做生意有赚有亏，要通盘算账。你这笔款子比较特殊，有交情在内。你尽管放心去打仗，3年以后回重庆，带1.5万两银子去还账。这3年，你总还有别的收入，攒下来就是盘缠。如果带在身边不方便，尽管汇到钱庄来，我替你入账，照样算利息给你。"胡雪岩最后还附上一句，"万一你不幸回不来，我胡雪岩当亲自去你丈人家交还这1.5万两银子，兑现你的承诺。"

罗尚德对胡雪岩的侠义气概感动不已，诚恳地说："那就拜托了！"他站起身来，恭恭敬敬作了个揖，连存折也不要就离开了。

事后，刘庆生对胡雪岩的人格魅力大加赞赏，兴奋之情溢于言表，随后又忙不迭地谈自己心中的感受。

"胡先生，钱庄的生意照这样子做下去，用不了半年，基础就可以打稳了。"

"慢慢来！"胡雪岩的神色依然十分沉着，"依我看，罗尚德今天回去，会跟他的兄弟们说起这件事，估计'兵大爷'的存款还会再来，不管多少，都是主顾，你关照伙计们，千万要同样看待，不可厚此薄彼。态度尤其要客气，这些'兵大爷'好讲话时比什么人都好讲话，难弄起来也比什么人都难弄。"

"是，是，我晓得。"刘庆生应道。

罗尚德回到营中，述说了阜康钱庄的信誉，果然，军营中来阜康钱庄存银者络绎不绝。

一切如胡雪岩所料，钱庄的发展势头如旭日东升。接下来几年，仅小刀会起义，在上海县、青浦一带闹腾了一年多，从杭州到松江、上海基本上是平静的。漕运通畅，粮食生意当属暴利，几年间，胡雪岩便拥有了雄厚的家底，此乃后话。

第六章 挑动芳心，装糊涂无意解风情

胡雪岩的钱庄开业不久，王有龄的喜事也接踵而至。咸丰三年（1853年）端午节前夕，任海运局坐办不到两年，正打算在海运局大展身手的王有龄，接到了署理湖州府的委札。据说有地方大员在奏折中说："王有龄为官勤正，才堪大用。"

王有龄喜出望外，又大感不解。这难道就是黄宗汉所说的"回报"，还是有人想把他从海运局撵走？当一个州的主政官当然要比当省里一个部门的副职好得多，湖州是个富庶之地，他和胡雪岩都将大有一番作为。不过，按照惯例，他当上了知府，就应该交卸海运局坐办的差使，但调运漕米留下的亏空一时无法补上，加上阜康钱庄有生意上的事务和巨额款项牵涉海运局，此事一旦泄露，麻烦就大了。因此，王有龄既想做知府，又想暂时兼任海运局坐办。这个可能性不是没有，但必须得到巡抚、臬司、藩司等相关主政官和相关衙门的同意。若鱼与熊掌不可兼得，王有龄情愿不做知府，也得先把坐办的位置稳住。

就在王有龄为此事烦心之际，他接到了何桂清的一封私信，信中先叙旧情，之后详问他工作情况，还特意说到黄宗汉的藩司一案。朝廷对椿寿自尽的调查结论是："该司因库款不敷，漕务棘手，致肝疾举发，因而自尽，并无别情。"皇帝批的是："知道了。"这就说明，黄宗汉的麻烦已经没有了。

王有龄见信后心情可谓喜惧交加，喜的是黄宗汉已然脱罪，圣眷正隆，今后浙江的公事好办得多，何桂清为他开脱也不会受到牵连；惧的是久闻黄宗汉刻薄奸狡，说不定会过河拆桥，不再买何桂清的账，那自

己就等于失去了一座靠山。不过，王有龄不明白何桂清给自己写这封信的用意究竟是什么。他找来胡雪岩，让他帮忙分析分析，同时看看有没有两全其美之策。

"雪公！"胡雪岩说，"依我看你是多虑了。黄抚台想做事，要表功，我们照他的意思来做，做得比他所想的还要好，他还有什么话说？俗语说：'师父领进门，修行在个人。'何学台把你领进门了，如果自己修行不到家，靠山再硬也不中用。"

果然不久，黄宗汉便召见王有龄，对他说："本省的钱粮，全靠杭、嘉、湖三府，湖州更是命脉所在。我和麟藩台商量，非你去不可。时逢二百年来未有之变局，朝廷一再申谕，但求实效，不惜破格用人。所以保你署湖州府，我想不至于被驳。"

王有龄心知肚明，在黄宗汉说话间就已预备如何应答，听他一口气说下来，语声暂停之际，赶快起身答谢："大人如此栽培，真叫下官感激涕零，惶恐万分，不知如何报答？"

"只要你把公事办妥了就是报答。湖州地方，与众不同，王大人，你要把全副本事拿出来。"

"大人放心，下官自当全力以赴，不负大人厚望。"王有龄看了看黄宗汉的脸色，接着说道，"不过我有下情，还请大人格外体恤。"

"但说无妨。只要于公事有益，无不可通融。"

"还是海运局的公事。"王有龄说，"下官接手海运一事不久，这次'民折官办'一案，其中委曲无不在大人洞鉴之中。如今首尾未了，若后任不明究竟，遇事挑剔，定会有冤枉话说。为了不影响海运工作，我斗胆要请大人做主。"

"你让我怎样替你做主？"黄宗汉问。

"请大人允许我在这一案了结以后再交卸。"

黄宗汉沉默不语，两眼望天，似乎有所盘算。良久，他慢慢地把视线收回，说："答应你兼差原无不可。不过，你兼顾得过来吗？"

王有龄早有准备，马上答道："请大人放心，万一忙不过来，下官曾向大人提过我的朋友,他会全力帮我。"王有龄趁机又把胡雪岩吹捧了一通。

"你是说胡雪岩?他不是当钱庄老板去了吗?"

"是,藩司正是与钱粮打交道,而与钱庄打交道,胡雪岩是行家,有他帮我自然省事。"

"我倒忘了这茬了。好,很好,很好!"

黄宗汉一连说了三个"好"字,语气奇怪,王有龄不禁有些担心,觉得其心意难测。

黄宗汉接着说:"提起钱庄,我倒想起了一件事。现在京师大吏、各省督抚纷纷捐输军饷,我亦不能不勉为其难,想凑个1万两银子出来,略尽绵薄之力。过几天托胡雪岩的钱庄替我汇一汇。"

"是!"王有龄答道,"此事理当效劳,请大人随时交下来便是。"

黄宗汉听了脸色骤变,马上端起茶碗送客,对王有龄能否兼领海运局的事,再无下文。

王有龄无功而返,心里不免焦虑。回到家后,他马上让管家高升去把胡雪岩请来。

胡雪岩听王有龄把前因后果一说,已大致知道问题所在。"不要紧,事情好办得很。"他轻描淡写地说,"再多花几两银子就是了。"胡雪岩有句常谈,"有钱能使鬼推磨"。把巡抚衙门的一帮大鬼小鬼全打发了,还套不出消息来?

"这几两银子是小事。"王有龄仍然为难,"可是,怎么个花法呢?"

"雪公!你真是聪明一世糊涂一时。'盘口'已经开出来了,1万两银子!"

"啊,又是1万两?"王有龄恍然大悟,"怪不得,怪不得!"

"古人云,'将欲取之,必先予之',投桃才能报李。"胡雪岩接着说,"既然黄抚台话中还留有余地,我们要耐到火候,不留痕迹地把钱花在点子上。这件事办好了,就会'药到病除',此事关乎雪公的前程,耽搁不得!"

找到病根后，胡雪岩立马去"送药"。

果然，此事一了，不到三日批文就下来了。王有龄如愿以偿：署理湖州府，兼乌程县令，同时仍旧兼领省海运局坐办。

鸿运当头、踌躇满志的王有龄先把省府各衙门打发了一遍，便准备赶在端午节前赴任，因为端午节定有一笔现成的节敬好收。

王有龄回到海运局，直接去了厢房旁边胡雪岩的那个单间。

胡雪岩见王有龄满面春风，料定大功已成，连忙拱手道："雪公，恭喜恭喜！"

王有龄客套了一番，兴奋地说："能有今日的局面，还要感谢老弟鼎力相助。雪岩，真想不到你对官场也这么了如指掌。"

胡雪岩说："做官和做生意其实是一样的道理。"

"雪岩，事情太顺利了，反倒令人不敢相信是真的。"

"有果必有因，雪公千万要沉住气。"

"我也是这样想，但有一件事没想好，要跟你商量一下。"王有龄说，"藩台催我赶快到任，另外有人劝我赶在五月初一接印，你怎么看？"

胡雪岩细想了一下，答道："收节敬虽是官场的规矩，人人都想得这份礼；但要捡现成的，就得于人无损为好，不能抢了别人的好处。湖州前任知府署理多年，功劳是他的，应该设身处地为他想想。"

王有龄明白了胡雪岩的意思。"好！"他应道，"那我就端午节以后再接印。"

节后，胡雪岩执意要陪王有龄去湖州赴任，仍雇了罗老板的"无锡快"前往。

翠环姑娘对胡雪岩情有独钟，一路上表现得十分明显，明眼人一看就知道是怎么回事。而胡雪岩似乎半是逢场作戏，半是被翠环的娇憨所打动，闲下来时便与她倾心交谈，但始终是若即若离。

这一天，翠环穿了一身新衣服，漂白盘扣衬衫，胸前斜斜地绣着一朵花，藏青色宽腰裤，将她丰满而不失苗条的身段勾勒得恰到好处。只是她脚上的一双绣花鞋与船家女的身份似有不符。

翠环见胡雪岩盯着自己的脚看,脸上不由得泛起一抹红晕。"胡老爷,你的目光怎么跟麦芒似的……"她对他的称呼改了,原来叫他胡老哥,现在叫他胡老爷。

为掩饰窘态,胡雪岩说:"我是越看越觉得你像你娘。"

"我是我娘亲生的,不像她才怪呢。"

"我的意思是,你跟你娘一样漂亮。"

"没正经。俺娘都老了,年轻的时候才漂亮呢!"

胡雪岩听了这句,问起翠环娘的过去。翠环早就想跟胡雪岩说说家事、心事,只是苦于没有恰当的时机,现在既然他问起来,便一吐为快。

翠环娘原本是无锡书香人家的小姐,住在河岸边,家中有条船,探亲访友、上门收租,都坐自家船去。管船的姓张,因年纪轻,大家都叫他小张。他是进过学塾的,后来因家贫,只得帮人做短工。小姐看中他为人老实,两人有了私情,还怀上了翠环。这件事若闹出来可不得了,两人私下商量,不如双双远走高飞。小张为人老实,不愿"小姐"带走她家一分一文,落得个拐带卷逃的名声,但还是要了她家一样东西,就是那条船。

他们一路狂奔,越过太湖就是吴兴。因船上缺少食物,小张上岸去购买食物,结果一去不回,是逃了还是出了什么意外,不得而知。翠环娘在船上等了四五天,又饥又冷,但实在没脸回家去,只得到岸上讨吃的,就是这样遇见了罗老叔——当时罗老叔还是一个26岁的善良青年。他也是跑船的,几个月之后,翠环娘生下翠环,罗老叔娶翠环娘为妻,后来又生了一个男孩,就是罗家驹。这一晃都17个年头了。

由于讲的是私情,又是她爹娘的私情,翠环脸上有一种火辣辣的感觉,忸怩不安。

"怪不得!"胡雪岩不禁感叹翠环娘的奇遇,"你娘是好出身,你爹是好人,才生下你这么个讨人喜欢的女儿。"

"讨人喜欢"这四个字在翠环听来尤其动听,她脸上消退的红晕顿时又泛了上来。

胡雪岩又问道:"你娘和罗老叔已经为你找到好人家了吧?"

翠环听了默然无语,脸色阴郁。说起这件事她就心烦,他们是商量过她的亲事,想着要么招赘一个同行娶她,也"娶"了这条船,因为罗家驹已经表示宁死不做船家;要么在湖州找个富裕人家嫁了。

但翠环从小娇生惯养,而且因为她娘出身书香门第,所以她的气质教养也与别家船上的闺女有别。加上她家的这条"无锡快"设备精良、招待周到,烹调尤其出名,历来主顾都是仕宦富家,长期接触这些人,她的眼界也抬高了,所以对爹娘的提议不置可否。

去年的一个晚上,她无意间听见爹娘在计议她的终身大事。

"翠环都17岁了,日子过得真快,她的事再耽误不得了!"

她娘沉默半天,叹口气道:"唉,高不成低不就。"

"也由不得她!照她的意思,最好嫁个少年公子,做现成的少奶奶。这不是痴心妄想嘛!"

听到这里,翠环忍不住流下了眼泪,罗老叔哪里了解女儿的心思,她气罗老叔把她看得这等不值钱。做个少奶奶没什么了不起,自己也不稀罕,何必说是"痴心妄想"呢?

罗老叔见翠环娘不吭声,又说:"若要享福,除非给人做妾。"

"不行!"她娘断然拒绝道,"就是翠环肯,我也不肯!"

"是不太好。"罗老叔忙改口,"看来还是寻个老实人家,苦就苦一点,总是一夫一妻。"

"翠环已经够苦的了,难道你想让她苦一辈子?你想想看,你对不对得起我们母女?"

"我也知道不该让翠环再吃苦,可又有什么办法呢?"

"我想最好有那么个穷读书人,"她娘的声音缓和了,"人品好,又肯上进,把翠环嫁了他……"翠环娘为翠环谋划的竟是自己过去走过的路。

翠环说完，把目光投向远方。此时天目山依稀可见，山光水色，美不胜收。她坚信自己的未来一定是美好的。

胡雪岩巧舌如簧，一再套翠环的话，但她总是欲说还休，根本猜不透她的心事。见她凝眸不语，他又催问道："咦，怎么不说话了？"

翠环一腔幽怨正无处发泄，恰好把气出在他身上，恶狠狠地抢白道："什么都跟你说了，哪还有得说！"

胡雪岩愣了一下，不知她为什么发这么大的火，但他并未生气，只觉得有些好笑。

过了一会儿，他轻轻握住翠环的手，"翠环！"他看着她的脸，用低沉的声音说，"我知道你心里有委屈。做人就是这样，不如意事常有八九，有些委屈连自己爹娘都不理解，有苦难言。我是你老哥，你完全可以对我说啊！"

胡雪岩话音刚落，翠环的眼泪已滚落下来。她觉得他的话句句都说到了自己的心坎里，眼前有个人不必她说就知道她内心的苦楚，这种又酸又甜的痛快滋味，是她以前从未有过的。她觉得自己的心踏实了，有地方安顿了。可转念一想，就算他明白自己的心思，又能怎么样？受煎熬的总是女子。想到这里，她长叹一声："生来苦命！"

他们二人的悄悄话，船上有个人一直在偷听，他就是暗中喜欢翠环的陈世龙。自上次随王有龄去上海办差，陈世龙就被王有龄从麟桂那里要过来当跟班。他对翠环姑娘颇有好感，因而十分关注她的一举一动。

船开得很快，王有龄心情极佳，饶有兴致地欣赏着两岸风景，不时吟出几句诗句来。快到湖州的时候，王有龄突然过来问胡雪岩："雪岩，最近有没有'梨花春'芸香姑娘的消息？"

这没头没脑的话令胡雪岩十分惊讶："没听说。雪公只去过湖州一次，怎还记得芸香姑娘？"

这一问王有龄脸都红了，胡雪岩心想，雪轩兄并非如此害羞之人，莫非藏着一桩什么心事？当下两人都沉默不语，各想心事。

王有龄抵达湖州后，回请各衙门的官员，把宴席安排在"梨花春"，说是请大家听戏，其实别有用心。胡雪岩对此心如明镜。

当天晚上，胡雪岩约芸香在她的妆阁小酌，说有公事以外的"要紧话"要说。

一年多没有和胡雪岩单独相会了，芸香显得有些羞怯。过去在"梨花春"，胡雪岩深知以自己的身份，无福消受美人，只能处处关心芸香，她遇到麻烦总是由他出面解决。芸香对胡雪岩除心怀感激外，还有隐隐的爱慕之情，二人心有灵犀，只是这层纸还没有捅破。

两人闲话一番后，胡雪岩对芸香说："新任知府王大人很喜欢听芸香姑娘演奏的江南丝竹，自去年见识过姑娘的曲艺之后就一直念念不忘。不知姑娘对王大人印象如何？"

"承蒙知府大人看得起。王大人虽然有点儿官架子，但对人倒是很随和，看得出来是个正直善良的好人。"芸香与胡雪岩关系密切，所以才敢直言不讳。

胡雪岩听了，决定把话转到正题上，于是肃色正气地说："芸香姑娘，我有一个打算想跟你讲，不知姑娘意下如何？"

"胡老哥怎么跟我生分起来了呢，有话不妨直说。"芸香眼色迷离，幽幽地说。

胡雪岩说："我想替芸香姑娘赎身。"

"赎身？"芸香惊讶地望着胡雪岩，"胡老哥何必为我这样一个风尘女子劳神破费呢！胡老哥这份情我心领了，但是我不想让胡老哥太为难。"芸香知道胡雪岩是有妻室的人，心想，赎身出去又能怎样呢？最多只能偷偷做露水夫妻。他现在是钱庄老板，真跟了他，别人还以为自己是图他的钱财，反倒把过去的情分冲淡了。芸香把脸转向一边，皱着眉，闭着嘴，显出极为踌躇的样子。

"我是真心想这么做，不知芸香姑娘还犹豫什么？"胡雪岩恨不得替芸香立马做出决定。

"我知道胡老哥你人好心地好，但我的命运自己也掌握不了，赎我出去又何以安身？"芸香一时难以下定决心。

"我想，暂时不能明媒正娶，因为王大人也是有家室的人。我准备为你们在湖州安排一所'小房子'，你看如何？"

芸香大惑不解，问道："说了半天，究竟怎么回事呀？"

胡雪岩知道芸香误会了，连忙解释道："王大人对芸香姑娘爱慕已久，一往情深，看得出姑娘对王大人也有好感，所以我想替你们保个媒。"

对于胡雪岩自作主张替人纳妾，芸香十分尴尬，欲怒又止。

"怪我，都怪我太唐突，"胡雪岩见芸香气恼的样子，连忙赔不是，"事先没跟芸香姑娘讲清楚，只是想给你一个惊喜。"

"我是很惊喜，惊得都无话可说了。"芸香似讥讽似哀怨地说，"胡大老板是不是觉得自己完全可以为芸香做主，是不是觉得芸香生来就是任人摆布的贱命啊？"

胡雪岩万般懊恼，觉得这件事办得不漂亮，太操之过急了。他自己很喜欢芸香，本以为这样做是对她好，是为她的未来打算，没想到反而伤害了她的感情与自尊。胡雪岩这样做归根到底还是为了自己，是自己急于投桃报李，急于还王有龄帮助自己办钱庄的人情，所以才想出这个主意。

不过话说回来，既然动了为芸香赎身的念头，怎么也得把事情办得稳稳妥妥，即使没有留下嘉话，也不至于遭到怨恨。

十多天后，胡雪岩花 1.2 万两银子为芸香赎了身，又在州衙门西边的小清园街租下一套房子，将芸香接了过去。从此，芸香便成了王有龄的姨太太。

第七章　背靠官府，办丝行拜会"顺生堂"

在为王有龄秘密纳妾的同时，胡雪岩也在为一个新的项目——生丝而四处奔走。

在来湖州的船上，胡雪岩从翠环口中了解到不少湖州丝绸生意方面的情况，遂生投资生丝的念头。

一听胡雪岩想做丝生意，翠环马上说道："想做生丝生意就一定要到湖州去，我们湖州的丝，天下第一！"接着，她兴致勃勃地谈到湖州哪里的丝最好，如何区分好坏，如何加工，等等。胡雪岩听得津津有味，他想，翠环母女对生丝这么在行，若让她一家人来打理丝行生意，可谓一举两得。

王有龄一行抵达湖州当晚，当地士绅在"梨花春"举办盛宴欢迎新任的知府大人，推杯换盏之际，留着山羊胡子的湖州粮台官向新上司介绍道："知府大人，湖州不光是'鱼米之乡'，更是'丝绸之府'！湖州辑里产的'辑里丝'远销西洋。现在，洋商来华采购的都是湖州的白厂丝，上海那些专做蚕丝生意的洋人三天两头往湖州跑……"

在中国近代史上，湖州南浔是一个罕见的巨富之镇，被称为"四象八牛七十二金狗"的百余家丝商所产的"辑里丝"驰名中外，因此南浔被誉为"耕桑之富，甲于浙右"。

但至同治朝，湖州当地上好的生丝，时价每担不过2两银子。洋商把生丝出口到英伦三岛，每担价格竟达11两白银，利润十分惊人。生丝在国外的工厂被加工成绸缎，销往世界各地，利润更是成倍增加。生丝成为洋商生产绸缎必不可少的原料，他们通过买办、捎客直接到产地收购，就是为了获取最大的利润。

胡雪岩对这位粮台大人虽然没有一丝好感，但对他所说的话却很有兴趣，于是竖起耳朵听这位"饶舌者"的介绍："他们带着通事，直接到乡下的农户家中，一手交钱一手交货……噢，这位是我们湖州的'丝业大王'庞二爷，在上海生丝界一言九鼎，洋商对他也分外器重。丝业的事情，他可以说是知根知底。"

庞二爷骄矜地朝大家摆摆手，几乎没理会王有龄做何表示："谬传，谬传！其实不是那么一回事。近两年湖州丝业很不景气，洋商们联合起来对付我们华商，而我们国人又不团结，商户间竞相压价，唯利是图，甚至暗地里与洋商勾结；蚕农则不问华洋内外，谁给的钱多就把蚕丝卖给谁。在蚕丝生意上，华商这半壁河山都快保不住了。"

地方官府有责任维护华商的利益，因此，王有龄当即表态道："好，待本官安顿下来，首先配合粮台大人将头一批前线急需的军粮运往镇江、扬州等地，再去拜会庞二爷。"

胡雪岩脑子里也转起了一个念头：在湖州做丝生意，条件甚是便利，以前自己没有资本和条件涉足这一行业，所以没太留意。现在王有龄署理湖州，每年征收的钱粮要上交，有了湖州这笔官银，何不先在湖州收丝，就地置货，然后运到上海卖给洋商，一来一去便可以利用公家资金做生意，这是空手套白狼，无本生万利。

第二天到衙门，胡雪岩便和王有龄商议此事。王有龄是何等聪明之人，当即表示："这个办法好！不过，秦、杨两位师爷得去打点一下，否则，在公款调度上会不会有麻烦？"

秦、杨两位师爷是王有龄的幕友，他们精通大清律例规制，所管事务专一，一州一县的司法、财政均须两位师爷调停，所以不可等闲视之。

"来湖州之前，我已派人到杭州他们家里，以你的名义送钱、送东西。日后两位师爷知道了一定会领你的情，到时一切公务也就顺当了。"

"老弟你总是快人一步，难得，难得。"王有龄赞道。

过了一会儿，王有龄又问道："雪岩，阜康钱庄开张不久，海运局的事你也得照顾，在湖州收丝你忙得过来吗？"

胡雪岩趁机向王有龄谈了自己的大致设想："罗老叔一家在水上生活了20年，我想让他们上岸生活。丝行需要有人管理日常事务，正好可以让罗老叔来做。跑腿的我也相中了一个人，但不知雪公准不准？"

"只要你看上的，我哪有不准之理！"王有龄说得挺痛快。

"我想要陈世龙。他为人精明能干，应该是个有出息的人。"胡雪岩说。

陈世龙外号"小和尚"，原是一个整日混迹于街头赌场，吃喝玩赌无所不精的"小混混"，后来通过他干爹的关系到藩司当差。胡雪岩很快发现了陈世龙身上的一些优点。第一，人很机灵，与人交往不露怯，很有大家之气，对胡雪岩提出的问题对答如流，大方得体。胡雪岩对他的第一印象就是"这后生可造就"。第二，陈世龙有血性，说话算数，这一点是胡雪岩自己试出来的。在正式将"小和尚"带在身边之前，胡雪岩把他找来深谈了一次，临分手时给了他一张50两的银票，叫他拿去随便用。此前，"小和尚"已经答应胡雪岩要戒赌，胡雪岩知道好赌的人身上一有钱就会"手痒"，他想试试陈世龙是不是心口如一。"小和尚"虽然"手痒"，当晚就到赌场转了一圈，但终归还是拒绝了别人的诱惑，没有参赌。这一点最让胡雪岩看重。

胡雪岩见王有龄频频点头，接着说道："至于业务方面，我已在湖州物色了一位合作对象，他叫刘荣昌，是精通丝行的好手，现在已独自开丝行。"

胡雪岩所说的刘荣昌原是一名丝行伙计，五口通商以后，湖丝在上海"销洋庄"，刘荣昌也为之心动，决定自己创业，凑钱合会，便自己开起了丝行。因缺少资金，他曾向当时在信和钱庄工作的胡雪岩筹借过银两，胡雪岩秉持"与人方便，自己方便"的信条，多次为其解决困难。胡雪岩当上老板后，依然与他往来密切。刘荣昌知道阜康钱庄的资金来源，也了解胡雪岩现在有湖州新任知府王有龄做靠山，对于胡雪岩要与自己合伙收丝一事，他自然万分乐意。

听了胡雪岩的打算，王有龄连连夸赞他很有眼光，并说："事情都是从你开始。"胡雪岩低声说："丝行当然也有你的一份。"

除了全力支持胡雪岩在湖州开办一家丝行，王有龄还准备以官府的名义，号召蚕农卖"爱国丝"，抵制洋商，并让胡雪岩立即发帖子，把湖州的丝商全都请来。

开办丝行的具体事宜确定后，胡雪岩立即将这一打算告诉了翠环。想到自己有个现成的"老板"做，翠环欣喜若狂。"原来胡老爷要我出面，不过——"她细想了一下，心又冷了，"我一个女人家怎么出面？"

"那不打紧，请罗老叔来出面领帖，暗地里你是老板娘，凡事一把抓，不也一样吗？"

"老板娘！"翠环大声笑道，"你吓死我了。"

他们谈得正起劲，罗老叔过来了，胡雪岩连忙说："罗老叔，过来坐，我正好有事要跟你谈。"

罗老叔是个老实人，见了胡雪岩显得有些拘谨。胡雪岩见状，想缓和下气氛，就叫翠环先说说缘由。

"胡老爷要挑你做老板！"翠环用这样一句话开头，口气像是局外人，接着把胡雪岩的意思详详细细地说了一遍。

罗老叔在船上生活了几十年，做梦都没想过做老板，他觉得这事太突兀，未必有翠环说得那么好。因此，他说话就有所保留了。"多谢胡老爷。"他慢吞吞地说，"事倒是好事，我也有一两个丝行里的朋友，只是我怕做不好。"

"哪个生来就会做生意？罗老叔，你且听我说，做生意第一要齐心，第二要人缘。你人缘不坏，又吃得了苦，别的我不敢说，无论如何我让你的日子比在船上过得舒服。"胡雪岩接着又说，"一个人总要想想后半生，弄只船漂来漂去，不是个了局！"

最后一句话，打动了罗老叔的心，翠环娘更觉得动听。"胡老爷这句话，真正实在！"她说，"转眼50岁的人了，吃辛苦也吃不起了，趁现在早早做个打算。我们好歹帮胡老爷把丝行开起来,叶落归根也有个地方。"

"不是你们帮我开丝行,是我帮你们开丝行!"胡雪岩郑重地说,"既然你们有丝行里的朋友,那再好不过了。罗老叔,我倒要先问你,开丝行要多少本钱?"

"这要看丝行大小。一个门面,一副生财,二三百两银子,替客户代代手,也是丝行;自己买了丝囤着,专等客户上门,也是丝行。"

"这么说来,有1000两银子就可以开了?"

"1000两的本钱,就不算小丝行了。"

"那好,就用1000两银子做本钱。"胡雪岩深情地望着这善良朴实的一家人,真心希望他们有一个光明美好的未来。

当时在湖州影响最大的"丝老大"是郁四,胡雪岩自然得去会会他。经过打听,郁四原是杨师爷手下的一名书办,于是,经杨师爷中间牵线,胡雪岩拜访了郁四。两人见面后,彼此十分投缘,郁四见胡雪岩落门落坎,自己也有心再多做点蚕丝方面的生意,因此聊得就比较投机了。胡雪岩知道郁四有个相好叫"水晶阿七",暗地里和陈世龙有些往来,为了消除郁四的心病,胡雪岩决定将陈世龙派往杭州。郁四见胡雪岩办事精明,又有官方背景,巴不得和他合作,联手做生丝生意。有胡雪岩的头脑,加上郁四的关系,二人配合得法,势必所向无敌。

于是,当王有龄在湖州府衙大堂坐定时,胡雪岩与刘荣昌合伙的丝行也在湖州城内开张了。他们原以为凭借知府大人的权势,湖州蚕农会源源不断地将生丝送到丝行来,没想到开张几个月仍门可罗雀,生意十分惨淡。眼见同行生意兴隆,自己的丝行却无丝可收,胡雪岩料想其中必有蹊跷。他派人四处打听,到底是谁从中作梗。几天后,派去的人回来报告说湖州生丝被"顺生堂"洪帮所控制,胡雪岩这才恍然大悟。

原来,刘荣昌做生丝生意虽然很厉害,但一直都是跑单帮,他的丝行在湖州不大起眼儿。自他与胡雪岩合伙收丝以来,引起了同行的注意,更遭到了尹大麻子的忌恨。

"顺生堂"是江湖上有名的洪帮在湖州的分支,过去一直为朝廷所敌视,近几年因朝廷想抽出力量对付太平军,便对洪帮采取改剿为抚的策略。因洪帮势力过强,官府还得借助他们安抚民心,防止变乱。"顺生堂"在湖州的主要财源,正是垄断生丝收购。尹大麻子表面上慑于新任知府王有龄的权势,不敢公开作对,暗地里却传令蚕农不得卖丝给与胡雪岩合作的所有丝行。如稍有不满和抗拒,"顺生堂"便用洪门家法上门骚扰、殴打,甚至活埋、暗杀蚕农,无所不用其极,湖州一带的蚕农没有哪个敢得罪他们。

胡雪岩了解到上述情况后,暗暗责怪自己粗心大意,竟忘了还有江湖弟兄的存在。有道是"出了乡门,先拜土地",与"顺生堂"的人只能为友,不可结仇。多个朋友多条路,多个敌人多堵墙。胡雪岩决定亲自去拜见一下"顺生堂"堂主尹大麻子。

胡雪岩一向善于交友,上至官宦士绅,下至江湖术士,无所不交。经朋友介绍,胡雪岩熟悉了洪门的帮规,于是备下厚礼,与刘荣昌等人带着数万两银票去闯"顺生堂"。

当胡雪岩一行来到"顺生堂"时,尹大麻子已站在门口等候。胡雪岩跨步上前,拱手为礼,寒暄道:"久闻尹堂主大名,胡某今日前来上门拜会,诚请指教。"

尹大麻子并非真的长有麻子,只是脸庞大、耳朵肥而已。他引领胡雪岩进入内堂,只见堂内香烟缭绕,红灯满挂,堂上正中悬着"忠义堂"匾额。匾下设有一张特大的三层供桌,上层摆放着羊角哀,正中设天地位,中层设梁山好汉宋江位。

走过香堂,一个家奴在堂下摆上茶具,尹大麻子招呼客人入座饮茶,显出一副热忱的样子,他的几个小跟班围着他跑前跑后。胡雪岩神态自若,欣然坐下。

洪帮待生客有一套讲究之法,用手语便是其中之一。胡雪岩抬眼望去,只见桌上摆着一套极为古朴的紫砂茶具,上等的碧螺春茶香四溢。尹大麻子亲自拿起茶壶斟倒茶水,给足了胡雪岩面子。但胡雪岩一眼看出了尹大麻子的动作——他将茶壶嘴对着茶杯把。胡雪岩猛然醒悟，这是江湖上茶壶阵的暗号：你到底是门外还是门内？

胡雪岩从容地将茶杯嘴对着茶壶嘴，重新摆定，意即嘴对嘴，亲对亲，咱们都是一家人。

尹大麻子又把两个衣袖头的上边翻开，用大拇指挡住。胡雪岩则解开衣襟的第二、第三个纽襻，表示胸怀坦荡，无所顾忌。

进门的手语暗号做完了，尹大麻子这才放下心来，胡雪岩是来结交朋友的，并非来刺探。但尹大麻子仍不言语，继续在茶桌上摆弄茶杯，8个茶杯围成一个圈，开口处置放茶壶，意即虎口夺食，欺人太甚。胡雪岩则将茶杯摆成双雁行，茶壶放在领头，回答他：兄弟同行，有难同当，有福同享。尹大麻子迅速把5个杯子摆成半弧形，将3个杯子倒扣在弧内，意为权势压顶，鱼死网破。胡雪岩明白尹大麻子是指责自己倚仗知府势力强行收丝，表示不服。他将一张银票压在3个杯子下，表明以票致歉，多有得罪。尹大麻子见状，将两个杯子一个朝上一个朝下，表示湖州地盘狭小，一山难容二虎，双方难以共处。胡雪岩笑了笑，将8个杯子合在一起，又用茶壶在另一边倒了一摊水，向尹大麻子建议：我们一起合作，共同对付外洋。

一场无声的谈判结束了，尹大麻子起身向胡雪岩拱拱手，开口说道："幸得先生指点，几乎坏了大事。"

胡雪岩事先已摸清"顺生堂"尹大麻子的底细，有备而来，而且事先了解了洪门所有帮规，所以在"茶碗阵"中赢了对方一着。在双方哑谜打得正起劲儿的时候，他马上奉上银票向尹大麻子表示合作的诚意，使尹大麻子大为感动，放下架子，向胡雪岩致歉服输。他想，以胡雪岩现有的财力，加上新任知府作为后台，"顺生堂"如能与他携手，利多弊少。一旦垄断丝行，"顺生堂"的财源就会滚滚而来，坐地收利，前景大好。

双方既已达成共识，尹大麻子命人摆上丰盛的酒席，请胡雪岩、刘荣昌一行入席。一时间觥筹交错，推杯换盏，呼兄唤弟，甚是热闹。双方约定，合伙做生丝生意，垄断湖州市场，把洋人赶出湖州。

席间，尹大麻子向胡雪岩介绍了一位朋友，名叫郭庆春，是上海洋行里的"通事"。

郭庆春出身名门，有爱新觉罗氏的血统，是当今皇上的得力辅臣荣亲王的外甥、骊珠格格的儿子。郭庆春是他的化名。十多年前，为了逃避包办婚姻，他跟着德国领事馆的一位武官汉斯去了柏林，开始了他被皇族称为"浪荡生涯"的求学生活。两年前，汉斯离开军队，跑到上海来做军火生意，他也随汉斯回国，隐瞒真实身份，当了英国怡和洋行的"华大班"（买办）。他对上海商界非常熟悉，且精通德语、英语、法语等多门外语。

蚕丝"销洋庄"，郭庆春是个不可缺少的人才。胡雪岩对此十分高兴。

"洋人把湖州的蚕丝拿到英伦三岛，能赚上六七倍的利润，你说狠不狠？"郭庆春愤恨地说。

"我们可以提高蚕丝的价格，让蚕农得到一点儿实惠。"胡雪岩说。

"但是洋人不断压低蚕丝价格，造成我国蚕丝价格逐年下跌。"刘荣昌说。

"我们同行就是心不齐，所以让洋人占了便宜。"郭庆春道出了丝价下跌的原因。

"我倒不服气，我们自己人弄死自己人，叫洋人钻了空子，难道我们就不能齐心协力，从洋人手中把便宜占回来吗？"胡雪岩说。

"从来没有人跟我说过这样的话，胡老板，你说得真好！"郭庆春深有感触地说。

尹大麻子听了，拍着胸脯说："俗话说三人同心，其利断金，今天就从我们几个起头，大干一场，把洋人赶出湖州！"

郭庆春熟悉西洋经济，他替胡雪岩做了个小结："既开丝行，又开钱庄，钱庄在湖州大量吸纳现银，可就地购粮买丝。王大人初到湖州，自然要征收钱粮，如此将有大笔银钱解送省城。阜康钱庄分号帮他代理汇兑,又可以移花接木。收到现银后,就地购粮买丝,运到杭州后再脱手变现,解交藩库。你已具备西洋某些巨商的经营条件:拥有自己的银行,商业与金融紧密结合。"

大家越谈越兴奋,对以后的生意合作还进行了具体分工:尹大麻子做好湖州同行联络;郭庆春去上海"销洋庄";刘荣昌在湖州收丝;胡雪岩则往返于湖州、上海之间。

不久,蚕农知道官府和"顺生堂"都非常支持刘荣昌丝行收丝,纷纷送丝上门。然而,当第一批蚕丝运到上海时,正值小刀会在上海闹事,他们占领了上海县城,隔断了与租界的联系,封锁了杭嘉湖通道,上海市场上的蚕丝供应顿时紧张起来。胡雪岩认为,洋人在上海买不到蚕丝,价格必将上涨,他决定把这批蚕丝放进上海丝栈囤积起来。

第八章　平叛定乱，施援手求贤助功成

　　王有龄接手了一件意想不到的差使。这一次又是胡雪岩出谋划策，事情才得以顺利解决。

　　原来，湖州所辖新城有个和尚聚众抗粮，抚台黄宗汉要求王有龄带兵剿办。但新城民风强悍，如果带了兵去，说不定会激起民变。为此，王有龄召集州属各衙门在任的大小官员、候补官员一同商议对策。

　　胡雪岩因马上要去上海，有些事情需与王有龄商量，这天也来求见王有龄。他虽是捐班的"大老爷"，但并非科举出身，从未穿过袍褂、戴过大帽，进了会场，也不能与这些大老爷同坐，还得给他们行礼。所以他进了院子后，不直接去会议厅，只问衙役王大人何时得闲。衙役回禀说王大人正在开会商议要事，胡雪岩便径直去旁边的小客厅休息等候。

　　会议厅里，有人主张剿，有人主张抚，既没有统一意见，也拿不出具体的解决办法。

　　这时，有个人说："眼下抗粮事小，戕官事大，首要各犯，朝廷绝不会放过要犯。依我看，第一步要派兵分守要隘，第二步才谈得上是剿是抚，还是剿抚兼施。"

　　胡雪岩"偷听"了半天，觉得此人说话条理清晰，语气硬朗，话也说到了点子上。这时，只听王有龄说："高明之至。我还要请教鹤翁，你看是剿呢，还是抚呢？"

　　"先抚后剿。"那个被称作"鹤翁"的人，答得极其简洁干脆。

　　"先抚后剿，是的，先抚后剿，这一宗旨确定不移。"王有龄说，

第八章　平叛定乱，施援手求贤助功成

"能抚还是要抚，不能抚自然得剿。具体如何着手，想来鹤翁必有高见。"

"倒是有些初步看法，说出来请王大人指教。"

胡雪岩还想听下去，这时高升来说："原来胡先生在这里。王夫人知道先生今天要来，特意让我过来看看。"

王有龄的家眷暂时安置在州衙东边，仅一墙之隔。因胡雪岩与王有龄亲密无间，已超过"通家之好"的程度，遇事可以直接与内眷交谈，于是他便随高升去见王太太。

王太太见了胡雪岩也不客套，请他坐下后便抱怨起来："兄弟你看，在湖州刚落脚，本来好好的，上省城一趟，就派了这么件差使！"王太太愁眉苦脸地说："省城里谣言四起，都说新城这件事跟'长毛'有勾结。那地方又在山里，雪轩一去，万一陷在里面，叫天天不应，叫地地不灵，那时候怎么办？"

"不打紧，不打紧！"胡雪岩为了安慰她，便硬着头皮拍胸脯打保票，"有我在！我来想办法，包雪轩兄平安。"

"兄弟说话爽快！"王太太惊喜之情溢于言表，"怪不得雪轩常说，什么事都得靠你帮着。"

胡雪岩得了赞赏，不禁有几分得意："等雪公开完会，我们再商量商量，定会有个万全之策。"他口中这样说着，心里却想，此事非同小可，不能再胡诌下去了。

这时，王太太的丫鬟瑞云端茶出来，胡雪岩马上转移话题："王夫人，这云丫头越来越懂事了。"

瑞云是王太太的心腹丫鬟，心灵手巧，精明能干，这些年替王太太操持家务，井井有条，是王太太的左臂右膀。王太太见胡雪岩夸她，接口道："谁说不是呢，现在已经成人了，本该为她找个好人家，可我又实在舍不得。"

胡雪岩笑嘻嘻地问道："云丫头，你今年几岁？"

瑞云最怕人问她的年纪，提起来就有点伤心，但她还是大大方方地

回答:"我今年22岁。"其实是25岁,她瞒了3岁。

"22岁倒不像。"胡雪岩有意逗她开心,"我当你20岁不到呢!"

瑞云笑了笑,这一看她的嘴大了些,所幸她有一口雪白整齐的牙齿。再看她的气度,倒有点大家闺秀的味道,举止从容,神态娴静。

瑞云离开后,王太太悄声问道:"兄弟,你是不是要替瑞云做媒?"

"是有这么个想法,还要看夫人的意思。"胡雪岩如实说来,"这丫头耽误不得了!"

王太太不好意思起来,似有歉意地说:"这都怪我,留了她那么久,现在已是高不成低不就了。"

他们正说着话,王有龄从衙门开完会回来了:"让老弟久等了,都是这匪患闹的,像捉一只棘手的刺猬。"

胡雪岩起身说道:"看雪公如此焦虑,是不是还没有商议出好的对策啊?"

王有龄正无处诉苦,听胡雪岩问起,便从头到尾将事情说了一遍。

主张"先抚后剿"的人,是候补州县嵇鹤龄。他出的主意是不错,但他为人恃才傲物,不愿替别人去干这送命的差使。他家里穷,但就是不肯哭穷,极要面子;即使给予重赏,也未必能打动他。

胡雪岩明白,"恃才傲物"里边有很多学问,"傲"是"傲"他所看不起的人,如果明明比他高明他还不肯承认,眼睛长在额头上,目空一切,这不是"傲"而是"狂"。有才干的人,总是有性格的,不过脾气不会在家里发。在家里像只老虎,在外头却是只"煨灶猫",这种人才是最没出息的。有骨气之人不鸣则已,一鸣惊人,平素藏而不露,在危难之际,只要把理讲透,把情弄通,定会挺身而出。

因此,胡雪岩对王有龄说:"要说动嵇鹤龄,必须先找到死结在哪里,人非草木,总有让他动心的事情。"

说来也巧,恰逢嵇鹤龄的太太去世,一下子让胡雪岩找到了机会。

于是,胡雪岩暂时取消了去上海的计划。第二天一早,他穿起袍褂,戴上水晶顶子的大帽,坐上轿子,由高升"执帖",径自去拜访嵇鹤龄。嵇鹤龄住的是租来的房子，房主是式微的大族，房屋破旧，但格局甚大，里面住着六七户人家，连门房都租了出去，剥落的粉墙上写着"陈记苏广成衣"几个大字。高升走上前问询："陈老板，请问嵇老爷可是住在这里？"

"嵇老爷还是纪老爷？"陈裁缝问道，因为"嵇"跟"纪"念不清楚，听起来是一个音。

"嵇鹤龄老爷。"

"我不晓得他们的名字。可是那个喜欢骂人的嵇老爷？"

"这我就不清楚了。"高升把手中所持的清香烛拿给他看，"是刚刚死了太太的嵇老爷。"

"不错，就是喜欢骂人的那个人。他住在三厅东面那个院子。"

"多谢，多谢！"高升朝胡雪岩使了个眼色，接着取了根带来的纸媒，在裁缝案板上的熨斗上点燃了，往里走去。

胡雪岩第一次穿官服，浑身不自在，加上高升走得又快，他也顾不得官派了，撩起下摆，大踏步跟了上去。他们穿过大厅，沿着狭窄的夹弄，走到三厅东面的一座院落。

胡雪岩请嵇鹤龄出见，但嵇鹤龄以素昧平生为由，拒不出见。

胡雪岩早料到嵇鹤龄会秉持拒人于千里之外的态度，但他已准备了下一步棋。这时，高升开始唱戏了，他拉长调子喊了一声："胡老爷拜！"一路高唱，一路往里直闯，到了灵堂前，吹旺纸媒，先点蜡烛后燃香。

这个突如其来的动作，把嵇家所有人弄得莫名其妙，一个跟班模样的老者问道："老哥，贵府是哪一位？"

"东家姓胡，特来拜访嵇老爷！拜托你递一递帖子。"说着，高升从拜匣里取出一张"教愚弟胡光墉拜"的名帖递了过去。他们在里头说话，胡雪岩一个人在院子里等着。过了一会儿，只听嵇家的跟班说："不敢当，不敢当！敝上说，跟胡老爷素昧平生，不敢请见，连帖子也不敢领。"

胡雪岩听了，不慌不忙地往里走去，直入灵堂，一言不发，从高升手里接过已点燃的线香，在灵前肃穆地往上一举，然后亲自去上香。

嵇家的跟班明白了怎么回事，连忙喊道："真不敢当，真不敢当！"

胡雪岩不理他，只管恭恭敬敬地跪在拜垫上行礼。嵇家的跟班慌了手脚，顺手拉过一个看热闹的胖胖的小姑娘，硬按着她跪下，说："快磕头回礼！"

这时，嵇家上下都惊动了，等胡雪岩站起身来，只见五六个孩子，有男有女，小的三四岁，大的十四五岁，都围在四周，用好奇的眼光注视着这位从未见过的客人。

"大官！"嵇家的跟班招呼年龄最大的那个男孩，"来给胡老爷磕头道谢。"

就在这时，嵇鹤龄出现了。"是哪位？"他一边掀起门帘，一边问。

"这位想必就是嵇兄了！"胡雪岩兜头一揖。

嵇鹤龄还了礼，冷冷地问道："我与足下素昧平生，何劳吊唁？"

"草草不恭！我是受王知府之托，专程来行个礼。"胡雪岩张开两臂，看了看自己身上，不好意思地笑道，"不瞒嵇兄，从捐了官以来，这套袍褂还是第一次穿。只因初次拜访，不敢不具公服。"

"言重，言重！不知足下光临，有何见教？"

嵇鹤龄话虽客气，却不肯请客人入座，明摆着是立谈数语便要送客出门。管家富贵倒是很懂礼数，端了茶来，请客入座。一坐下来，胡雪岩便施展他那炉火纯青的嘴皮子功夫，说了一些恭维、仰慕之类的话。嵇鹤龄听了，傲气不禁消减了一半。

"嵇兄，这是王大人托我面交给你的，请笑纳！"说着，胡雪岩掏出个信封递了过去。

嵇鹤龄接过信封，打开一看，里面全是嵇家的借据和当票底根，只是上面都盖着"注销"的印戳或写着"作废"二字。

"这、这、这怎么回事？"嵇鹤龄一时阵脚大乱，更令他感到困惑的是，有人抬进来两只皮箱，那是他以前当掉的家当。

原来，胡雪岩听说嵇鹤龄靠典当补贴家用，就暗中通过钱庄、当铺的熟人了解情况，刘庆生正好认识那家当铺的徽州同乡，一说替嵇老爷赎当，当铺自然万分欢迎。但赎当要有当票，因而做了一个约定，由刘庆生将全部本息付讫，"当头"送到嵇家，凭票收货，否则原货取回。

富贵跟了嵇鹤龄十几年，嵇鹤龄的日常家用都由他调度，家里其他开支都可以节省，但六个孩子的嘴非喂不可，所以对这两箱子衣服，他自作主张领了下来。

嵇鹤龄听富贵说完原委，叹了一声："唉，此事少见，现在我该怎么做呢？"

富贵不作声，心想：老爷再硬气，这个人情不想领也不成了。

嵇鹤龄无可奈何，有些愤懑地说："胡老爷，这是哪位谋士的主见？高明至极！"

胡雪岩觉得有些惭愧，一边拱手赔礼，一边说："多有得罪，多有得罪！王知府敬重老兄，略表敬意，请嵇老爷不必介怀。"

嵇鹤龄见胡雪岩一副诚恳的样子，态度缓和了些，他还了礼，拉着胡雪岩的手说："既然如此，来，我们谈一谈吧！"

日已将午，胡雪岩建议去一个清凉的地方"摆一碗"。此话正中嵇鹤龄下怀，他本想留客吃顿便饭，但因家无主妇，孩子又多，尴尬难以开口。

胡雪岩看着自己身上的穿戴，故意说："穿这身公服，多有不便，待我回去换了衣服再来。"

"那何必呢？"嵇鹤龄马上接口道，"天气还热得很，随便找件纱衫穿上就行了。"接着就叫他的儿子："大官，把我挂在门后的那件长衫拿来。"

于是，两人一袭轻衫，潇潇洒洒地出了嵇家的院子。

二人在酒桌落座，酒菜还未上来，就已像是老朋友了。嵇鹤龄知道王有龄的用意，便开门见山地问道："胡老兄，王知府真的认为新城那件案子非我去不可吗？"

胡雪岩还想多套点交情，便佯装不知情，含糊地说："这个我不大清楚。不过前天我听他在埋怨黄抚台，派了这么多委员来，用得着的却一个也没有，倒不如只派嵇某一人，反倒便捷有力。可惜能出力的人却不在职。"

"是啊！"嵇鹤龄感慨地说，"各有各的难处。"

"不知嵇兄的难处是否可以告诉雪岩？"

"唉，说来惭愧。我不过一个候补，不在其位，不谋其政；此事凶险颇大，我倒不是怕死，只担心几个孩子没人照顾……"

没等嵇鹤龄说完，胡雪岩就抢过话头，但仍然假装糊涂："到底怎么回事，我还不是很清楚。不过，公事自有王大人替你做主；家事呢，雪岩倒是可以帮上忙。"他停了一下，继续做戏："我也不能不替你着想，交朋友不能'治一经，损一经'，你说是不是？"

"是的。"嵇鹤龄连连点头，"胡兄，不是我恭维你，阛阓中人，像你这样有春秋战国策士味道的还真是罕见。"这些话胡雪岩听得似懂非懂，他想谦逊总不会出错，便拱手答道："不敢，不敢！"

胡雪岩感到嵇鹤龄是个敢做敢当的热心人，只是要把他的热情点燃。果然，嵇鹤龄接着又说："这件事我当仁不让。不过，王知府要听进我的话才行。"

胡雪岩一听来戏了，便不再装下去了："嵇兄，想必你也知道我和王知府的关系，不说可以替他当点家，至少好的建议他是会听的。你若有难处尽管实说，王知府必不会亏待你的。"他顿了顿，又加重语气说："不过，如果没有万全之策，嵇兄千万别冒这个险。"

嵇鹤龄深受感动，动情地说："承情之至。不过，这种事哪有什么万全之策，全在乎事前充分准备，临事随机应变，必要的险还是要冒的。"听话听音，锣鼓听声，嵇鹤龄的话透露了两个信息：一是王有龄若满足了他的要求，他愿意去冒这个险；二是他对此事已做过周详的考虑，不会没有把握而白白冒险。

胡雪岩说："可惜新城是在山里，如果是水路码头，我就可以保你的驾了。"

"怎的?"嵇鹤龄惊奇地问道,"你跟水师营很熟吗?"

"不是。"胡雪岩想了想,觉得不妨实说,"我在漕帮中有人。"

"那好极了!"嵇鹤龄极其兴奋,"我早就想结识几个漕帮中人,可否劳烦你引见?"他接着又加了一句:"并无他意,只是向往这些人的行径。"

"鹤龄兄,"胡雪岩说,"我是'空子',这几年在水路上结交了两个响当当的好朋友,一个在湖州,一个在松江。等你办完了公事,我也从上海回来了,我们一起到湖州去游玩一番,自然是王知府做东,我给你介绍一个姓郁的朋友。照你的性情,你们一定合得来。"

"太好了!"嵇鹤龄欣然举杯,干了杯中酒又问,"你什么时候动身去上海?"

"本来前天就该走了,后来想想不能把王知府一个人丢在这里,所以上了船又下船了。"

"想不到雪岩兄如此义气。"嵇鹤龄自己取壶斟满,一饮而尽,向胡雪岩举了举杯又说,"现在像你这样急人所急、古道热肠的人,实在不多了。"

胡雪岩应变极快,应声答道:"哪里哪里,至少还有一个,就是仁兄阁下。"

酒至半酣,两人都心情大好。胡雪岩回敬了一杯,嵇鹤龄欣然接受,放下杯子,喜不自胜地说:"雪岩兄,你我真是有缘。"

一句话又扯出了新话题,两人谈兴越来越浓。谈兴一好酒性也好,他们又要了一斤竹叶青来。酒店主人也很识趣,送上一盘新鲜鱼肉,是仿照"老西儿"的吃法,将二三斤重的活鱼做成解酒醒脾的醋椒鱼汤。嵇鹤龄的饭量也大增,三碗下肚,摸着肚皮说:"自内人去世以来,我还是第一次酒足饭饱。"

他这么一说,倒让胡雪岩想起一件事来,忙问:"鹤龄兄,尊夫人故世,留下五六个儿女,中馈不可无人,你可有续弦的打算?"

"唉！"嵇鹤龄叹口气，"我何尝不做此打算，不过，你仔细想想，我有五六个儿女需要照料，又是不知猴年马月才能补实缺的'灾官'，请问，略略过得去的人家，哪位小姐肯嫁我？"

"这倒是实话。"胡雪岩说，"这事为弟来替你动脑筋！"

嵇鹤龄笑而不语。此时胡雪岩心中已然有了主意，只是放在心里暂时不说。

这顿酒饭差不多吃了两个时辰，等他们从酒店出来时，夕阳西斜，从两座山峰间缓缓下落，返照湖水，映出粼光万点，仿如一幅山水画。

第二天，胡雪岩、嵇鹤龄先后来到王有龄府中。嵇鹤龄接受了王有龄晚宴的邀请，三人一起商量抚剿强匪的具体办法。

谈了一些细节问题后，王有龄对嵇鹤龄钦佩之至，欣喜之色溢于言表，当即许诺："等这件事完了，老兄补实缺的事包在我身上。"

胡雪岩一时插不上话，正好和王太太商议一下瑞云的事，打算把瑞云说给嵇鹤龄。王太太听了胡雪岩对嵇鹤龄的介绍，一百个不同意。胡雪岩只得另辟蹊径，请王有龄亲自出马。

"太太！"王有龄用商量的语气说，"嵇鹤龄这一趟总算是帮了我们全家一个大忙，刚才在席上已经谈好了，他后天就动身去新城。他帮了我们的忙，我们也要想想他的难处。"

"话是不错。"王太太说，"但帮忙和嫁女是两码事啊！"

"他是父代母职，去新城后家中就只剩下管家，那么多孩子也照顾不过来。我想叫瑞云去替他管几天家。"

王太太笑了："这一定是雪岩想出来的花样。"

王有龄解释说："雪岩的意思，一则替嵇鹤龄管几天家，让他可以无后顾之忧；二则让瑞云去看看情形，如果觉得嵇鹤龄这人不错，几个孩子也听话，能够应付得来，便可以再谈嫁娶之事，否则就作罢。如此岂不两全其美？"

"这倒不错，"王太太点了点头，"我也没话说了。"

"不过我倒要劝劝你，"王有龄又说，"平心而论，嵇鹤龄是个人才，只要脾气稍微圆通些，以他的仪表才干，不怕没有出头之日。瑞云嫁了他，眼下或许苦一些，将来一定有福享。再说，彼此结成至好，再加上这门亲事，你们可以常来常往，不也挺热闹有趣的吗？"

这几句话把王太太说动了。既是讲感情，为瑞云着想，也要为自己想想，不管瑞云是嫁人为妻还是为妾，堂客的往来总先要看"官客"的交情，自家老爷与嵇鹤龄以后定会常在一起，真正成了通家之好，那跟瑞云见面的机会自然就多了。

于是，王太太把瑞云找来，将这件事的前前后后和盘托出，首先强调大家可以常来常往，接着便许她一份嫁妆，问她的意思如何。

瑞云其实早就在"听壁脚"了，自己的终身大事，心里又怎能不盘算盘算呢？但此时人多，她不便表态，便答道："嵇老爷替老爷去办公事，他家没有人，我自然该替他去管几天家，以后的事谁晓得呢？"

"这话也对！"王太太想怂恿她好好花些工夫，让嵇鹤龄倾心于她，但又不便明言，因而用了个激将法，"不过，我有点担心，他家孩子多，家也难管，将来说起来，'管与不管一样'，这话就不好听了。"瑞云听了沉默不语，心里却在想，我瑞云能不能干，太太怎会不知？

第二天一早，瑞云收拾了衣物，由高升陪着，用一顶小轿送到了嵇家。

"瑞姑娘，多多费心，多多拜托！"嵇鹤龄不胜感激地说，"有你来帮忙，我也就放心了。"

第九章　深谋远虑，助鹤龄补缺海运局

关于嵇鹤龄新城之行，当地士绅对他单枪匹马、深入危城的行为大加赞赏，都很佩服他的胆识，也乐意跟他合作。他们设计把为首的"强盗和尚"慧心引诱到县城拘捕，并押解到杭州审讯法办。强盗们群龙无首，便成了乌合之众，躲的躲，逃的逃，一哄作鸟兽散。

大功告成，王有龄喜不自禁，自掏腰包送给嵇鹤龄几百两银子，并对他礼敬有加，十分亲热。嵇鹤龄说什么也不肯收下，王有龄则非送不可，两人推来让去，好像打架似的。

嵇鹤龄从衙门回家时，正好遇见胡雪岩，便把此事告诉了他，胡雪岩劝道："兄弟之间莫要见外，取之有因，何必明分彼此。"

嵇鹤龄听他这么说，解释道："我想你和王大人的交情不同一般，我跟你又是弟兄，就看在这面上，后来我就收了下来。"

胡雪岩笑着说："你真是取与舍之间一丝不苟。用他几个钱也不要紧。"然后话题一转："且不说这个，你补缺的事呢？雪公说过，补实缺的事包在他身上，现在怎么样了？"

"中丞大人已经出奏了保案，为出力人员请奖。"嵇鹤龄急忙又补充道，"不过，这件事说起来有点气人。雪公对我是没得说的，保我署理归安县，但黄抚台不肯；又保我接海运局，而黄抚台也不肯，且他本人只给了一个明保，说等'保案'下来再说。"

保案分好几种，主要有"明保""密保"之分。地方上的重大案子，比如出兵剿匪、承监河工、办理漕运、由河运改为海运等，办妥之后，除了向朝廷汇报结果外，按惯例可以为有功人员请奖，这称为"保

案"，也是"明保"。"密保"则更明确一点，可以直接建议给有功人员何种奖励和职位，因而"密保"自然更有分量。

"黄中丞给了我一个'明保'，反而雪公倒是'密保'。"嵇鹤龄显得有点沮丧。

"这太不公平了。"胡雪岩一听就深知其中奥妙，他打断嵇鹤龄的话说，"其中肯定有鬼！"

"哎！"嵇鹤龄一拍大腿，"你真是聪明过人。怪不得中丞大人手下一个文案委员，向我要2000两银子，也不知是他自己要，还是替黄巡抚要。别说我拿不出这笔钱，就是拿得出来，也不能塞这个狗洞。"

胡雪岩急忙问道："那么，雪公怎么说呢？"

"雪公哪里知道，我没跟他提过这事。"嵇鹤龄说，"如果跟他说了，他一定会为我出这2000两银子，这样我岂不欠了他更多的人情？"

胡雪岩心想，嵇鹤龄为人实在耿直，官场中这样的人实在太少了，不由得对他肃然起敬。胡雪岩其实并不希望他去做归安知县，而下决心要替他把海运局的差使拿下来。如果目的能够达成，塞几个狗洞也算不得什么。当然，这事还要跟王有龄通下气，免得他不踏实。

"嵇兄！"胡雪岩说，"这事你不必管了，雪公自有主意，你不必太心急。"

"其实也不必强求。"嵇鹤龄摇摇头，"官场中人情淡薄，我真看厌了，像我现在这样也很舒服，等把王大人送的几百两银子花光了再说，反正这世上绝没有饿死人的。"

"嵇兄可谓真正的名士。"胡雪岩笑道，"其实，即使不做这个官，像你一家人的平淡日子，我也还供得起。但你肯定不会接受，我也不愿意让你闲下来不做事。我敬佩兄长的才干，肯定会大有一番作为，所以一定要争个位置来坐。"

"雪岩兄说得一点不错。"嵇鹤龄点点头，"我自然也有我的打算，如果浙江混不下去，我想回湖北去办团练。"

"那倒不必！我们在浙江有现成的事情好做，何必轻言放弃？我们现在就去找雪公好好谈谈。"

于是，他们又一起去见王有龄。

"雪公！"胡雪岩开门见山，"嵇兄的事怎么样了？"

胡雪岩一提起这事，王有龄把已送到唇边的酒杯又放下，轻轻叹了口气。

"这事还没有结果，不知要等到何时，我睡觉都无法安枕了。"王有龄说，"我也正要和你商量。中丞大人不知打的什么主意，看样子是想过河拆桥，叫我怎么对得起鹤龄兄？"

王有龄已三番五次找过黄宗汉，为嵇鹤龄的安排从请示到保举，再到据理力争，但都被他一句软话挡了回来——耐心等"保案"下来。

王有龄性子急，事情成不成都希望得到一句实话，说到最后，他问道："雪岩，你料事比别人来得准，看人看得清楚，你认为问题出在哪里？"

"看不清楚的人都是鬼！"胡雪岩坦率地说，"人之所以搞鬼，就是不想让人看得太清楚，鬼乘黑夜吓人才有威力。"

"你是说有人故意捣鬼？"王有龄说，"我也曾想到过这一层。但我问过文案上的书办，说要不要有所点缀，书办诚恳地说这件事全看抚台的意思，他们现在还不敢收好处，怕收了好处，事情办不成，对不起人。等将来嵇某人的委札下来，自然少不得要讨他一杯喜酒吃。雪岩，你觉得这话里头是不是还有另一层意思？"

书办对王、嵇两人说不同的话，显然点缀是必不可少的，只是不想让王有龄出这笔钱；再往深处想，这钱是书办要，还是黄宗汉自己要呢？如果是书办要，谁出银子都一样；而暗示要嵇鹤龄自己出，必定是黄宗汉的意思。黄宗汉对嵇鹤龄的为人有所了解：如果让他自己出这么多银子，无异于买官，他是万万不会那样做的，这样一来，事情自然就结了；退一步讲，这样古板死脑筋的人，给他再好的位置，以后也别想从他那里捞回点什么，这岂不是莫大的损失？

胡雪岩心里如明镜一般，他笑着说："他们闹鬼，我就是专捉这路鬼的'茅山道士'。两位兄长且看我的手段！"

"你预备如何'捉鬼'？"王有龄问。

胡雪岩笑道："天机不可泄露。"

这一天，嵇鹤龄快到二更天才回家，还带了个客人来，这客人正是胡雪岩。

一进门，嵇鹤龄便觉得家中不同以往，走廊里淡月映照，相当明亮，细看原来是窗纸重新糊过了。走到里面，只见处处收拾得井井有条，让人顿有耳目一新之感，嵇鹤龄不由得想起了太太在世时的日子。

"嵇老爷回来了！"瑞云从里面迎了出来，接着又招呼胡雪岩。

"费心，费心！"嵇鹤龄满面含笑拱手道谢。

"如何？"胡雪岩得意地笑道，"我说这位瑞姑娘很能干吧！"

改天，胡雪岩又来到王有龄府上，向王太太谈起瑞云的婚事。他把在嵇鹤龄家中看到的一切详详细细地说了一遍。

"看样子是千肯万肯的了。"王有龄也很得意。

"真的吗？"王太太知道瑞云眼界高，有点不信，"她到底怎么说的？"

"这也用不着明说。"胡雪岩又绘声绘色地把听到、看到的讲了一遍。王有龄还没等他讲完，就连连点头说："我看这就差不多了。"

王太太还是有些不放心，笑道："雪岩兄弟嘴甜，什么话到了他嘴里都是好听的，瑞云到底肯不肯，总还要我来问几句，不然，姑娘家怎么好意思松口。"

胡雪岩趁热打铁，拱了拱手说："那就拜托王夫人了，拜托，拜托。我们就静候佳音了。"说着，他从怀里掏出早已准备好的红包，恭敬地递到王太太面前，王太太刚接过来，王有龄便一把夺了过去，塞回给胡雪岩，说："雪岩是成人之美，这赏不能收的。"

"没有什么不能收的。"王太太接口道，"瑞云是我们家的人，现在人家聘了去，不仅要收赏钱，还要收聘金呢！兄弟，你把聘金交给我，我自有用处。"

王有龄一听马上认真起来了:"兄弟之间哪有这么讲究,你拿聘金又有什么用?"

王太太提高声音道:"瑞云的一份嫁妆由我们准备。这1000两银子,我另外交给她,当作她的私房钱。请问王大老爷,可以不可以?"

王有龄听了,表情立刻变得温和了,带着歉意笑了笑,又用埋怨的语气说:"你何不早说?叫我误会了。"

"不懂你就别瞎掺和,你放手别管就是了。"王太太拿着红包得意地走了。

"雪公,"胡雪岩又说,"如今你正鸿运当头,瑞云也要托你的福,她又是一副福相,看起来必有帮夫运,所以鹤龄补实缺之事还需想办法尽快促成。瑞云迟早是个'掌印夫人'!"

王有龄听了越发高兴,"不错,不错!我也觉得,这无论如何都不是倒霉的事情。"接着,他又放低声音说,"过几天我托你带笔钱去。"

胡雪岩心知肚明,只问:"带多少?"

"给他二三百两银子吧!"

"知道了,我替你垫付200两,回来再算。"胡雪岩轻松地说。

随后,胡雪岩专程回了一趟杭州,先到阜康钱庄用本号的银票开了两张单子,一张2000两,一张200两,用个红封套封好,上写"菲仪"二字,下面具名是"教愚弟嵇鹤龄"。然后对刘庆生交代:"庆生,拜托你走一趟,托巡抚衙门的刘二爷代为递给文案上的陈老爷,就说我还有几天忙,等将杂务稍为理一理,再请他过来叙叙。"

"好的。"刘庆生问道,"要不要回信?"

"不必了。"胡雪岩说,"他给你就带回来,不给也就算了。"

没过几天,胡雪岩通知王有龄可以去见黄宗汉了。王有龄见了黄宗汉,还未来得及开口,黄宗汉便主动说起让王有龄交海运局差使,由嵇鹤龄接任。

王有龄告辞出来,意犹未了,又回去补了一句:"卑职回去一定将大人栽培的美意告诉嵇某人,叫他实心实意报效中丞大人。"

王有龄从杭城回到湖州后,第一件事就是派人去请胡雪岩和嵇鹤龄。

一见到胡雪岩,王有龄便跷起大拇指说:"佩服,佩服!雪岩,你是何方神仙,料事如此之准?"接着,他把会见黄宗汉的经过细说了一遍。

胡雪岩没有料到事情会如此顺利,因而也有喜出望外之感,想了想又问道:"那么,雪公在条陈上是怎么说的?"

"条陈我早就准备好了,但根本就没呈上去。"王有龄答道,"一拿出来,倒显得早有成算似的。大人物分两种,一种喜欢先意承志,事事先替他想到;另一种是喜欢用不测之威,不愿意别人知道他的心思,黄抚台是后一种人。我觉得等鹤龄接了事,或者谢委的时候,当面请示比较好。没料到的是,我都没机会说话。"

正说着,嵇鹤龄到了。王、胡二人一见他便先道喜,然后略说缘由,嵇鹤龄知道委札已经下来,但有点摸不着头脑,不知道是谁的力量使然,只有向他们二人一一道了谢。

与此同时,嵇鹤龄与瑞云的婚事也定下来了,对他来说可谓双喜临门。

王家的男女仆佣也都来磕头道喜,嵇鹤龄正带着一张30两银子的银票在身上,心中高兴,便很大方地发了"总赏"。还有人说要给瑞云道贺,又说她福气好。尤其是待嫁的两名丫头,眼看瑞云飞上枝头做凤凰,艳羡之意溢于言表。因此不仅是嵇鹤龄,连胡雪岩也觉得甚是得意。

这时,王有龄提醒道:"鹤龄兄,你请回去吧,说不定已有送喜信的人到府上去了。雪岩也帮着一起去招呼招呼,我们晚上再谈。"

王有龄叫胡雪岩去招呼,其实是招呼放赏。这方面的"行情"胡雪岩不大熟悉,少不得要先向王有龄问清楚了,然后顺道向阜康钱庄分号交代了几句,才一起来到嵇家。

"二弟!"嵇鹤龄在轿子里把事情想通了,一到家便直接问道,"这事可是你走了门路？"胡雪岩近来提出，私下里王、嵇、胡三人应以兄弟相称，让嵇鹤龄叫他"二弟"。

由于嵇鹤龄说过不愿买官的话，所以胡雪岩的回答也很含蓄："不过托人去说了一声而已。"

"怎么个说法？"

"无非拜托而已。"

嵇鹤龄静静地想了想说："我也不多问了，反正我心里明白就是！"

他们正说着，阜康钱庄分号的一个伙计也到了嵇家，按胡雪岩的指示送来1000两银票、500两现银，另一张存折上面还有3500两。

"二弟！"嵇鹤龄把存折拿在手里说，"我觉得沉重得很，真有点不胜负荷。"

"自家弟兄，何必说见外的话？"胡雪岩说，"而且水帮船，船帮水，以后仰仗大哥的事还多。"

"放心，你的事就是我的事。海运局的内幕我还不大清楚，还需要你多多帮忙，才能顶得下来。"

"好说，好说。"胡雪岩笑着离去。

正当胡雪岩等人志得意满之际，又有两件事迫在眉睫，需要好好筹划一番。

一是太平军、小刀会越闹越紧，各地要组办团练。朝廷已降旨，团练是官督民办，地方上自己筹了饷，自己保管。王有龄也在加紧督办湖州的团练，湖州富庶，地方上也热心，因而团练经费很充裕，只是缺少枪支弹药。如果胡雪岩能够购回一批洋枪，那对官督民办将是个很好的"药引子"，湖州团练的大批经费就可以名正言顺地存入阜康钱庄。王有龄还可以给抚台上个条陈：兵在精而不在多，工欲善其事，必先利其器，现在能买到洋枪，对防务大有裨益。这些道理，包括抚台在内，上上下下，都是明白的。筹买洋枪是多多益善，随后的生意将会忙得很，可趁机大发其财。

二是有消息说，巡抚黄宗汉将有调动，他一走，来接替他的人不知怎么样。王有龄还有好几个大窟窿没有补上，心里没着落，是进是退，一时难以决策。

这天，王有龄没有出门，专程在家等候胡雪岩。自从新城之乱平服，王有龄愈得黄宗汉的信任，因而妒忌他的人也不少，办事不免多有掣肘，为此他有许多苦恼要向胡雪岩倾诉。

"雪岩，"王有龄说，"我有件大事要与你商量。听说黄抚台有调动的消息，他这一走，我们就失去了靠山，所以我颇有急流勇退的想法。"

胡雪岩闻言大吃一惊，急忙说道："雪公你怎么起了这种念头？局面刚刚打开，正是顺风顺水的时候，为何要打退堂鼓？"

"一则我怕继任一来，如果彼此不甚对劲儿，许多我经手的事收拾起来会有麻烦，趁黄抚台还在这里，办理交卸会比较容易；二则江忠源由湖北臬司调升安徽巡抚，他跟我有交情，来信问我愿不愿意到安徽去。他和曾国藩两人，现在圣眷甚隆，我想到他那里去也不错。"

"不然，不然！"胡雪岩连连摇头，"安徽你不熟悉，我也不熟悉，而且说句实话，你若去安徽，我是不会去的，因为我去了也帮不了你！"

"好吧！"王有龄点点头，"既然如此，我不必再多说，今天就写信回绝江忠源的好意。"

胡雪岩这才放下心来，但也不免觉得责任愈重。他考虑再三，想了一个办法，既然黄宗汉此人极难伺候，还不如换个人来，只要继任对王有龄无碍就好。当然，最好的办法是去劝说何桂清调任浙江。这免不了会有一笔花费，胡雪岩倒可以替他想想办法。

短短一年半工夫，胡雪岩经手的款项已有 50 万两银子之多，杭州、湖州、上海三处都有生意，基础已经打好。抚台的去留，关乎王有龄的仕途，也关乎自己的生意。既然何桂清那里可能性甚大，倒不妨去游说他。因此，他问道："黄抚台调动的消息确不确定？"

"有此一说，不可不防。"王有龄又说，"现在浙江各地匪患滋生，星星之火，可以燎原，黄抚台对此非常重视。此前新城的案子办得不错，所以这些差使恐怕都会落在我的头上。海运局的事又不得不拖在那里，实在是心有余而力不足啊。"

要兼顾各方，这就得嵇鹤龄出力了，海运局坐办的位置格外重要，所幸他已经成为兄弟。胡雪岩虽然同意王有龄的说法，但仍竭力劝他关键时刻不能萌生退意。

接着，胡雪岩又分析了全国的政治、军事、经济形势，认为战乱对于商人而言有快速发财的商机，而对官场之人来说也有直线提升的机会，风险与机遇同在。如果王有龄不在这个位置上挡住一些漏洞，那么很快就会露出马脚，到时不仅会失去立足之地，可能还会有性命之忧；相反，只要王有龄仍在其位，即使发现漏洞也有机会弥补，或许还能因祸得福，得到晋升。

王有龄觉得胡雪岩说得不仅有理，而且有远见、有胸怀。于是，他静下心来，和胡雪岩就地方办团练之事进行谋划。

第十章 再出奇招，助团练买枪又赚钱

安稳住了王有龄和嵇鹤龄，胡雪岩匆匆赶往上海，联系购买洋枪之事。

湖州这样的富庶之地，自然是太平军窥视的目标。地方绅商联合起来，自募乡勇，举办团练，意在保境安民。这次购买洋枪，一是为公，保一方平安；二是为私，商人不能不赚钱。如此一举两得的好事，机敏善谋的胡雪岩岂会轻易放过？

这时，浙江境内已经不得安宁。太平军大举东进，占领了浙西、浙北七县。

咸丰三年（1853年）春，太平天国定都南京，改南京为天京，消息传来，刘丽川领导的小刀会也积极响应，打算里应外合，一举拿下上海的关头。不料一个会员无意间走漏了风声，被官府察觉，情急之下，刘丽川等人决定提前起事。他们攻下上海县，杀死县令，以县城为基地，轮番向上海城内进攻。

上海城内各国租界占了近一半，洋人见自己的利益将受损害，便出动吴淞口的舰船，炮轰上海县。刘丽川的人马抵挡不住，只得通过一个洋行通事与洋人谈判，双方约定井水不犯河水，绝不损害洋人的利益。于是，洋人便停止炮轰，保持中立。

小刀会起事令江苏巡抚薛焕非常震惊。他们"合之数千人，居无恒产，出无执业，攘夺抢掳，而资生之具莫能问所从来"。起义期间，大批民房被毁，殷实商户遭抢，或被勒索摊派，吴健彰所统广勇"大肆焚掠，由小南门至大小东门，纵火延烧，通宵连日，百年富庶繁华，席卷

殆尽"。为了躲避战火，士绅们纷纷逃入租界，租界内一时人满为患。英、美、法殖民者本来就处心积虑地想要扩大租界，他们认为小刀会起义是个难得的好机会，可以此为由，扩大租界地盘。一个洋人幸灾乐祸地说，是小刀会起义"帮助"租界"繁荣"起来。薛焕深知洋人的实力，因而听从幕僚的建议，上书朝廷，主张借洋师助剿"长毛"。

清廷对洋人又恨又怕，薛焕的奏折一上，立刻招来一片责骂之声，只好搁置不议。借师是行不通了，但借枪却是可以的。说白了就是大量购买洋枪洋炮，只要是为了办团练，朝廷都是默许的。

胡雪岩到上海之前，王有龄问他对薛焕"借师助剿"有何看法，他回道："这未尝不是一个好办法。"

他不明白朝廷为什么不支持。对此，王有龄叹了口气道："朝廷也是被吓坏了。"

胡雪岩说："若是洋人主动，我们被动，当然不可以。不过，借师助剿在于一个'借'，是我借了你来用的，用完再还回去就可以了。"

王有龄说："朝廷中那帮人要是都像你这么想就好了。"

另外，还有一件事情让胡雪岩觉得军火生意值得一做。

冬日的一天，胡雪岩踌躇满志地坐在客堂的太师椅上，漫不经心地翻阅着账册。年关逼近，大宗生意少有，但小额存储还是很兴旺的……

这时，一位风尘仆仆的顾客来到柜台前，四下张望了一会儿，才从贴身衣袋里拿出一张银票递给伙计，说："请将这些银票全部兑成现银。"

胡雪岩一看，6万两现银，这可不是小数目！问道："一下子提取这么多白银，不知要做何用？"

此人自称姚二，毫不隐瞒地说："在下是无锡'喜福会'的大管家，掌管帮中的钱财往来。这次专程来贵方宝地，乃是为了一桩急事。"

胡雪岩抱拳道："银子多了，招人耳目，路上也不安全，太湖形势甚是复杂，姚兄何必一次支取这么多银两呢？"

姚二坦诚地说："因官兵盘查严密，我们要替南京的太平军护送一批军火从上海到金陵，途中难免要与官兵交战。这笔钱是给'敢死队'的弟兄作为安家费的，说白了就是个拿命开路、保证货物平安的镖局。"

送走姚二后，胡雪岩脚不沾地进了知府衙门。听罢胡雪岩通报的消息，王有龄不由得吃了一惊："竟有这种事？这些帮会里的人，胆子也忒大了！"

胡雪岩说："喜福会答应替太平军护送军火，看来太平军出的价钱不低，这些江湖好汉从来不和朝廷一条心，谁出钱就给谁卖命。这都是给这个积贫积弱的乱世逼的。"

王有龄点头称是："现在官兵和太平军对峙，在太湖边鏖战不休。朝廷下旨要地方也建立乡团，加紧训练，保一方平安。"

胡雪岩要打听的就是这件事！他忙问："地方办团练有经费吗？"

"只要先建起乡团，训练和购买军火的经费可奏请朝廷，由户部直拨地方州府。凑巧的是，昨天省抚台黄大人来函，拟拨款购置500支毛瑟枪，武装湖州乡团，以防太平军朝浙江方向进犯。我正为此事犯愁呢。"

胡雪岩拊掌大笑道："我料定湖州府会身先士卒。组建乡团，有大宗银两拨付，我料定黄大人会首选你我。清军与太平军开始进入混战阶段，曾大人于江西、苏州首尾难顾，雪公，你赶紧成立乡团，我替你采购军火！"

他们很快议定好了方案。胡雪岩就是在这种背景下，奉王有龄之命，前去上海置办军火。

胡雪岩此行有不少便利，银两是不用带的，可以直接从自己的钱庄分号垫支。

胡雪岩找来通事郭庆春，向郭庆春说明了来意，郭庆春刚巧听说有个叫哈德逊的洋人手里有一批长枪，于是打算带胡雪岩去见洋人。

"慢点，慢点！"胡雪岩略带怯意地笑道，"跟洋人打交道，我还是头一回……"

"你怕什么？"郭庆春打断他的话说，"洋人也是人，又不是野人生番,文明得很。"

"倒不是说野蛮还是文明,只是想知道他们有什么洋规矩,你先说给我听听,省得我出洋相。"

"洋规矩?那就太多了,一时半会儿也说不清。"郭庆春说,"举几个例子吧,中国人作揖,洋人握手,握右手;到屋子里要脱帽;洋人看重堂客①,回头你看见洋婆子要站起来。哈德逊太太很好客,最喜欢向中国人问长问短,洋人的规矩是没有男女授受不亲之说的,你不必诧异。"

私贩军火是违法的,但以地方官府的名义交易则另当别论。哈德逊见有官府的人主动找上门来,就摆起架子,说不愿意与官府打交道。

胡雪岩不懂洋文,只能根据对方脸上的表情变化进行猜测。相互交谈几句后,胡雪岩发现大家的表情都很不好,哈德逊只管耸肩摊手,郭庆春则面带愠色,声音慢慢提高了,显然双方起了争执。

"岂有此理!"郭庆春转过脸来,怒气冲冲地对胡雪岩说,"他明明说过,贸易就是贸易,只要有钱,他什么东西都愿意卖,现在却又反悔了,说跟'长毛'有协议,卖给他们就不能再卖给官军。我问他以前为什么不说,他说是他们领事最近才通知的。又说,他们也跟中国人一样,行动要受官府制约,所以身不由己。你说气不气人?"

"慢讲!"胡雪岩问道,"什么叫协议,是不是条约的意思?"

"大致就是这意思。"

"那就不对了,朝廷和英国人订了商约,开五口通商,结果我们不能跟他通商,朝廷讨伐的叛逆倒能够跟他通商。这是什么道理!"

郭庆春大喜道:"不错,不错,说得有理!待我问问他。"

郭庆春回头又跟哈德逊"哇啦哇啦"讲了一通,一副理直气壮的样子,而哈德逊似乎理屈词穷了。

---

① 堂客,一指堂上客人,二指女客,三泛指妇女,四特指已婚女性。这里指女性。——编者注

然而，道理上是赢了，生意谈判却一时陷入僵局。

胡雪岩让郭庆春问哈德逊到底是何用意。郭庆春说："看样子未必有什么协议，只因我们的生意小，'长毛'的生意大，怕因小失大而已。"

"请你告诉他，目前我们的生意小，将来生意会很大，眼光要放长远，现在留些交情，将来才有见面的余地。"

郭庆春把他的话转告哈德逊，哈德逊边听边点头，同时不停地看着胡雪岩，显然是同意其看法。

"雪岩兄，"郭庆春说，"哈德逊说，你的话很有意味，要交你这个朋友，想请你去喝杯酒。你意下如何？"

"当然应该叙叙，由我们做东好了。"胡雪岩见哈德逊的表情由阴转晴，也表现得很痛快。

"那倒不必，让他做东好了。等生意谈妥了，我们再回请。"

郭庆春转达了胡雪岩接受邀请的意思后，哈德逊到屋角将一条在中国犯禁的"明黄"色丝绦一拉，外面叮叮当当地响了起来，接着便见一个听差推门而入。哈德逊吩咐仆役准备好马车，然后亲自拉缰，把胡雪岩、郭庆春载到一家外国酒店，入门一看，四面镜子映出无数人影、灯烛、桌椅，变幻的灯光让胡雪岩有些头晕。

他们找了一处较安静的角落坐下。胡雪岩一抬眼，恰好看见镜子中出现了一个曼妙的身影，回头一望，只见一个金发碧眼的美女，腰肢如柳，雪肤花貌，脸上带着微笑，露出一口雪白的牙齿。

胡雪岩立即起身点头，郭庆春见状，忙拉他坐下，说："不必。"胡雪岩有些糊涂了，不是说见了洋婆子就要起身吗？但郭庆春只是笑了笑，他也不好意思追问了。

哈德逊嘱咐了女侍者几句，她转身走了。胡雪岩一边盯着她的背影，一边想，西洋女人真是与众不同，如此勾人眼目。她那刚健婀娜的走路姿态，不由得让人联想到只穿着"花盆底"的旗下大姑娘一摇三摆的样子，别具风情。汉族女人的美都包裹在简朴的服饰中，被传统的习俗掩盖了。

胡雪岩正想着，镜中的丽影又出现了，只见她手托银盘，盘中放着一瓶颜色像竹叶青的酒，三只水晶杯，还有一瓶凉水。摆设停当后，哈德逊取了三块银洋放在银盘里。

"这酒也不便宜，"胡雪岩说，"一块银洋七钱二，三块银洋就合二两一钱多银子。"

"是啊，运费贵。"郭庆春说着，给哈德逊倒上酒，又加了点凉水，然后彼此举杯。

"怎么？"胡雪岩问，"这就吃了？有酒无肴！"

"洋盘！"郭庆春用夷场中新近流行的谚语笑他，"洋人吃酒，没有菜的。"

"这是喝洋酒的规矩？我倒还是头一回见。"胡雪岩喝了一口，味道倒还不坏，但加了水，总觉得劲道不够，便把杯子放下了。

谈判的核心是价格与数量。哈德逊听说只要500支枪，开价30两银一支。

胡雪岩认为，你洋人也是做生意的，做生意总该公平待人才是。哈德逊却说："我们从来就是看对方的需求来定价钱。"胡雪岩一听火了："你的意思是我越是急要，你出价越高？"

郭庆春见胡雪岩着了急，忙对他说："不是这个意思，哈德逊也不是漫天要价。他说已经有人出高价买了这批枪。"

胡雪岩说："你没问是谁？"

郭庆春摆摆手说："他不会告诉我们的。不过听他口气，好像是有'长毛'偷偷来这里接洽购买。"

胡雪岩说："你问他来中国，是跟官府打交道，还是跟'长毛'打交道？"

郭庆春又和哈德逊交涉了一番，之后回头对胡雪岩说："他说他们不管这个，跟谁打交道都一样，只要对方给钱。"

胡雪岩心想，这倒是商人的路数，看来要想把枪买到手，只能晓以利害。于是对郭庆春说:"你问他对方交钱了吗?"

得到的回答是没交钱,"长毛"答应由洋人运到太湖以西的地段,货到付款。

胡雪岩听了,觉得应该吓唬一下这个洋大人:"你告诉他,那一带飞贼横行,一不小心可就要遭劫了。"

哈德逊的蓝眼珠转了两转,让郭庆春问胡雪岩怎么知道的。

胡雪岩笑了笑:"你告诉他,就说我也是半道出身,我的拜把兄弟都还在江湖上混呢。"

哈德逊用怀疑的眼神看着胡雪岩。胡雪岩心想,光吓唬他也不是事,还要显示显示我是以诚相待,于是说"30两就30两,但货色一定要好",并保证500支枪的银两一次交割。

哈德逊见胡雪岩如此爽快,主动答应价码可以往下调。他们很快谈妥了一切细节,500支枪,1万发子药,总共1.5万两银子,二八回扣,实收1.2万两银子。哈德逊会派一名"铜匠"随货到浙江去指导安装,另付200两银子的酬劳。

一切谈妥后,胡雪岩转过身对郭庆春说:"你告诉他,要是交易成功,以后还会有更多交易。"说完便伸出两个指头。

哈德逊听了这个数字,不禁来了兴致,追问胡雪岩到底是什么来头。郭庆春问胡雪岩要不要给他交底,胡雪岩想,讲就讲,也好让他放心。

哈德逊听说胡雪岩不但有好几家大钱庄,而且协办浙江全省的军备,顿时改变了对胡雪岩的看法,爽快地说:"可以合作,欢迎有更多的合作。"

交易成功后,哈德逊觉得胡雪岩是个大买家,又另送了他2支小手枪,每支外带50发子弹。胡雪岩雇人装了枪,运回浙江地面,自己把一支枪包好,作为礼物去拜会江苏巡抚薛焕。

薛焕见胡雪岩也办起了洋务,甚是投机。他摆弄了那把手枪许久,回头对胡雪岩说:"我看你也可以向他们购买开花炮嘛!"

这一点胡雪岩倒没有想过。开花炮威力极大,远在几十里外就可以击中目标,而且无坚不摧。道光年间,洋人两次威胁中国,靠的就是船上的这种炮。小刀会起事,洋人在舰上一炮打来,几十人都血肉横飞,身首异处。不过,这种装备极为复杂,买了它,还得专门雇洋人技师才行。

胡雪岩知道薛焕十分看重洋人,就说:"我看官兵确实可以考虑购买这些洋玩意。"

薛焕说:"朝廷中都是些不开化的人物,我上奏请求拨款购买,他们说洋枪可以,洋炮则耗银太多,搞不好被'长毛'掳了去,倒霉的还是我们自己。"

胡雪岩说:"可以聘请洋人长枪队嘛。"

薛焕说:"你也这么想?"

胡雪岩说:"洋人的玩意,我们也确实用不熟练。"

薛焕接话道:"就是用熟练了,效果也没有洋人使得好。我专门去看过洋人的军队,他们训练军队的方法很不一样。每天早晨要出操、走步子,还要传口令,训练听从统一指挥。"

"为什么我们不可以在官兵中也这么搞呢?"胡雪岩问。

"谁会请洋人教?朝中的那帮老朽又不肯。"

"那就招一批人混在洋人的军队里学呀!"

薛焕一拍脑袋说:"对呀!我怎么没想到这一点。官兵可以派出去。只要有人在洋人那里学会了,不愁他不往外传。看来我还得上奏,请圣上准我雇用洋枪队。"

胡雪岩说:"我倒有个好主意,何不请一位京城大老爷来上海走一趟,让他亲眼看一看,也好回去替我们说话。"

薛焕说:"好,就这么办!我这就给根云、雪轩写信。不过,京城里的老爷,请谁好呢?"

胡雪岩考虑了半天,对薛焕说:"我看夏同善大人倒很合适。他是杭州人,'长毛'的厉害他清楚得很。在京城中,他又是皇太子伴读,和一帮迂腐老爷也说得上话。要是薛大人同意,我可以去见他弟弟,让他修书一封,找个借口,夏大人保准会来。"

薛焕点点头道:"好,不妨试试,此事宜早不宜迟。回头我再邀几位过来。"

办完此事,胡雪岩又考虑到另一项与国计民生有关的大事业,准备利用漕帮的人力、水路上的势力和现成的船只,承揽公私货运,同时以松江漕帮的丰裕米行为基础,大规模贩卖粮食。打仗需要武器,更需要粮草。只要仗继续打下去,那以后就可以贩军火、贩粮食,需要一样样去研究。

胡雪岩马上找到尤老五,对他说:"粮食生意有的做。现在兵荒马乱,田地荒了,生产少了,此乃其一。其二,目前交通不便,眼看有米的地方因交通不便,米运不出卖不掉,多么可惜。有些人家积存了很多粮食,一旦打起仗来,很可能被烧得精光;或者秋收到了,战事迫近,有稻无人割,白白作践。能够想办法不糟蹋,于公于私都是好事!"

"有道理!"尤老五赞成道,"前面两个原因我懂,后面说的这一层道理,我还是第一次听到,倒要请教小爷叔,怎样才能不糟蹋?"

"这就要看局势了。眼要明,手要快,看什么地方快保不住了,我们就多调船过去,将存粮抢运出来。能割的稻子,也要抢着割下来。"胡雪岩接着又说,"这当然要靠官府帮忙,或者派兵保护,或者关卡上格外通融,事先要说好了。五哥,你们将来地利、人和都具备,是独门生意。"

尤老五和郭庆春将胡雪岩的话细细品味了一番,才大致懂得了他的意思。

"官场的情形,小爷叔你是晓得的,未见得肯帮我们的忙。"尤老五有些为难地说。

"这事不难。打仗有两件重要的事,一是兵,二是粮。粮食就这么多,双方又是在一个地方,我们多一分粮食,'长毛'就少一分粮食,一进一出,关系不轻。所以,我去一说这层道理,上头一定会赞成。"

尤老五问道:"小爷叔你预备跟哪个官老爷说？王大人？"

"没错，我先跟他去说。事不宜迟，明天我就走！我还有好多法子可以治'长毛'，譬如加紧缉私，断绝他们的日用百货供应之类。"胡雪岩站起身来，用力地挥着手，"做小生意应迁就局势，做大生意则要先帮公家将局势扭转过来。大局好转，我们的生意自然就有办法。你们等着，看我重起炉灶，干一番轰轰烈烈的事业。"

胡雪岩回到湖州，把采置军械的事向王有龄作了详细汇报，又把与薛焕见面的情形以及薛焕的想法都一一告知。

王有龄连声道:"好，好，雪岩，我已经接到了薛道台的信，回头我们好好议一议，非把京城那帮老爷说动不可。"

其时，太平军已经兵临湖州城下，眼看整个浙江省要一点点地被蚕食。枪支、粮食都是救命之物，不能不格外重视。胡雪岩提出的购枪贩粮的生意，王有龄认为好处甚多，便一口答应下来。

紧接着，胡雪岩又带了2000两银子去找夏同善的弟弟。对方一口应承，并当面修书一封，交与胡雪岩。

夏同善很快便来浙考察，且感觉不错。回京后，他极力撺掇一帮王族老爷，向他们大讲借重洋人之必要。随后，薛焕、王有龄、何桂清三人的奏折也递了上去，此时恭亲王一班人马已经稳稳地把持朝政。由此，胡雪岩的关系网也越拉越大，从平民到贵族，从江湖到朝廷，只要有可能，无不网罗其中。

第十一章　智斗洋商，抬高价垄断生丝行

由于胡雪岩将各方面关系打点得好，军火、粮食生意都很顺利，于是，他腾出工夫重点打理生丝生意。这几年，他一直对自己在上海的丝行不放心，因而频繁往返于沪、杭、湖之间。

当时，太湖之滨的湖州、硖石、南浔、盛泽等地，从事土丝生产的丝行商人，都是从农民手中直接购买土丝的行家。位于丝织中心的杭州、苏州、南京等地的丝行（一般叫乡丝行）购进土丝后，再卖给绸厂。把购入的土丝委托农民或自行开缫和整理摇成经丝，贴上商标，再交到上海丝号卖给外商洋行的丝行，叫洋经行；卖给苏州绸机业的，叫苏经行。乡丝行一般规模较小，多为专业经营。乡丝行又分为出庄和抄庄两种。出庄的是洋经行。

因小刀会在上海起事，湖州丝业受到了极大影响，本地丝商被排挤。上海的洋商和买办资金雄厚，可以一手交钱一手交货，因而湖州的生丝市场几乎为洋人所垄断，几年下来，当地丝行纷纷倒闭。连"丝业大王""湖州四象"之一的庞二爷也陷入了困境。

自从与一些洋人接触后，胡雪岩决定联合当地丝商与洋商斗一斗。而要斗过洋商，仅凭一己之力是远远不够的。为此，胡雪岩特意在湖州待了一段时间，一为丝行生意号召商农联合；二是郁四新近丧子，又与家人闹不和，心境不佳，需要他去抚慰调解。这两件事办完后，胡雪岩遇到了一件意外的喜事。

原来，胡雪岩在湖州结识了一个寡妇叫芙蓉，见了一面甚是倾心。详细打听后，他得知芙蓉的小叔刘不才好赌，却又死要面子，不肯把自

己的侄女给人做妾。此事甚是棘手，胡雪岩舍之不忍，娶之又不顺，一时左右为难。

郁四对胡雪岩早有感恩之心，他得知胡雪岩的心思后，大力撮合，把各方面的关系都疏通了，让胡雪岩做了个现成的新郎官，在湖州安了新家。

胡雪岩深感郁四很重感情，是值得深交之人，因而两人在生意合作上有了更深的谋划，决定在湖州成立丝业公会。

胡雪岩与王有龄谈起此事，王有龄当即表示支持：以官府名义，号召蚕农卖"爱国丝"，抵制洋商；并立即发帖子，把湖州的丝商全部请来，集合到胡雪岩的旗帜之下……

胡雪岩知道，要想让丝业公会真正具有影响力，必须把庞二爷拉拢进来。于是，他把刘不才请来，交给他一个任务。

刘不才本已发誓戒赌，当听到胡雪岩请他去赌时，死活不肯。胡雪岩不得不向他详加解释。刘不才终于了解了他的用意，点点头道："只要你不心疼，摆阔我会，结交阔佬我也会。"

"输得起才让你去做，怎么会心疼？"胡雪岩说，"三叔，你一场豪赌最多输过多少钱？"

刘不才想了想说："输过一爿当铺，规模不大，折算 3 万两银子。"

"好，你见过大场面，那就行了！"胡雪岩说，"你不必顾虑，三五万两银子，我捧现银给你，再多也不要紧，我随时都能调动。总之，输了不要紧，千万不能露出小家子气来！"

"你尽管放心好了，赌钱时我的胆子最大。"刘不才并非吹牛，他确实以赌技、赌风出名。

他们约定，胡雪岩下午陪刘不才去面见庞二爷，银票也一并带来。之后，刘不才便精神抖擞地去剃了头，打扮成浪荡富家公子的模样，在那里坐等。

"时候还早，我先把这个阔少的来历告诉你。"胡雪岩说。

原来，在南浔庞氏家族中有一个叫庞云鏳的，以丝业致富。但与其他"三象"不同的是，庞云鏳还兼营军火，到清光绪中叶，庞家已成巨富。

庞云鏳初与镇上人张氏（张源泰丝行老板）、蒋氏（蒋元春丝行老板）合伙，在丝行埭开设丝行。由于他善于经营，"丝大售"，发了财。后来，合伙人妒忌其经营才能，最终撤资散伙。庞云鏳于是独资经营，在上海泰康里设庞怡泰丝号，为行庄，专与洋商搞出口贸易；在南浔丝行埭设庞怡泰丝行，为坐庄，收购转运，并亲自在上海与洋商打交道，探询国际丝市动态和丝价起伏，根据上海丝市的盈虚，嘱使南浔坐庄进退。因其消息灵通，经营有魄力，不数年家产殷实，成为财主。

庞家的二公子人称庞二爷，是一等一的纨绔子弟，嗜赌成性，但因其家学渊源，做生意极其在行。后来，庞二爷又捐了道台，官袍加身，却不愿"辕门听鼓"去干正当差使，平常也不穿官服；不过，如果有人在他面前以官派压人，那他摆出来的官派比什么人都足，这一点把他吃软不吃硬的性情完全展示了出来。

"三叔，"胡雪岩接下来说，"为了拉拢庞二爷，我特地托王大人出面请客，王大人是你们湖州的父母官，庞二爷再忙也不能不到。不过，今天只是为了请客吃饭，打打麻将。你要拿真本事出来，让他跟你赌过一场后，还愿意跟你赌第二场，这样交情才能越拉越近。"

听胡雪岩这么一解释，刘不才已领会要旨。他们约定了再会的时间，便各自回家。

到了约定之日，刘不才来到王有龄府中，王有龄果然十分客气，口口声声称他"三才兄"。不一会儿，客人陆续都到了，除了嵇鹤龄，其他两个都是阔少：一个是原天津海关道周道台的弟弟，行五；另一个是亦官亦商的高家老四。最后到的是庞二爷，他三十四五岁，长着一张银盆大脸。由于祖父刚去世不久，他只穿一件灰布羊皮袍，但手上戴着一只"火油钻"戒指，戒面朝里，偶尔扬手之间，掌中光芒闪窜，格外引人注目。

王有龄一一引见后，进入厢房，四人入局。讲好1万两银子一底的"幺二"，四十和底十六圈，随即噼里啪啦打起麻将来。

其实，整盘局就看刘不才如何表演。他并不忙着和牌，而是细看各人的牌路：庞二爷和高四都打得很精，但高四有个毛病，喜欢做牌；周五打牌跟他的脾气一样，性子急，不问大小，见牌就和，两眼瞪着"湖"里，恨不得捡一张来和牌似的。

摸清各人特点后，刘不才开始控制局面。四圈牌下来，周五和了两副"清一色"，一副"三元"，赢了将近一底，高兴得不得了。第二局刘不才利用自己的牌技，碰上家牌、控制下家进牌或故意点炮，结果让输局已定的庞二爷反败为胜，周五倒成了大输家。

"老兄的牌打得很高明。"下了牌桌，庞二爷对刘不才说，"牌品更是令人佩服。"

"哪里，哪里！"刘不才觉得很欣慰，同时也佩服庞二爷，是个识好歹的人。

接下来几人改推牌九，刘不才又大展其才，令庞二爷对他大加赞赏，高四也输得心服口服。

"老刘是个角色。"连周五也服气，"跟你赌，输了也没脾气。几时我们再好好赌一场。"

"何用几时，"庞二爷接口说道，"就明天好了。"

于是，在座的各位除了王有龄以外，都答应赴约。在赌场上千锤百炼的刘不才，这次不仅赢了2万多两银子，还赢得了庞二爷的交情。赌局的幕后操纵者胡雪岩更是受益匪浅。

"亏得庞二爷不曾输掉，否则就麻烦了。"刘不才事后想起来倒有不寒而栗之感。

"你也知道输不得！"胡雪岩笑道，"你在场上赌，我是在场外赌。不过我这场赌，无论输赢，都是合算的。"

庞二爷是丝业世家，如果把他的丝和胡雪岩的丝加起来，能占到上海市面的70%，足够和洋人较劲了。胡雪岩已经得到机密消息，由于上海租界中的洋人不断以军械、粮食接济刘丽川，江苏的督抚已经联衔出奏，决定采取封锁措施，断绝内地与洋人的贸易，迫使其转向。这一来，丝、茶两项的来源都会断绝，洋人一定会竭力收购上海的存货，只要能够"垄断",自然可以居奇。

庞二爷是阔少作风,遇事果断,他全权委托胡雪岩去和洋人谈判。胡雪岩深知有了庞二爷的委托,不但与洋商的交易可以顺利达成,而且自己的声望也会随之提高,所以话头留得越发"落门落槛"。

外国人熟悉了中国商场的规矩,也变得门儿精了,三节结账,年下归总,需要大批头寸,有意想"杀年猪"。因此,胡雪岩等人商量后,决定效法洋商,让丝业公会在湖州阜康钱庄存入大宗银钿,所有蚕农年前都可以到阜康钱庄预支一定数量的银两,作为定金,待明年春天收了蚕茧,再以生丝抵还。并且保证,湖州丝业公会的丝价,绝不会低于洋商,收购生丝的时间也不会卡得那么紧。

这一措施大有玄机,蚕农有钱过年,丝商明春得丝,双方得利,两全其美!而以丝业公会相号召,既可以把丝商团结起来,又可以把大小丝商的资金吸纳到阜康钱庄,发放定金,吸引更多蚕农。这样一来,明年春天就能把生丝的主动权更多地抓在中国商人手里。

第二年天气开始转暖,蚕种孵化在即,但丝商集结在丝业公会麾下与洋商一搏的倡议,此时并未引起积极响应。庞二爷有自己的钱庄,而他预付给蚕农的定金似乎并不多。丝业公会这个过于松散的联盟,届时根本就经不住洋商一击。

为此,湖州丝业公会召开紧急会议,部署生丝收购事宜。胡雪岩和郭庆春一起筹划对策。郭庆春说:"现在我们要分头迎战。雪岩你找王知府、江浙官场上所有的关系,让他们立即挹注银两到阜康钱庄,稳住我们的阵脚。再请庞二爷出马,最好他能亲自去上海一趟,一定要保住庞氏在上海生丝市场的半壁江山。"

"那你呢?"胡雪岩问。

"既然两江督抚给朝廷写过奏章,要求对洋人进行惩处,而朝廷并没有及时下达谕旨。我只能给大舅荣亲王发电,要他赶紧下达对洋商的禁令:不准自行收购生丝。这样就能借朝廷的名义对洋人实行禁市!"

不久,朝廷的禁令果然下来了,湖州粮道台受命宣示蚕农,并和尹大麻子一道在城乡各处设卡，阻止蚕农卖茧给洋商。

又过了几天，庞二爷的上海丝行的全权代理人、总办朱福年循例回湖州向庞二爷报告商情。上海专营、兼营湖丝的洋行有十多家，当他领着几家买办房的"庄首"在码头下了船，才知道湖州今年收丝闹得这么大声势，脸顿时拉了下来。他只能与"庄首"们匆匆道别，马上进城赶往庞家大院。

庞二爷给胡雪岩和朱福年作了介绍，又继续刚才的话题："胡老板，由于你左右斡旋、应对有方，湖州丝商很久没有出现过这样团结兴旺的景象了。这一次一定要让上海的洋商灰心丧气，在他们赶到湖州之前，我们先下手为强，让他们再也捞不到什么好处。哈哈！"

胡雪岩谦逊地说："庞二爷，凡事起头难，有人领头，大家就跟着来了。专做洋庄的那些丝商，心里何尝不想这样做？只是胆小，不敢动。现在我们想到了一个风险不大的办法，让大家跟着一起做，这样一来，谁还会不高兴？"

庞二爷点头道："是啊，是啊，收购生丝仅仅是第一步，第二步是要想办法赶紧抛售出去，将收购的新丝运到上海，尽快脱手变现，这样才能有赚头，不会压住资金……"

由于小刀会起事，上海局势吃紧，洋人担心断了货物来源，纷纷抢购。胡雪岩这一釜底抽薪的招数确实够狠，洋人一下子慌了神。他们国内的丝厂都严重依赖中国丝源，收不到生丝，工厂"无米下锅"，纷纷告急。众多洋商都跑来找胡雪岩，要求把生丝卖给他们，哪怕价格高一点也无所谓。然而，胡雪岩觉得此时价格已不是高一点的问题了，而是要比以往高出一倍以上，洋商一听无不摇头。

洋商经过密谋，通过他们的洋务代表进京贿赂朝中一些大臣，希望这些大臣出面制止浙江官府参与商业行为。胡雪岩已经预料到洋人的这一招，他事先说服王有龄等人向朝廷呈上一道奏章，称："江南丝业，其利已为洋人剥夺殆尽，富可敌国的江南大户，于今所余无几……民无利则国无利，则民心不稳，国基不牢。鉴此，本台痛下决心，力矫蚕桑弊病。兹有商贾胡雪岩者，忠心报国……"奏章一到北京，许多大臣都认为有理，纷纷上奏皇帝，希望其他省份也效仿浙江。收受外国洋务代表贿赂的大臣见风头不对，此时也不敢贸然行事。

这一年新丝上市，塘栖镇上出现了一件怪事，全镇七七四十九家丝行不知中了什么邪，收购来的蚕丝堆得像小山一样，但就是一包也不卖，只吃不吐，整天高挂"无货可供"的木牌。从各地赶来的洋商一个个像热锅上的蚂蚁，成天求爷爷告奶奶、烧香磕头，要各家丝行高抬贵手。

在那些洋商中，最着急的要数一个叫特姆生的英国人。特姆生40出头，长得人高马大，一张马脸上长着一对细小的三角眼，而鼻子却特别大，与整张脸不太协调。他自20岁开始便只身来中国谋生，20多年来，依靠贩卖湖丝，投机钻营，很快便从一个两手空空的穷光蛋变成一个腰缠万贯的大老板。由于他头脑活络，深得英国驻华使馆的信任，逐渐成为在中国的洋商巨头。每年的丝市对他来说，是一个最佳发财时机，没想到今年丝商们只吃不吐，给他来了个下马威。

他召集手下的"智多星"商议对策，但他们在客栈中闭门思索了半天也理不出个子丑寅卯来。无奈，他只得亲自出马，前往镇东的庞怡泰丝行，求见庞云鏳。以往为了让丝卖个好价钱，都是由庞云鏳备了礼品去拜访特姆生。风水轮流转，如今轮到特姆生上门去求人了。特姆生越想越气，但也没有办法，只得备了一份厚礼，来到庞怡泰丝行求见庞云鏳，请他帮帮忙，把丝卖给自己。

特姆生一进庞怡泰丝行，只见东西两间厢房里全堆满了蚕丝，他一股怒气直往上蹿，心里大骂庞云鏳。除了经商外，庞云鏳还擅长丹青，此时他正兴致勃勃地画一幅"红梅图"，一见特姆生来访，忙招呼侍女泡茶，自己匆匆画完最后几笔。特姆生清了清嗓子，说："哟，想不到庞先生还是大家手笔，这红梅画得可真不错呀！"

"哪里哪里，过奖了。"庞云鏳搁下画笔，笑嘻嘻地来到特姆生旁边坐下，"特姆生先生，今天是什么风把你给吹来啦？"特姆生玩弄着胸前挂着的那只怀表，说："庞先生，咱们明人不说暗话，我今天可是为蚕丝而来。我想问一下，你们今年怎么都不卖丝呀？"

"哈哈！"庞云鏳大笑起来，"谁说不卖？卖的！"特姆生一听顿时来了精神，正想询问价格，谁知庞云鏳夸张地把双手一摊，说道："可是，特姆生先生，你来迟了，非常抱歉，今年我们塘栖，不，据说是整个下三府的蚕丝在今年春上就全都卖出去了呀。"

"什么？"特姆生一愣，追问道，"卖出去啦？卖给谁了？"

庞云鏳呷了一口茶，慢条斯理地说出5个字："杭城胡雪岩！"

"啊，是他！"特姆生心里顿时凉了半截，他从来没有和胡雪岩打过交道，但对这个名字却早有耳闻。胡雪岩在杭城商界素有"商贾奇才"之称，和他打交道可比这些"土包子"难多了。怎么办呢？这蚕丝不能不买，无奈，特姆生只得拜托庞云鏳代为引见胡雪岩。

3天后，在庞云鏳的陪同下，特姆生坐快船来到杭州清和坊拜访胡雪岩。庞云鏳是这里的常客，仆人直接将两人带进客厅。特姆生见到胡雪岩后，仔细打量，只见胡雪岩天庭饱满，鼻正口方，两只眼睛炯炯有神，一看便知是个精明人。特姆生刚刚落座，还没等主人泡上茶来，便迫不及待地说："胡老板，咱们明人不说暗话，我今天来，是想买你的蚕丝。"

胡雪岩坦然地点点头，说："哦，你想买蚕丝，可以可以。我的蚕丝本来就是要卖的，只是看你能出个什么价了。"特姆生眼睛一眨："价格嘛，当然是听你胡老板的喽。"

胡雪岩哈哈大笑："爽快，爽快！我胡雪岩做事就是喜欢爽快。实话告诉你，这次我总共购进了5万包蚕丝，花了1200万两银子。如果你诚心要，出3000万两银子，我全部卖给你！"特姆生听了大吃一惊，蚕丝原来每包只卖200两银子，如今他却要每包卖600多两银子，要价也太狠了。他摇摇头，说："胡老板，这个价格太高了。按这个价，我们只能去喝西北风了。我看这样吧，我出2000万两银子，怎么样？"

胡雪岩嘿嘿一笑，说："补品吃多了，难得喝回西北风，味道也蛮好的。特姆生先生，我这人做生意脾气古怪，向来就是一口价，说一不二！再说，昨天广州的朋友带信儿来，说有个美国朋友要丝，价格再高点也要呢!"

特姆生知道胡雪岩是囤积居奇,但丝在人家手上,特姆生只得强压火气,将价格提到2500万两银子。没想到胡雪岩依然是一句老话:"少一两也不卖!"

特姆生心想:我出这个价已经要亏本了,要不是我早已接了各国客商的订单,我才不要你的丝呢。不过,这么高的价格我不买,也不会有别人买的,到时候我让你的丝烂在手里,让你跪着来求我。想到这里,他微微一笑,起身拱了拱手,说:"胡老板、庞老板,你们的丝价实在太高,鄙人承受不起,告辞了,再见!"

特姆生一走,庞云鏳便责怪起胡雪岩来:"老弟呀,你怎么不见好就收呀,他刚才出价2500万两银子,已经是个很不错的数目了。"

胡雪岩微微一笑,说:"庞兄,请放心,如今丝在我手上,价格由我说了算,我一定要狠狠赚洋人一笔,出出胸中这口恶气,让他们尝尝我们中国商人的厉害。"

庞云鏳仍觉得心中没底,担心地说:"万一他们不来买怎么办呢?"

胡雪岩呵呵一笑:"放心吧,庞兄,我早算计好了。你帮我找一个人,扮成美国商人山姆,明天在好来顺酒楼和我洽谈蚕丝生意,并放出口风,说山姆愿意出高价买下全部蚕丝,到时不怕特姆生不上钩。"庞云鏳依计行事。第二天,胡雪岩在庞云鏳的陪同下,来到好来顺酒店,装模作样地和"美国商人山姆"谈蚕丝生意。特姆生听说此事后,起初并不相信,后又听说胡雪岩和山姆快要成交了,终于沉不住气了,毕竟他签了订单交不出蚕丝是要赔钱的。于是,他急急忙忙赶到好来顺酒店,求见胡雪岩。这次特姆生一反原先的傲气,说:"胡老板,我愿意按你说的3000万两银子的价格买下全部蚕丝。"

胡雪岩指了指身边的假山姆,说:"特姆生先生,你来迟了一步,这位美国商人山姆先生也愿意出3000万两银子呀。"

特姆生急了,当即狠狠心,说:"那我再加100万两银子,总共3100万两银子,你看如何?"

胡雪岩不动声色地说："那好吧，这些蚕丝就按这个价全部卖给你。"就这样，特姆生买下了那5万包蚕丝，胡雪岩狠狠地赚了一笔。

事后，郭庆春觉得湖州丝商掌控湖州生丝市场的氛围和合力已基本形成，决定先回上海，摸清今年上海生丝贸易的行情。他提醒道："新丝虽然上市了，但不准运到上海与洋人交易，那么现有的存货依然奇货可居。唯一的问题是，这样的形势究竟能维持多久？一旦丝价下跌，陈丝品质不及新丝，洋人肯定是买新丝。到时候陈丝价格不但下跌，说不定还卖不出去。"

胡雪岩也觉得有点儿危险，问道："庆春兄，依你看，我们的货是卖还是不卖？"

郭庆春没有吭声，故作沉思。其实做这个决定并不难，但出入太大，一定要表现出郑重的态度，才能说服胡雪岩，等于盘马弯弓，实际上是要引起胡雪岩的重视。

"你倒是说话啊！"胡雪岩催促着。

"这不是一句两句可以说明白的，一定要盘算整个局势，看准大方向，才能立于不败之地。"

胡雪岩一面听，一面点头："不错。所谓眼光，就是要用在这上面。照我的看法，洪、杨一定失败，到时候洋人还是要跟我们合作。"

"对，我也是这样的看法。既然看出这个大方向，我们的生意应该怎么做，自然就很明白了。"

"迟早要合作的，不如卖点儿交情给洋人，将来留个见面的余地。"胡雪岩明确地说，"庆春兄，生丝我决定卖了！你去跟洋人谈。价钱上当然要让桑农获得更多的好处。"

郭庆春只点头不说话。显然，怎样去谈，必须有个全盘考虑。他想了想说："这样做的话，双方不必瞒来瞒去，事情倒比较容易了。不过'操纵'二字就谈不上了。"

这句话触动胡雪岩的心，他隐隐觉得自己在做洋行生意方面，比郭庆春差了一招，然而他的好胜之心很快又把这一念头压了下去。

第十二章 贩卖军火，解麻烦招安美名扬

因帮王有龄购买500支洋枪，胡雪岩获利不少，他觉得贩卖军火也大有可为。因此在忙着囤积生丝的同时，胡雪岩继续筹划军火生意。

这一天，船刚到松江，胡雪岩就邀请尤老五这个"舵爷"见面。经过商议，他们立即赶往上海，当晚由漕帮出面张罗，邀请上海各租界巡捕房的华人探长、各帮会和公所的头面人物、上海商会的两位董事，以及黄浦江上专事走私的几个著名"拿货"，聚宴于益庆楼。胡雪岩此举意在摸清最近有哪些人在做军火生意、跟谁交易，以了解太平军每一单军火交易的详情。

根据朝廷规定，除了军机处、督府一级军政机关可与洋人做军火交易外，其他军火生意都是非法的，一律视同走私予以拿获，严惩参与者。胡雪岩自然不会给自己戴上"私贩"的帽子，因而时刻把自己的生意与官府绑在一起。每次行动前，他都会把各方面的情况打探得一清二楚。而打听这路消息，还是江湖、帮会、"包打听"之流来得确切迅速。胡雪岩很快得知太平军眼下就有一大笔军火交易要做。

送走客人后，胡雪岩转身与尤老五商量："依我看，太平军虽然急欲买到军火，但生意不会很快成交。精明的洋商深知这批军火的重要性，一定会借机哄抬价格，将心急如焚的买主逼到最后关头，再狠狠地卖一个高价。另外，这批军火数量较大，洋商不可能备有现货，肯定要从国外运来。这样一来一回，想必又得耗上一两个月的时间，我们正好可以乘机半途得手。"

尤老五捶了一下他的肩膀，说："你真是比洋鬼子还鬼，比人精还

精啊!"

随后,胡雪岩又把郭庆春找来,坦诚相告:"眼前又有一笔军火生意,庆春兄不仅外国话讲得流利,而且深谙洋商底细,现在就陪我去洽谈这笔生意如何?"遂将自己此行想半路插一杠子、夺得这笔军火生意的打算告诉了郭庆春。

郭庆春一点就通,他说:"机不可失,我马上找汉斯打听打听。"

第二天,郭庆春便装作来到胡雪岩的上海丝行。他已经打听清楚,太平军确实向德国军火商汉斯订购了一批军火,因现货不足,汉斯正在向其国内催运,约定下月初交货。胡雪岩决定立即去见汉斯,只要未交货,就有扭转乾坤的希望!

第三天,一辆新式英国马车载着胡雪岩和郭庆春,快速驰向外滩的国际俱乐部。

汉斯得知胡雪岩的意图后,断然拒绝道:"不!我已经和别人签约,不可失信。"

胡雪岩镇定自若,机智地予以还击:"我知道你和谁签了约,但我得告诉你,那是一伙儿和大清朝廷作对的人。"

汉斯翻了翻绿眼珠子,有些不屑地回答:"我是商人,商人只管做生意,哪怕对方是魔鬼,只要我们之间的生意能够成交,有利可图就行。我不管你们中国内部的事情。"

胡雪岩见汉斯强词夺理,不得不晓以利害:"我相信汉斯先生应该知道《五口通商条约》①,那可是外国政府和清廷签订的保护外国商人在华利益的条约。现在,你和反对朝廷的人做军火生意,无异于反对清廷和贵国政府。你和他们签订的合约是不受官府保护的。"

汉斯哑口无言。郭庆春乘机进言道:"亲爱的汉斯先生,我们是朋友,我不得不提醒您,如果朝廷知道您与太平军之间的这笔军火交易,

---

① 《五口通商条约》,此为泛称,应指1842年签订的《南京条约》,其中有开放五口通商的条款。之后又签订了补充条约《五口通商章程》,进一步规定了列强的在华特权。

一定会派兵拦截。那时，您不但血本无归，还要受到官府的追究，利弊得失，相信您应该明白。"

汉斯一脸苦笑，耸了耸肩膀，两手一摊道："枪支已经从汉堡运出来了，而且很快就要抵达上海，我若中途毁约，势必蒙受巨大的损失！"

胡雪岩脸上露出发自内心的笑："汉斯先生，请不必担心！我胡某人可以出面，代表浙江官府买下这批军火，并可适当提高价格。"

汉斯又一次转动眼珠子，说："容我考虑考虑，反正货到上海还有些时间，不是吗？"

胡雪岩步步紧逼："汉斯先生，现在你不是要考虑，而是必须马上与我签下这份合约。否则，别怪我将此事告知官府，那样的话，后果只有你自己承担了。"

汉斯尽管老谋深算，也不得不屈从于这位半官半商的中国人。当然，他也有自己的如意算盘——以此作为向胡雪岩购买生丝的一个条件。

胡雪岩心想，这样既卖汉斯一个人情，又可以在生丝、军火生意上两头赚，何乐而不为呢？

此后，胡雪岩的军火生意如鱼得水，一是因为打着为官府办事的招牌，二是拉上了各种关系。尤其是随着交往的增多，他逐渐领悟到洋人也不过是利之所趋，所以只可使由之，不可放纵之，逐步发展为互惠互利的关系。

当然，凡是有利可图的事情，总会令很多人趋之若鹜。很快，在军火生意上就冒出了不少竞争对手，比如炮局的龚氏父子就插了一杠子，他们走了黄宗汉姨太太的路子，决定向洋商购买1.5万支洋枪，立约付款在即。

听到这个消息后，胡雪岩大为诧异，浙江买洋枪是他的首倡，如果试用满意，大量购置，自然是由他经手来办。抚台中途易手，让龚氏父子来做，熟知官场舞弊的胡雪岩对其中的奥妙当然心知肚明。

事情也不算太难办，胡雪岩指使别人上了个折子，扬言说更便宜的洋枪都可以买到。折子一上，龚氏父子沉不住气了，提议划出 5000 支枪让胡雪岩经营。胡雪岩虽不满意但也不露声色，只对龚氏父子说，这些枪支从上海运往浙江，洋人包运，中途极有可能被小刀会劫去，到时吃官司，就成了不了之局。龚氏父子可没想到这一层，听了胡雪岩的提醒，惊骇不已，答应双方的枪支合在一起运送，由胡雪岩派人和尤老五联络。这一招有点儿损，结果却是既卖乖得了人情，又大获其利。

为了使军火生意能持久进行下去，胡雪岩特意去了趟苏州。江湖人士也对军火感兴趣，但其中各种关系错综复杂，而对胡雪岩而言，这也正是显示他个人能力的时候。他常说一句话："花花轿儿人抬人。"在他看来，江湖势力与自己的商业成败密切相关，若处理得好，在关键时刻挺下来了，就能一通百通。

尽管胡雪岩处处小心，如履薄冰，但还是在军火运送上遇到了大麻烦。由于地方帮会和太平军有了联系，他们也想虎口夺食。有一次，当胡雪岩购买的千余支洋枪从上海运到浙江境内的乌岭山时，被当地的帮会所劫持。

胡雪岩第一次遇到此事，一筹莫展。消息传到尤老五耳中，凭他在松江漕帮的灵通消息，很快得知这是外号"跷脚长根"的土匪所为。而"跷脚长根"恰好又是尤老五的朋友俞武成的手下，只是如今势力日强，自立门户为王。

胡雪岩听说后，心中燃起了一线希望。在尤老五的引见下，胡雪岩结识了俞武成，依靠他生意场上的经验和手腕，两人很快成了朋友。俞武成不顾自己年事已高，决定亲自陪胡雪岩等人上乌岭山走一趟。

"跷脚长根"对俞武成表面上还是很恭谨。入席谦让，胡雪岩是远客，坐了首座，与"跷脚长根"接席，场面上自然都是些冠冕堂皇的应酬话。吃完饭后，刘不才做庄推牌九，以娱嘉宾，俞武成则陪胡雪岩和"跷脚长根"到水阁中谈判，主要内容有二：一是归还洋枪，二是招抚收编。

"长根，"俞武成首先开口道，"这位胡老兄的如夫人，是我老娘从小就喜欢，认了干亲的，我和胡老兄自然也是亲戚。如今，大水冲了龙王庙——一家人不认一家人，说起来也是巧事。胡老兄虽是'空子'，其实比我们门槛里的人都够朋友，他和松江老大尤老五的交情是没话说的；还有湖州的郁四，你也听说过，他们在一起做生意。所以，这事还请你高抬贵手！"

"俞师父，您老人家言重了。""跷脚长根"态度十分恳切，"江湖上碰来碰去都是自己人。光是看三婆婆跟您的面子，我就没话可说，何况我也很想结交这位胡老兄。"

"承情，承情！"胡雪岩忙拱拱手说，"多蒙承让，我总也要有点表示……"

"小意思，小意思！""跷脚长根"摆着手说，"这事就不必谈了！"

洋枪的事总算有了交代，接着谈招抚。"跷脚长根"颇会装模作样，明明并无就抚之心，却在条件上斤斤计较、反复争论，特别是对改编为官军以后的驻区，他坚持要留在嘉定、昆山和清浦这个三角地带。

胡雪岩一直耐着性子跟他磨，僵持不下之时，俞武成忍不住开口了。"长根！"他用低沉的声音说，"做事总要前半夜想想别人，后半夜想想自己。我倒要问你一句，等招安以后，上头派你领兵去打上海县城，你肯不肯去？"

"这个……俞师父，您晓得我的处境。"

"是啊！"俞武成紧接着他的话说，"别人也就是晓得你的处境，不肯叫你为难，所以才把你调开。不然的话，小刀会可不跟你讲义气，冷不防要来吃掉你，那时候你怎么办？老实说，你想退让都办不到！一则，你当官军，小刀会就不拿你当朋友了，说不定还要赶尽杀绝；再则，你一退就动摇军心，军令如山，父子都不认账的，《辕门斩子》这出戏，你难道没有看过？"

"跷脚长根"沉吟半晌，做出情不由己的神态："俞师父、胡老兄，我实在有我的难处，弟兄们发的份子钱只够自己花销，养家糊口是不够的，若在本乡本土，多少还有点儿活路；一旦调开，顾不到家眷，没有一个人安得下心来。俞师父的话，当然再明白不过了，我就听凭上头做主，不过'皇帝不差饿兵'，请上头无论如何要发半年的恩饷，算是安家费。家不安，心不定，出门打仗也不肯拼命的，胡老兄，你说是不是？"

"是，是，老兄你再明白不过了。"胡雪岩诚恳地说，"我一定替你去力争。半年恐怕不大办得到，3个月我一定替你争来，能多一些自然最好。"

"好了，好了！话既然说到这个份上，长根，你再要多争就不够意思了！"

"好吧。""跷脚长根"略带勉强地应道，仿佛是因为俞武成以大压小，不敢不听，"既然如此，我就听您的吩咐了。"

"好极了！总算谈出个结果来。"胡雪岩看着俞武成说，"老哥，我想明天就回杭州，官场上做事慢，恐怕要五六天才谈得好。不过，到底有多少人马，要有个确切数字，上头才好筹划。"

这是想跟"跷脚长根"要本花名册，俞武成虽懂得胡雪岩的意思，却感到有些不好措辞，怕"跷脚长根"借口拒绝，碰个钉子，那么以自己的身份，就有些下不了台。

谁知"跷脚长根"倒爽快得很，他叫来一名随从说："你把我那本护书拿来。"取来护书后，"跷脚长根"从里面抽出一张纸，递给胡雪岩，上面记有2700人、350匹马，此外还记着武器的数目。

"老兄诚意相待，不让我这个中间人为难，实在感激不尽。现在有句话想请教，我回到杭州，是不是拿老兄的这张单子送上去？"胡雪岩的意思是，单子送上去，即备了案。"一字入公门，九牛拔不转"，将来就抚时，便得照单点验。他这样试探，是想看看"跷脚长根"的态度，倘若有心就抚，听此一说，自然要慎重考虑，否则便是不当回事了。

果然，"跷脚长根"马上答道："尽管送上去！将来照这单子点数，我可以写保票，一个人不少，一匹马不缺。"

原来,"跷脚长根"决意明降暗叛,并且已经做了周密布置。胡雪岩对其用心早已洞察,但他不动声色,一面做好各种应急准备,一面与其巧为周旋。现在"跷脚长根"迹象已明,胡雪岩便借官府兵力出马。

官府接到胡雪岩的报告后,立即派兵把乌岭山团团围住,一场血战一触即发。胡雪岩知道,如果真的交火,"跷脚长根"无疑是以卵击石,自取灭亡。这是他不愿意看到的,因此他让官兵围而不打,他和刘不才则上乌岭山找"跷脚长根"再次谈判。

"跷脚长根"暗自思忖胡雪岩的诚意,判断形势,眼前兵临城下,只得先答应接受招抚,尽量在具体安排上提些条件。

胡雪岩慎重地说:"改编成官兵以后,恩饷和驻地官府自会考虑,你也不要提过高要求。"

"胡老兄,官府会不会如你所说的那样?弟兄们总希望就地安抚,不想到老远的地方去受苦。"

"跷脚长根"认为胡雪岩讲江湖义气讲得"上路",固然心服,但真正让他信服的还是胡雪岩的才干。讲义气也要有个讲法,同生共死算得上最讲义气的了,但同年同月同日死,毕竟不如一起喝酒吃肉的同生来得有味道,有实际意义。因此,他坦白地表示,之所以再谈,就是相信胡雪岩有让他喝酒吃肉的本事。

谈判完毕,"跷脚长根"设宴热情款待胡雪岩,一时间觥筹交错,十分热闹。

酒足饭饱之后,有人听说刘不才是"赌侠",提出不如乘兴赌上一把。这时大厅里已经摆上了一桌牌九。"跷脚长根"要来做庄,胡雪岩表示反对,认为庄家赢了钱应该继续往下推,让下风有个翻本的机会。

刘不才这段时间与胡雪岩朝夕相处,默契更深,听他这么一说,立即会意,当时便改了宗旨——不以赢钱为目的。赌钱想赢不容易,想输不难,不过刘不才就是输钱也要使点儿手段,他潜心观察,哪个大输,哪个小赢,一切了然于胸,然后运用大牌九配牌的巧妙,斟酌情形,该放的放,该紧的紧,调剂盈虚,很快使得十之七八的输家都翻本。他自己结一结账，一共输了 3000 两银子，便笑嘻嘻地站起身"推位让国"。

刘不才这 3000 两银子输得"跷脚长根"的手下皆大欢喜，交口称赞他是第一等的"赌侠"。"跷脚长根"自然是心领神会，接下来他推庄。按照规矩，他一个当首领的，和自己的手下赌，多少也得送几文，1000 两银子很快就输光了。胡雪岩想输些钱给他，却不知怎样才输得巧。

"胡老兄，要不要下场玩玩？""跷脚长根"赌瘾上来了，一脸兴奋地说。

"对于赌我是外行，既然长根兄有兴趣，自当奉陪。"胡雪岩答道。

"赌什么？""跷脚长根"的意思是，赌大牌九还是赌小牌九。

"我们赌一颗真心！"胡雪岩风趣地说。

"跷脚长根"竟一时想不出合适的话来回答，他细细品味着胡雪岩的用意，笑了笑说："我们都是真心朋友，用不着赌。"

"对，对，我是在说笑话，当然是赌钱。"胡雪岩说着摸出 1 万两银票放在面前。"跷脚长根"也叫人拿来一沓银票放在自己面前。

"跷脚长根"做庄，撒下骰子，是个九点，他抢先抓第一副牌，用力一翻，是副"鳖十"，不由得眼珠一瞪。胡雪岩对于赌钱不是不感兴趣，而是不想赢"跷脚长根"的钱。此时"跷脚长根"处境不佳，1 万两银子输不起，要他硬充好汉，等于要他铤而走险，逼他上梁山。不过，即使不要他那 1 万两银子，也总得给他一个面子。这样一想，胡雪岩仍一本正经地去抓牌，用手去摸第一张牌，感觉是张"八点"，这样一来，第二张不管是什么牌，都比"鳖十"要大，赢定了，但他装出一副懊丧的样子说："也是一副鳖十，和牌。"说完将两张牌往乱牌里一推。

"跷脚长根"是赌场老手，心想：怎么也是副"鳖十"呢，这么巧？他偷偷地摸了胡雪岩的一张牌，一摸是张"八点"，有了这张牌，绝没有"鳖十"的道理。明明可以赢的，胡雪岩却有意放水，且不露声色，给自己一个台阶下。这让"跷脚长根"的心思起了变化。胡雪岩故意把赢局做成和局，硬是把1万两银子的进项白白奉送回来，可见胡雪岩急人所急，使得"跷脚长根"有了"背叛胡雪岩就愧为男子汉"的想法。一场兵戎相见的灾祸就此化解了。于是"跷脚长根"连夜赶往各交通要津，通知自己手下的兄弟归降，并亲手处死了一名执意继续谋反的兄弟。

　　胡雪岩这一招可谓一举数得，不仅拿回了自己被劫走的枪支，还顺手将一个"盗匪"集团招安。这件事情让胡雪岩在江湖上侠名远播，此后他的军火生意越做越顺。官道上自不必说，黑道上只要一听说是胡雪岩的货物，也纷纷开道让路。一个军火贩子插上了红黑两面旗帜，真正做到了畅通无阻。

第十三章　纳妾续房，迎翠环甘愿"两头大"

生意如日中天的胡雪岩，几年中奔走于沪、杭、湖之间，难得有一日清闲。

一次，胡雪岩、郭庆春、七姑娘等人在盛泽镇谈完生意后，突然来了兴致，想到太湖一游。

这次谈生意，本该由尤老五出面，但他事务繁忙，便让七姑娘做了全权代表。七姑娘第一次见到胡雪岩就心生爱慕，现在又有机会接近他，怎会轻易放过？不过，尽管七姑娘经常女扮男装，性格也大大咧咧，不拘小节，但一个姑娘家出门还是多有不便，于是，她就把巧云从魏老太太那里要过来做伴。

这天傍晚，他们几人上了一艘精巧的雕舫，赏景、吃酒、品海鲜，不知不觉天色已晚。胡雪岩喝多了，跑到船头又唱又闹，这副样子不方便回岸上去休息。郭庆春便又租下一条船，让七姑娘和巧云上那条船去休息。

夜色渐深，两艘雕舫无声地停泊在湖中心。郭庆春从小窗望出去，湖面上只剩星星点点的灯火，夜色朦胧，透着几分神秘。薄雾如巨大的帐幔，将湖面笼罩起来。他睡不着，独自想着自己的心事，第一次与七姑娘见面的情形浮现在眼前。

那次是和哈德逊谈军火生意，谈判陷入僵局。哈德逊找来几个洋妞陪他们饮酒作乐，正在兴头上，女扮男装的七姑娘突然闯了进来，怒斥胡雪岩和郭庆春，顺带将哈德逊大骂了一通。当郭庆春得知她是姑娘时，惊讶不已，遂对她产生了好感。七姑娘皮肤白嫩，俊俏的脸蛋透着几分英气,身材苗条,举止刚健,乃巾帼英雄。然而,郭庆春知道,七姑娘一直暗恋胡雪岩,所以不敢向她表露心迹。

尽管睡不着,郭庆春还是努力闭上了眼睛。迷蒙中,他突然听见有人大喊:"着火了——着火了——"

郭庆春一下子跳了起来,原来是自己的雕舫着火了,火头已经越过舫顶,熊熊燃烧,传来噼里啪啦的声响。

郭庆春忙去叫胡雪岩,但怎么也叫不醒。郭庆春急了,随手拉下窗幔,浸了点水,盖在胡雪岩身上,自己操起桨,用力朝岸边划去。

船主在岸边的一条大船上,见画舫如火龙一般冲过来,连忙接应。郭庆春背着胡雪岩从浓烟中冲出来,肩上、背上皆已着火。此时胡雪岩仍未醒,脑袋歪在郭庆春的肩膀上。船老大将船靠拢,把长长的跳板架了过来,刚到岸上,郭庆春就摔倒了……

第二天早上,胡雪岩终于醒了,发现自己正躺在湖边的一家小旅店里,身上有几处轻微灼伤,头发也被烤焦了,所幸无大碍。他急忙去看郭庆春的伤势。

郭庆春的伤已经请郎中诊视过了,他右腿骨折,脸上、手臂上烧伤严重。见胡雪岩进来,他苦笑了一下,揶揄道:"你胡大财神真是了不得,火烧不醒,水泼不醒,可以当睡神了。"

"多亏庆春兄舍身相救,否则雪岩就变成水神了。你的伤势如何?"胡雪岩关切地问道。

"郭先生伤势较重,行动有些不便,看样子我们得在这里多待上十天半个月了。"七姑娘接口说道,她和巧云一直守候在这里。她原以为郭庆春是个文弱书生,没想到竟如此勇敢,对他的看法来了个一百八十度大转变。

郭庆春虽然伤势严重,脑子却转得很快:"我一直在想,这场火来得这么突然,是不是有点儿古怪?"他欠了欠身子说。

"为了救我,将你折腾成这样,我心里真是过意不去。"胡雪岩故意做了个怪相说,"庆春兄不必担心,个中缘由自会清楚,你尽快养好伤才最要紧。"

几人只得暂时寄宿旅店,待郭庆春伤势好转后再上路。这两天胡雪岩百无聊赖,横躺在床上,两眼直盯着窗外。太湖烟水苍茫,碧波粼粼。湖岸水畔,芦苇丛随风起伏。青山如黛,远近高低,浓淡层叠。

胡雪岩看得入了神,就在这时,巧云悄无声息地走了进来。她是来叫他去吃晚饭的,以为他睡着了,正犹豫要不要叫醒他。胡雪岩听到动静转过身来:"是巧儿呀。"他望着她,只见她双目低垂,一脸羞涩,清风徐来,身上的湖绉绸裙衫轻轻抖动,一抹霞光映照在身上,身材凹凸有致。胡雪岩心中一动。"巧儿……"他低唤一声,待巧云缓步走过来,他一把抓住她的手。巧云想要挣脱,但他抓得更紧了。"胡老爷,"她怯怯地说,"别这样,别这样。"她的声音越来越低,几乎听不见了。此时在胡雪岩眼中,几年前的那个小丫头不见了,变成了一个充满活力、楚楚动人的大姑娘。他一把抱起她,放到床上,巧云一边挣扎一边说:"不要啊胡老爷,大小姐就在旁边,被人撞见我就没脸活了。"

她一句话提醒了胡雪岩,他用力一脚踢上门……

"别害怕,我会娶你的。"

"承蒙胡老爷不嫌弃,当是巧儿的福分,只怕魏老太太那边不好言语。"

"你放心,魏老太太那边我会去说。倒是委屈了你,我实在过意不去。"

不管怎样,生米已经煮成熟饭。

几天后,郭庆春的伤势稍有好转,他们改变去湖州的计划,转去松江。胡雪岩备了大礼去拜见魏老太太。当他说明来意后,魏老太太呵呵笑道:"好事,好事。"一口答应下来。单看在与胡雪岩的关系上,魏老太太也没二话可说。只是七姑娘的心里倒有点儿酸酸的感觉,不是个滋味。

胡雪岩经常到上海办事,于是就在上海租了套幽静的房子,热热闹闹地把巧云接了过去,暂时没让胡太太和金老夫人知道。

这一次，胡雪岩在上海待了一两个月，加上生意忙，对家里的事情无暇顾及。他又天生多情，对很多人总是放不下。在湖州，他已悄悄纳芙蓉为妾，现在又在松江（上海）纳巧云为二妾，因而对翠环姑娘产生了愧疚之情。十几年来，他们两人心心相印，只是表面的那层纸一直没有捅破。

胡雪岩一回到杭州，略得清闲，便与母亲金老夫人谈迎娶翠环的事。本来娶小纳妾，他是可以自己做主的，但他是个孝子，况且翠环的情形不同，很多事情都要预先谈好，最要紧的，一是虚名，二是实权。

杭州官宦人家的侍妾，初进门称"新姑娘"；一年半载后亲朋熟悉了，才会称姓，假如姓罗，便叫"罗姑娘"；三年五载以后，才改称"姨奶奶"。至于熬到"姨太太"，总要人到中年，儿女长大以后。胡雪岩提出，翠环进门就称"罗四姑娘"或"太太"。

"那么，"金老夫人问道，"你的原配呢？这个也是'太太'，那个也是'太太'，到底是叫哪个？"

"一个叫'罗四太太'好了。"

金老夫人沉吟了一会儿道："她怎么说呢？""她"是指胡太太兰姑。

"我还没有跟她谈到这上头。先要娘准了，我再去跟她说。"

金老夫人知道兰姑贤惠而软弱，即使心里不愿意，也不会反对，但自己作为一家之主，不能不顾家规，所以一时不便轻许，只说："我要好好想想，总要在台面上说得过去才行。"

"台面上是说得过去的。"这话正好为胡雪岩找到了谈"实权"的理由，"眼下这种局面，家里不能没有一个人来总管，兰姑太老实，身体又不好，以至于好些事还要母亲大人来操劳，做儿子的心里不安。再说句实话，外头的情形母亲并不清楚，有时候想要操心，也无从下手。我想来想去，只有把翠环讨了来当这个家。既然当家，不能没有名分，正所谓'从权办理'，台面上说得过去的。"

"你要让她来当家，这件事我就更要好好想想了。你总该晓得，当家人是很难做的。"

"我晓得。翠环姑娘十分能干，这个家一定当得来。"

说来说去，母子俩的看法仍然不同。胡雪岩心想，这不是一下子就能将母亲说服的，唯有多谈谈翠环姑娘的性情和才能，渐渐地让母亲有了信心，自然水到渠成。

这时，郭庆春和七姑娘正好来杭州办事，听说此事后自告奋勇要当说客。自从上次太湖遇险后，郭庆春和七姑娘的感情发展迅速，很快就结婚了。在劝说金老夫人时，他们换了个说法，先不谈婚事，只谈翠环姑娘的人缘如何如何好。金老夫人听得仔细，而且越听笑意越浓。"原来她有这样一副好八字，看来真是命中注定了。"她说，"这种人的脾气是这样的，要么不肯，要肯了，说的话一定有一句算一句。"

金老夫人很信任郭庆春和七姑娘，便委托他们去说媒。

金老夫人的工作做通了，还得做翠环的工作。为保险起见，他们又找到铁嘴邬先生。邬先生见过的三教九流不知有多少，阅历十分丰富，不过做媒人却是大姑娘上轿——头一回。但既然受人所托，只得硬着头皮跟七姑娘去见翠环了。

俗话说，一言丧邦，一言兴邦，成败往往在一句话上。邬先生想，如果直接说"胡大先生要讨你做小"，翠环必然既羞且恼，一怒之下回绝，如此好事就难成了。若要牵好这根红线，便要拣最动听的话来说，让人听了心里舒服。于是，邬先生说："翠环，胡大先生要请你去当家。"

翠环心里一惊，不大敢相信。"哪有这回事？"她说，"大家都叫胡大先生'财神'，他家那样大的排场，我怎么当得了他的家？"

"翠环，我劝你不要客气，你的才干从小就看得出来，胡大先生向来最会识人，他说要请你去当家，当然看准了你挑得起这副担子。"

翠环见邬先生不像是开玩笑，忙问道："这是真的？"

"当然是真的，不然我根本不会来。"邬先生说，"名分上你已经吃亏了，若没有别的东西来弥补，你想我哪敢来做这个媒？"

邬先生的话说得很巧妙,用"名分上已经吃亏了"的说法,代替听着刺耳的"做小"二字,翠环不知不觉便在心里接受了。

"你的意思到底怎么样?"邬先生催问道。

"我娘的意思呢?"

"你娘愿意结这门亲的。"邬先生回答,"不过,我已替你想到了,养儿防老,积谷防饥,你要替你娘打算打算。"

"原来是这一层!"翠环轻松地说,"我当然有打算的。"

翠环心里有打算,但不愿轻易说出来。七姑娘试探道:"罗四姐,你自己倒说说,要什么资格,才好去替他当家。"

"这个当家人,身份不高,下人看不起,你说的话他左耳进,右耳出。七姐,你说这个家我怎么当?"

"你的话很实在。我想,胡老哥不会不懂这个道理,他总有让下人敬重你的办法。"

"什么办法?"翠环追问道,"七姐夫怎么说?"

"他说,金老夫人托我来做媒。不过,我还不敢答应。"

翠环又惊又喜:"原来是金老夫人出面,那胡太太呢?"

"他们家一切都是金老夫人做主。胡太太最贤惠不过,老夫人说啥就是啥,百依百顺的。"

翠环听了心里总算松了口气。她想了一下说:"但办不到的事,我也不会说。七姐,最让我为难的是我娘。"

谈到这里,话就要明说了。"罗四姐,你的意思我懂了。"七姑娘说,"还有什么,你尽管说,我们一样一样来商量。"

"到了胡家,我只能给金老夫人一个人磕头。"翠环说出口后,自己也觉得要求过分了些,不过话既已出口,也不便收回去,于是就保持沉默。

"罗四姐,我现在把人家的意思告诉你:第一是称呼,下人都叫你罗四太太;第二进门给胡太太磕一个头,以后都是平礼。"

翠环考虑了一会儿,觉得再争也争不出什么名堂来,不如说些漂亮话，换取对方在其他方面的让步。于是，她说："既然七姐说了，我就听七姐的。不过，我进胡家的门，不晓得是怎么个进法？"

七姑娘想了又想，回答道："这件事我来想办法，总归要让你面子上看得过去。"

翠环也明白事缓则圆的道理，因而泰然答道："事情不急，七姐尽管慢慢想。"

其实，话绕来绕去，核心还是两条：虚名和实权。为了寻求一个两全其美之策，几个媒人拟定了种种方案，但最终都被否定了。

胡雪岩听了他们的回话，心里凉了半截，胡太太是父母做主，明媒正娶，若要休她，年迈的母亲绝不会同意，难免落个"不孝"的恶名。再者，胡太太虽不甚能干，但恪守妇道，并无大的过错，算是贫贱之时的患难夫妻。糟糠之妻不下堂，抛弃发妻，必遭人耻笑，今后在官场、商场上如何做人？他思来想去，休妻万万不可，翠环的要求绝难办到。

但放弃翠环，胡雪岩也不愿意。好不容易遇到这等聪慧的女子，娶来家中，便有帮夫运，怎能轻易舍弃？胡雪岩甚至认定，对于自己后半生事业的发展，翠环是个不错的左右手，天底下除了另一半，还有几个值得信赖的人？因此，翠环一定要成为自己的人！

胡雪岩为此辗转难眠、茶饭不思，平生第一次遇到如此棘手之事，却苦无良策，一时焦躁万分。

郭庆春自然知道胡雪岩的心思，于是出了一个冒险的主意："这事不难，有人娶妾，怕妻妾难处，家中内讧，不堪其扰，便想法在外面新购一处公馆，金屋藏娇，一切称呼与夫妻一样，娶来的妾也穿红衣，叫作'两头大'。只要妻妾不见面，可保平安无事。"

此话一出，立刻遭到邬先生的反对，因为他多少懂点儿大清的法律，娶两个正房是违法的。

不过，胡雪岩得此提醒却大为高兴，他原本也娶过不少妾，只是没想过要给她们"太太"的名号罢了。

郭庆春的建议相当于如今的"重婚"，但胡雪岩心甘情愿，就让媒人传过话去，愿以"两头大"的形式娶翠环为妻。

不过，一切都要秘密进行。买地建公馆、置家什、举行迎娶之礼，都张罗得十分完美。翠环对媒人感激不已，与胡雪岩更是恩爱至极，一颗心全拴在胡雪岩身上，再也离不开了。

世上没有不透风的墙。胡雪岩娶了翠环以后，因其风姿绰约，能说会道，待人接物落落大方，便常带着她在生意场上应酬，向别人介绍也称"罗四太太"。久而久之，南来北往的生意人都知道"胡财神"娶了位能干的太太。在外宅，她就是实实在在的大太太。

一年多后，身在杭州的胡太太兰姑也知道丈夫娶了第二个太太，兰姑为胡家生了两个女儿，但未能生下男孩，一直心怀愧疚，而且她还体弱多病，因此对胡雪岩"两头大"的做法也就不置一词，算是默认了。

不久，翠环登堂入室，成了胡府的"掌印夫人"，将胡府上下打理得井井有条，让胡雪岩安心在外面做生意，并常常为胡雪岩生意上的事出谋划策。后来，翠环见胡雪岩风流成性，频繁出入青楼，甚至直接在青楼里谈生意，觉得这是一个危险的信号，为此，她采取了一个折中的办法——支持胡雪岩多娶几房姨太太。于是，胡雪岩多方搜罗美女，先后纳了十一房小妾，加上翠环，正好十二位，又建楼台各自安置，号称"东楼十二钗"。

第十四章　察言观色，舍阿巧割爱贿贪官

这一阵儿，胡雪岩喜事连连，人气愈旺；而此时，清廷上下却为太平军造反忙得焦头烂额。

咸丰三年（1853年）初，太平军一路势如破竹，攻占武昌，清军望风而逃。如坐针毡的咸丰皇帝令曾国藩的湘军迎敌。太平军各路兵马进军湘、鄂，试图控制安庆、九江、武昌等军事要地。为了守住长江下游一线，朝廷对地方的防御力量也进行了调整。

这天，浙江省藩台麟桂接到谕令，晋任两江督军府藩司。他满身疲惫、一脸懊丧地回到别馆，顾不得与二姨太沈氏温存，便咬牙切齿地痛骂了黄宗汉一通。

他骂黄宗汉是有原因的。

几年前，黄宗汉有个心腹在与太平军作战时，临阵脱逃丢了官职，便冒险做起了粮食生意，大赚了一笔。在黄宗汉的授意下，麟桂挪用藩司库银3万两，交给黄宗汉的心腹做粮食生意，说好赚的钱两人平分。谁知太平军攻势迅猛，很快占据赣、皖，长江漕运受阻。黄宗汉的心腹不仅手里的大宗粮食被太平军扣留，身份也被人家查明，要砍他的头，于是就投降了太平军。而那笔3万两银子的亏空，还挂在麟桂的账上。最近，朝廷新委任的钦差大臣已抵达前线，一面督师，一面派人着手整顿吏治，查处趁战乱为非作歹的满汉官员。

"钦差来了怕什么，他黄宗汉也难逃干系！"二姨太沈氏受麟桂宠信，因此很多大事也能直言，帮他拿拿主意。

麟桂有气无力地仰躺在椅子上，无奈地说："姓黄的倒也不敢把我

怎么样，因为他有把柄在我手里捏着。但万一他把我和他死死捆在一起，岂不是两人都得完蛋？眼下他就遇到一道难关，吃不准该怎么做。无论如何也得过了这关再说。"

"不会是让你上前线督师吧？"

麟桂神色黯然地说："正是。朝廷下旨将我调往前线，没准就是黄宗汉暗中捣鬼，表面上是保荐我去安庆的两江督军府担任藩司，细想起来其实是借刀杀人，将我推上安庆前线……他身为抚台，虽然政绩颇佳，但谁不知道他是个一心搜刮银子又贪又滑的小人啊！"

沈氏担心地说："那你有什么把柄被他捏在手中吗？"

"其他倒是小事……就是这笔粮食生意的数额过大，我哪有那么多钱归还藩库呀。"

"到阜康钱庄找胡老板借，他一向对咱们不错。"沈氏劝道。

麟桂因为想不出什么好主意，便听从沈氏的建议，次日一早和沈氏乘坐马车来到阜康钱庄。沈氏说明来意后，麟桂也不管忌讳不忌讳，不顾场合又把黄宗汉大骂了一通。胡雪岩不着边际地劝慰道："藩台大人荣升两江督军府署要职，实为大喜事，今日贵人临贱地，小号不胜荣幸。"他让麟桂稍坐片刻，自己与刘庆生入密室商量。

刘庆生为难地拨着算盘珠子："东家，这种借贷用意不言自明。不早不迟，偏偏在钱庄打基底的节骨眼上。而且弥补藩库亏空的银两，就像是填无底洞，前任账册一清，后任完全可以不认账，到那时可就苦了我们钱庄。"

胡雪岩已有应允之意，便解释道："你说的不无道理，但我听说麟桂是个耿直的北方汉子，不是欠债不还、耍赖皮的人，只不过是性格上有些横、有些粗。现在他要调任，不想将把柄留在黄中丞手里，才来求我们救急。所以我决定冒一次险，急人之所难！"

刘庆生仍苦口婆心地劝道："东家，他人都要走了，你完全可以用本号'创业未久，根基太薄'几句话应付过去。何况阜康钱庄现在账面上的头寸也不过四五十万两银子，开出的银票已超过70万，周转根本没有富余，如果给他3万两银子，就更加困难了。你何必为这样一位'凉茶主'苦心调度呢？他人一走，钱庄岂不是拿钱往水里扔，连个响都听不到。"

胡雪岩还是力图说服这位"门槛精"："麟桂其人在浙省官场上是个虎死不倒威的重要角色，能量和影响都很大。做生意讲究的是调度。所谓'调'，就是调得动；所谓'度'，就是有预算。生意要做得活络，就要能巧妙地将银子调来调去。庆生，你就想法子调动一下头寸吧！"

"东家，你一下子把摊子铺得这么大，处处都要有银子托底，我们的银根也有些紧张了。现在再要提出3万两银子，八个坛子七个盖，怎么盖得过来哟！"

"八个坛子七个盖，盖来盖去不穿帮，这就是会做生意。"胡雪岩笑道。

刘庆生还有些犹豫："钱庄开张不过一年半，坛子不多，盖也不多，很容易穿帮。"

"那就看你怎样调度了。"

"这样调度……别的钱庄可是从来不干的啊！"

胡雪岩主意已定："人家不干，我们干！这些日子阜康钱庄不就这样干起来了吗？不仅干人家所不愿干，甚至还要'倒行逆施''离经叛道'，钱庄的生意才能做得活、做得好，阜康钱庄才能闯出大名气。庆生，人的气量有多大，生意才能做多大。"

他们正商量着，在客厅里等候的麟桂已如热锅上的蚂蚁，不安地走来走去。他想，我跟姓胡的素来打交道不多，这种时候，他躲还来不及呢。他刚要挪脚，胡雪岩就大步流星地走了进来，双手将银票奉上。

麟桂简直不敢相信自己的眼睛，他看看银票，又看看胡雪岩充满诚意的脸："你不怕我麟桂跑回科尔沁去吗？"

胡雪岩平静地说："神仙也有犯难的时候。急人之难，怕也得做啊！"

"好，胡老板，我算是真正认识你了。"

没过几个月，麟桂就托人捎来好消息，原来，两江总督曾国藩平定江西以后，未按朝廷的意思整理江浙，而把作战的重点仍然放在南京的上游安徽。尤其是安庆这道屏障，曾国藩志在必得，安庆是太平军进入长江下游的首要一关。麟桂作为藩台，并未和两江督署行辕一道，在赣皖大地的战火中颠沛流离，曾国藩安排他坐镇苏州，保障清军供给，号令苏浙，一切服从军事调度！麟桂可谓因祸得福。

麟桂在信札中把自己的打算告诉胡雪岩：其一，找到名目，请朝廷户部明令褒扬阜康钱庄，这等于是请户部发个正字标记给阜康钱庄，在江浙一带提高阜康钱庄的名声。其二，江浙两省额外增收，支援江苏戡剿太平军的"协饷"，也委由阜康钱庄办理汇兑。其三，将来江苏省与浙江省的公款往来，也归阜康钱庄经手。

刘庆生听到这一喜讯，更加佩服胡雪岩是"烧冷灶"的高手。

就在胡雪岩处理完麟桂的亏空后不久，又传来消息说巡抚黄宗汉要调走了。这个消息已前前后后传了几次，这次肯定是真的了。王有龄十分担心，又把胡雪岩找来密谈。

他们考虑再三，觉得还是由江苏学政何桂清接任黄宗汉的位子比较合适。但是，他们两人都不是皇帝，没有权力说让谁接谁就可以接；再说，想让何桂清接任，还得看他本人意愿。王有龄认真分析了一番，觉得何桂清肯定会愿意的，一是学政虽然与巡抚平级，但是到底比不上巡抚是一个地方主官、封疆大吏；二是江苏已战火四起，很有可能被太平军占领，浙江虽然不比江苏大，但毕竟还算太平，而且浙江的防务已经有基础，何桂清来后，只要能做到保境安民，就很容易干出政绩，以后升迁就容易了。

他们主意已定，决定由胡雪岩当说客去说服何桂清。

咸丰三年（1853年）七月，太平军占领江阴，江苏学政府被迫撤往苏州。胡雪岩听说后，先改道去上海看望巧云，然后带上她一同前往苏州。

巧云是一个聪慧、能干的女子。胡雪岩正为给何桂清送什么见面礼而烦恼，巧云就建议他送云南特产，因何桂清是云南人。胡雪岩一听大为赞赏,赶紧挑了几样云南特产给何桂清送去,外加 5000 两银票。

何桂清收到礼物和银子后大为高兴,不日竟来到胡雪岩的住处回访。当时胡雪岩正与巧云说着话,客栈的掌柜匆匆忙忙,直奔进来。

"胡大老爷,胡大老爷!"掌柜嚷道,"何学台来拜,已经下轿了!"

胡雪岩一听也有些慌了。第一,没有听差"接帖";第二,自己该穿公服肃迎,但时间已经来不及了。

这时,还是巧云比较沉着,"何学台穿什么衣服来的?"她问。

"穿的便服。"

"这还好!"胡雪岩接口道,"来不及了,我也只好以便服相迎了。"

说着,他走了出去,巧云则赶紧将屋里未曾整理的行李略略收拾了一下,在窗口张望,只等何桂清一到,再行回避。

刚跨过第二进门,胡雪岩就遇见了何桂清。"何大人!"他迎面请了个安说,"劳您亲临,真不敢当。"

"雪岩兄,请起,请起!"何桂清拱拱手说。

两人一边客套,一边往内院走。胡雪岩的脑子也在转动,自己现在礼仪不周,二品大员拜访一个初交,地点又是在客栈里,既没有像样的客厅可以容纳贵客,又没有听差可供驱使,这就很难讲究官场的礼节了,索性当他是自己人!

于是,胡雪岩改了称呼:"云公,礼不可废,请上坐,让我这个候补道员参见!"他知道何桂清字根云,便仿照对王有龄的称呼,称他为"云公"。

何桂清是个绝顶聪明的人,一听就懂,再替他设身处地想一想,倒也佩服他这别具一格的做法,因而笑道:"雪岩兄,不要说煞风景的话。我听雪轩谈起过老兄,神交已久,要脱略形迹才好!"

"是,恭敬不如从命!"胡雪岩一揖到地,站起身来说,"请里面坐!"

何桂清一脚迈进内门,刚好迎面碰上了巧云。他迟疑之际,顿觉眼前一亮,望着走路如风摆杨柳似的巧云,向胡雪岩问道:"怎么称呼?

是如嫂夫人?"

胡雪岩说:"云公叫她阿巧就行了。"

两人问答间,巧云已含笑叫了一声:"何老爷!"同时盈盈下拜。

"不敢当,不敢当!请起,请起。"巧云这一低头的温柔,令何桂清心动不已。他做出扶起她的动作,但并未真扶,男女大防不可不讲。

巧云也不敢正眼看他,但一瞥间已经知道他是一个俊秀的"白面书生"。

这下可好,两人四眼对上了火。胡雪岩在一旁看得分明。

这时,何桂清认真地说:"雪岩兄,从雪轩的信函中,我已大致知道你此行的意图。我不是客套,雪轩与你的交情我是知道的,他信中也曾说过你'足智多谋,肝胆相照',我有好些话要和老兄商议。"

"既如此,我就遵命了。"

"这才好。"何桂清欣然道,"我不约别人,就我们两人。回头我具柬帖来。"

于是,胡雪岩将何桂清送出门,等他上轿,回到自己屋里,看见巧云在收拾果盘,想起刚才她跟何桂清眉来眼去的光景,心里不禁有些酸溜溜的。

胡雪岩与何桂清第二次见面,免了一些客套。何桂清借住在苏州府学的西花厅,厅中用屏风隔成三间,最外一间当作"签押房"。接见是在第二间,书房的格局,也就是小客厅,布置得雅洁有致。两人一坐定,便开始谈论正事。胡雪岩把自己和王有龄想让何桂清接任浙江巡抚的意图重申了一遍。

何桂清坦率地说:"黄宗汉大人与我是同年,他如果不走,我也不便有所表示,现在听说他有调动的消息。说起来,我接他的缺也无不可,只是现在他还没动静,我若马上活动,怕人家说我赶他下台,说不过去。其实这学政的差使也没什么干头,所以,我想不如先找个别的差使过渡一下!"

胡雪岩忙问他有何打算。原来,何桂清想要做"仓场侍郎"。"仓场侍郎"这个官职,胡雪岩是知道的,因为与漕运有关。"仓场侍郎"驻通州,专管漕粮的接收和存储,下面有十一个仓监督,是个肥缺,做个一两年下来,就可以外放当巡抚,并且有了做清官的资格。

胡雪岩脑筋动得快,一下子想到了浙江的海运,从王有龄到嵇鹤龄,海运局的麻烦还很多,有许多核销的账目要靠通州方面帮忙,如果何桂清能够去那里主事,一切都方便了。因此他说:"云公,你这个打算真正不错!说到这事,我倒可以效劳。天下的漕粮重在江浙,浙江方面的海运,只要云公坐镇通州,说什么便是什么,一定遵照云公的意思办理。"

"是吗?"何桂清问,"浙江的海运,雪轩已经交卸了,你何以有这样的把握?"

"现在的坐办嵇鹤龄跟雪公有极深的渊源,和我也是拜把的兄弟。"

"原来如此!"何桂清欣喜中还有惊异,觉得天下的事情竟这么凑巧,真令人意想不到。

"至于江苏方面的海运,云公想必比我还清楚,而且由江苏调过去,不论谁来办,必都是熟人,自然容易说话。"说到这里,胡雪岩下了一个结论,"总而言之,云公去干这个职位,是人地相宜。"

"能人地相宜,就可政通人和。"何桂清停了一下又说,"我本来只是随便起的一个念头,不想跟你一谈,倒谈出名堂来了。我已写信到京里,想进京一趟,'陛见'① 的上谕大概快下来了,准定设法调仓场。"

何桂清能说出这样的话,可见已当胡雪岩是无话不谈的心腹之人。人与人之间关系的建立及进展,全靠在这个时候有个切实的表示。这一步跨越不了,密友亦会变成泛泛之交。胡雪岩深谙这个道理,因此,他话头一转,又说:"听说藩司进一趟京,起码得花 2 万两银子,可有这事?"

"这也不能一概而论,中等省份是够了,但像江苏这样一等一的大

---

① 陛见,指臣下谒见皇帝。——编者注

省就不够。如果有公事接头，或者请款，或者报销，那'部费'就没有底，2万两银子哪里够啊！"

"那么，"胡雪岩敛眉正视，一脸肃然地问道，"到底要多少呢？"

何桂清没有马上回答，口里念念有词地数着指头，良久才说："若再有1.5万两银子，大致差不多了。"

胡雪岩二话没说，许诺借给何桂清1万两银子。他见何桂清不语，又补充道："我替云公出个主意，在京城里，我替云公介绍一家票号，云公的款子都存在他那里，看情形办，钱多多还，钱少少还，期限不定，云公意下如何？"

"好，好，就这么办。只是我受你此惠，不知何以为报？"

胡雪岩报以微笑，又问道："我那1万两银子，一到上海就可以备妥，是寄了来，还是怎么样？"

"不必寄来。"何桂清想了想说，"我进京时，自然是先到上海，由海道北上，一则路上比较平静，二则也看看海运的情形。到了上海，我们见面再说，那时少不得还有麻烦你的地方。"

酒桌上的话已经谈完了，谈商场何桂清是外行，只好谈山水、谈风月。

有了几分酒意的何桂清，谈兴愈浓，话也少了几分顾忌，一谈谈到家庭，他忽然说道："雪岩兄，我有件事要觍颜奉托。内人体弱多病，性情又最贤惠，常劝我置一房侍妾，为她分劳，照顾我的饮食起居。我也觉得有此必要，只是在江苏做官，纳部民为妾，大干禁例。这一次进京，沿途得有个贴身之人，不知道你能否替我在上海或杭州物色物色？"

"这容易得很，请云公说说看，喜欢什么样的人？"胡雪岩向来是古道热肠。

"像巧云那样的，便是上选。"何桂清脱口而出。

胡雪岩当下一愣，细看他的脸色，不像虚巧做作，心里便好过些了。"我知道了。"他点点头，"在云公动身之前，我必以回命。"

不过，要找像巧云这样的人，还真不大容易，胡雪岩陷入苦思冥想中。

"嗨！我想傻了！何必再去寻觅巧云这样的人，巧云不就在跟前？"胡雪岩突破心头的屏障，问题迎刃而解，却带来了一股怅然若失的情怀。他心里酸溜溜的，很不好受。整个晚上他翻来覆去，最后决定："君子成人之美！"然后叹了口气，蒙头大睡。

一切都按预想的方向顺利进行。咸丰四年（1854年）夏，何桂清因管理粮仓有功，不久就调任浙江巡抚。

何桂清在做江苏学政的时候，就喜欢给咸丰皇帝打报告，说江苏的官员如何不尽人事，应该怎样安排防务，侃侃而谈。咸丰皇帝大概也只会纸上谈兵，看到自己有个重臣竟然如此了解军事，大为高兴，于是又让何桂清兼管浙江防务。

何桂清来到浙江省，立即着手安排防务。太平军占领了江宁，改名为天京，定都在那里，清军则建了江南大营和江北大营长期围困天京。

扬州、苏州和常州仍在清军的控制之中，太平军若想进入浙江，必须经过安徽的徽州和宁国两府。因此，何桂清一上任就把防务安排在这个方向。安徽的防务不归浙江管，于是何桂清又派了一支军队驻守在与徽州、宁国毗邻的黄池。

当时安徽吃了败仗，何桂清喜好谈论军事的老毛病又犯了，上奏说浙江和安徽的防务应该注意协调。咸丰皇帝一听，这见识真是高啊！当时安徽巡抚打到庐州去了，徽州和宁国鞭长莫及，咸丰皇帝就让何桂清先代管徽州和宁国。

何桂清凭空得了两个州府，并且还得到了皇帝的表扬，心里非常得意。饮水思源，他自然不能亏待了王有龄和胡雪岩。因此，刚上任半年，何桂清就升王有龄为杭州知府，此乃后话。

第十五章　眼观大局，助官府带头购宝钞

一直以来，胡雪岩都想扩大阜康钱庄的业务范围，他的机会很快就来了。

咸丰四年（1854年）春，太平军分兵北伐，并进行西征和东征。河南、山东、江苏、浙江成了散兵游勇的会聚之地。

有一天，阜康钱庄来了一个姓蒋的营官，自称隶属湘军，托杭州旗营的账房先生约胡雪岩出来见面。胡雪岩听说湘军已经打到了浙江，惊讶得半晌说不出话来。

"这么说，太平军要兵临杭州城下了？"

蒋营官说："那倒还很远，不过我们已经开到了江西、浙江交界地带。"

"依老兄看，这次要打上几年？"胡雪岩关切地问道。

蒋营官说："这就不好说了。若按我们湘军的打法，不出5年；若还是那帮贪生怕死的八旗兵在打，再有10年也未必够。"

胡雪岩盘算着，这仗若十数年地打下去，钱庄的生意要往外扩张恐怕就没那么容易了。他一边这么想着，一边问道："依老兄的想法，这仗一打起来，搞我们这行当的，会受多大影响？"

蒋营官谨慎地说："这得看你怎么做了。"

"你的意思是有好的方面，也有坏的方面？"

"正是。要说你们开钱庄的，最怕的是什么？"

胡雪岩说："最怕的就是市面不靖，钱收不回来。"

"要是从这一面考虑，这一打仗，对你们自然不利。"

胡雪岩连忙又问:"那有利的一面呢?"

蒋营官压低声音说:"胡老板,你只考虑过钱庄怕不靖,有没有考虑过有钱人更怕市面不靖呢?"

胡雪岩有些困惑:"那和钱庄生意好坏怎么联系起来呢?"

蒋营官诡秘地一笑:"这就要你们自己动脑筋了。胡老板如此聪明,决计不会想不到的。"

胡雪岩想了半天,忽然拍了拍额头:"嗨,老兄,你的意思是说,钱庄替有钱人做后盾?"

蒋营官一拍桌子道:"中,胡老板。你想想,哪个有钱人不想让自己的钱平平安安的?你要能做到这一点,战事一起,这兵荒马乱的,舍了利息不要,别人也会把钱往你这里抬。"

胡雪岩也激动起来:"老兄,真有你的,多谢指点。"

其实,蒋营官也是走南闯北听得多了,才有了这个想法。他这次前来,其实另有目的。

原来,蒋营官得了湘军秘传。湘军招募兵勇时,只招农村来的,每人每月2两饷银。打一胜仗,加赏5两;每杀一敌,加赏10两;若战场阵亡,50两厚殓,除发放家属200两抚银外,还保证永远养着家属。重赏之下,必有勇夫。湘军个个奋勇杀敌,成了一支横扫湘、赣的劲师。

蒋营官本来在湘军干得好好的,因为大帅左宗棠入江西,就把他们这支部队调到了浙西、赣东战场。他指挥部下打仗,从来都是不惜银两重赏,所以部下个个勇猛异常。

不巧太平军将左宗棠的军队围困在赣西,军中饷银一时无以为继。刚好蒋营官和杭州旗营的账房先生是拜把兄弟,就约了胡雪岩来,想先转借一下饷银。

"你要多少?"胡雪岩问。

"4万两。"

"4万两?"一听这数目,胡雪岩顿时给难住了,"能不能少一些?"

蒋营官见胡雪岩有些为难，便直言相告："胡老板，我们湘军打仗，一个在严，怯阵逃跑者杀无赦；一个在赏，重赏之下，必有勇夫，军饷不继，必然影响士气。与其济与杯水，倒还不如没有。"

这话很合胡雪岩的思路。他曾听一位知名的老中医说过，他能给人以神医的印象，经验无非有二：一曰准，症状要看准；二曰狠，下药要够分量，保证一次根治。老中医还说："有些中医，不能说他们医术不精，只是他们心里边打了拐，算计的是每一次我少给你一些，让你病情有所好转，就是不能根治，下一次你还得来我这里。这样的作为，首先在医德上就欠了一筹。加上人生病这事，一次若不根除，拖的时间久了，免不了引发别的疾患。这样陈陈相因，真是害人不浅。"

想到这里，胡雪岩说："老兄，我明白你的意思。不过你也知道，这件事风险实在太大，容我好好想想。"贷款给湘军，虽然也是与官府打交道，但军队又有其特殊性，万一兵败，4万两银子很有可能血本无归。

考虑了半天，胡雪岩终于下定决心："老兄，兵马未动，粮草先行，我充分理解你的心情。这样吧，二五折一，我把利息放高些，一厘八。"

一般的贷款，往高了说也就是一厘五，绝没有一厘八之说。胡雪岩想，我这跟高利贷似的，你若同意，钱庄能赚一笔；若不同意，我便省了麻烦。

不承想蒋营官接口道："胡老板，二厘一，准定5个月内还清。"

于是，这笔4万两银子的贷款就这样敲定了。

战乱期间，一般商人都是紧缩银根，处处小心谨慎，而胡雪岩却反其道而行之。

一天，王有龄来找他，说朝廷因"长毛"之乱，国库渐空，现在听了疆吏之奏，准备发行宝钞。

当时只有金银才是畅通无阻的硬通货币，对于发行宝钞，大家都没有信心。但是朝廷下了狠心，强令各地通行使用，而且给每个省分配了份额。

由于浙江省各家大钱庄都不认购，黄宗汉便找来王有龄，请他代为帮忙。因为王有龄以前办的几件事都很漂亮，黄宗汉觉得他"很有办法"。不过，这回王有龄也没辙了。

胡雪岩仔细查问了宝钞发行的数量、目的，以及朝廷自圆其说的办法，然后派刘庆生去巡抚衙门弄几张来看看。

刘庆生的二叔刘二是巡抚衙门的管事，他从匣子里拿出几张递给刘庆生。原来，宝钞就是皮纸所制的票钞，上面写着满汉合璧的"户部官票"四字，中间标明"库平足色银100两"，下面还有几行字："户部奏行官票，凡愿将官票兑换银钱者，与银一律。并准按部定章程，搭交官项，伪造者依律治罪，严惩不贷。"下方记载："此钞即代制钱行用，并准按成交纳地丁钱粮，一切税课捐项，京外各库，一概收解。每钱钞二千文抵换官票银一两。"

一直与银子打交道的刘庆生也从未见过这样的官票，因而惊奇道："市面上还没有见过，今天我算开了眼界。"

"京里也是刚刚才通行。"刘二说，"听说藩署已经派人到京里去领了，不久就会在市面上流通。"

这还不曾流通的银票，一张是100两，另一张是80两，刘庆生在折子上记明收下。

出了抚台衙门，刘庆生没有回阜康钱庄，而是顺路回了"娘家"——大源钱庄去看望大伙孙德庆，并把那两张"户部官票"取出来供大家赏鉴，也好顺便打听一下这事的来龙去脉。

"隐隐约约听说过要发行宝钞，没想到这边还没什么动静，宝钞就发出来了，上头做事情好快！"

"军饷紧急，不快不行。"大源钱庄的一个股东说，"我看浙江也快通行了。"

"这种宝钞也不晓得发了多少？虽说是'愿将官票兑换银钱者，与银一律'，但如果票子太多，现银不足，那就……"孙德庆摇摇头，不再说下去了。

刘庆生听罢，不由得心生警惕。回到店里，他见胡雪岩还在，便将宝钞拿出来给他看。

胡雪岩仔细看了看说："生意越来越难做，不过越是难做，越是机会。庆生，这宝钞上头将来会有好多花样，你要仔细考虑清楚。"

刘庆生说："依我看，将来宝钞一定不值钱。"

胡雪岩认为他的话太武断了些，信用要靠大家共同来维持，如果宝钞不是滥发，章程又定得完善，市面使用并无不便，加上钱庄、票号的支持，应该可以维持一个稳定的价值，否则，流弊不堪设想。他要刘庆生仔细考虑的，是宝钞信用不佳时，将会产生什么问题，以及如何避免，甚至如何利用这些问题来赚钱。

"你要记住一句话，"胡雪岩说："世上随便什么事，都有其两面性，这一面占了便宜，那一面就要吃亏。做生意更是如此，买卖双方，一进一出，天生是敌对的，有时候买进占便宜，有时候卖出占便宜。会做生意的人，就是要占两面的便宜：涨到差不多了，卖出；跌到差不多了，买进。"

听了胡雪岩的指点，刘庆生心领神会，自觉获益匪浅。但如何才能知道涨跌呢？当然要靠自己的眼光了，而这眼光又从哪里来呢？

刘庆生提出了自己的疑问，胡雪岩欣慰地说："问得好。做生意怎样才算精明，十三档算盘，盘进盘出，丝毫不漏，这算不得什么！顶要紧的是眼光，生意做得越大，眼光越要放得远。做小生意的，譬如说，今年天气热得早，看样子夏天会很长，早早多进些蒲扇摆在那里，这也是眼光。做大生意的，一定要看大局。你的眼光看得到一省，就能做一省的生意；看得到天下，就能做天下的生意。"

这番话对刘庆生来说真是闻所未闻，他在钦佩之余，不免有些困惑。"那么，胡先生，我倒要请教你，"他问道，"你现在是怎么个看法呢？"

"我要看到天下！"胡雪岩说话一向轻松自如，此时却脸色凝重，仿佛是重任在肩，"'长毛'不足以成大事，势必失败。不过这不是三两年能完的事，仗有的好打，我做生意的宗旨，就是要帮官兵打胜仗。"

"胡先生，"刘庆生微皱着眉，嗫嚅道，"你的话我还不大懂。"

"那我就说得更明白些。"胡雪岩道，"只要是能帮官兵打胜仗的生意，我都做，哪怕亏本也要做，你要晓得这实际上不是亏本，而是投资，只要官兵打了胜仗，世事一太平，什么生意不好做？到那时，你是出过力的，朝廷自会报答你，做生意处处方便。想想看，这岂有不发达之理？"

这么一说，刘庆生马上想到了王有龄，于是欣然点头意会："我懂了，我懂了！"由此，刘庆生对"户部官票"的想法也就不同了，原本料定它会贬值，最好少碰它；现在却认为宝钞一发出来，首先要助它站稳脚跟。

胡雪岩对宝钞的发行面和使用情况有了详细了解后，便请王有龄约了黄宗汉的书办，请他草拟一份官文。

"我只希望巡抚帮我争取两个条件，我就愿意吸纳浙省全部份额。"

书办问道："哪两个条件？"

胡雪岩说："其一，与浙省有关的粮食采购、军械供应，都由我一手操办。"

书办说："是指省内还是省外？"

"当然是指省内外。众所周知，太平军节节东逼，江苏已经失去了金陵、苏州、扬州，现在常州以东以及上海至杭州一带的军事供应，基本上都得靠浙江。"

"第二条呢？"

"其二，省内各项库粮押解、官府度支，都经由阜康钱庄账号。"

书办笑道："胡老弟，你胃口不小嘛！"

胡雪岩说："我这也是替官府做信用，不这样做不足以建立起信用来。"

黄宗汉看了书办拟好的条陈，略加思考，觉得胡雪岩的思路倒挺开阔，也就爽快地递送了上去。不出两个月，批文下来，同意了胡雪岩的条件，还特意指示把江南大营的全部采办也均交与他一人。

这么一来，整个苏、松、杭地区的军事采办全部集于一人手中，从一地到另一地的调度也只需在账面上划拨即可。

过了两天，钱业公所发"知单"召集同业开会，商量宝钞如何发行，实际上就是如何派销。

"现在上头交下来 20 万两银票，10 万千钱票。规定制钱 2000 抵银 1 两，10 万千就等于 5 万两银子，一共是 25 万两。"值年的执事停顿了一下，加重语气说，"大小同行，如何派销，请大家公议。"

"部里发下来的票子，市面上不能不用，不过这要靠大家相信宝钞才好。顾客如果要现银，钱庄便不能非给他票子。我看不如这样，"信和钱庄的张掌盘说，"公所从藩库领了银票和钱票来，按照大小同行，平均分派，尽量去用，或者半个月，或者 10 天结一次账，用掉多少，缴多少现款进去。钱庄不要好处，完全白当差。"这样做虽无好处，但也不担风险，因而立刻获得了同行的赞许，大家纷纷附和。

"这恐怕行不通。"值年的执事大摇其头，"上头要十足缴价，反复商议了好几次，才答应先缴六成，其余四成分两个月缴清。"

众人听了面面相觑。大家都知道，值年的执事素来热心维护同行业的利益，如果能够争取到有利条件，他一定会尽力去争，看来现在只有商量如何分派了。

谈到分派，又有两种意见，大同行主张按照规模大小平均分派；小同行则要求大同行先认购，认购够了就不必再分派给小同行。

大家你一言我一语，一时相持不下。刘庆生因是后辈新进，不敢率先发言，直到大家都发过言了却仍未谈出个结果，他才觉得自己该发表点意见了。

"我倒有个看法，说出来请同行老前辈指教。"他说，"缴价六成，领票十足，等于公家无息贷款四成，这算盘也还打得过去。再说，宝钞刚刚发出来，好坏还不晓得，不过我们总要往好的方向去想。往细处讲，宝钞能否发行，关键看它的信用如何。它的信用如何，又要看使用的人对官府、朝廷的信心有多大。只要大家觉得朝廷发行的纸钞不会烂在手里，就不会发生挤兑，市面也会平稳。宝钞信用不好，首先倒霉的就是钱庄，所以钱庄要帮宝钞做信用。宝钞的信用起来了，它就值钱了。"

"噢！"张掌盘心直口快，惊异地接口道，"看不出刘老弟倒还懂得这番大道理！"

"说得很好！"值年的执事大为赞赏地望着刘庆生，点点头说，"这位小老弟，请说下去。"

刘庆生受了这番鼓励，越发神采飞扬起来："阜康钱庄在此是后辈，资格还浅，不过关乎同行的义气，绝不敢退缩。不管是分派还是认购，阜康都无二话。"

"如果认购的话，阜康愿意认购多少？"值年的执事看出刘庆生的态度，有意要拿他做个榜样，便趁热打铁地问。

刘庆生立即盘算了一番，大同行本来 8 家，现在加上阜康钱庄是 9 家，小同行仍旧是 33 家，如果照大同行一份、小同行半份的比例来派销那 25 万两银子的宝钞，每份差不多是 1 万两银子。

他心算极快，所以弹指之间已有了肯定的答复："阜康钱庄愿意认销 2 万两。"

"好！"值年的执事欣慰地说，"头难，头难，有人开了头就不难了。如果大同行都像阜康一样，就去掉 18 万，剩下 7 万由小同行平分，事情不就成功了。"

"好嘛！"孙德庆也捧刘庆生的场，"大源钱庄也认 2 万两。"

捧场的还有信和钱庄的张掌盘，不过他的捧法与孙德庆不同，特意用烘云托月的手法来抬高阜康钱庄的地位。"信和认 1.5 万两。"他大声喊道。

于是有人认 1.5 万，有人认 1 万，小同行也纷纷两三千的认销，总共算下来，25 万的定额还不够分派，反要阜康钱庄和大源钱庄匀些出来。

刘庆生此次确实做得漂亮，同行都相当佩服。于是，阜康钱庄这块招牌在官府和同行中一下就打响了。这对阜康钱庄来说是一笔巨大的无形资产，加上省内各项度支也都走阜康钱庄账号，阜康钱庄的账面陡然暴涨，经济实力大大增强。这一年全部结算下来，一共有350万两银子的记录。

胡雪岩见状，心思活络了起来，想顺势而上，扩大自己的钱庄。他从阜康钱庄湖州分号中选了几个年轻精干的伙计，带着他们一同去了上海，其中包括年轻有为的罗家驹。

江苏巡抚薛焕是何桂清的同年，与王有龄颇为投机。近些年来，胡雪岩每次路过上海，必登门拜谒，两人关系颇为密切。

这一次，胡雪岩以区区五六十万两银子的财力，竟有胆略带头把浙江全省的宝钞份额全部消化掉，薛焕甚为钦佩。

"胡老弟，你真是胆略过人呀！"

胡雪岩谦逊地说："哪里哪里，雪岩只是希望替官府建立信用。"

这话薛焕倒没听说过："哦？难得你有这份心，想必对时局有独到见解喽！"

"独到见解倒谈不上。我只是想，信用是大家建立起来的。你不信，我不信，市面必然恐慌。"

薛焕赞赏地点了点头："此言极是。胡老弟，你和有些商人可不同。有些商人两面做派，既想赚官府的钱，又想赚'长毛'的钱。"

胡雪岩说："容我说句冒昧的话，身为商人，'长毛'的钱不是不可赚，只是这种做法不足取，太没眼光。"

薛焕来了兴致："什么眼光？"

"他们没想到这'长毛'不能长久。"

"哦？你倒说说为什么'长毛'不能长久？"

"中丞大人，道理我可讲不出。不过我总觉得，一群人总要有一群人遵从的规则，要是乱了这种规则，大家就粘不到一起去，谁也没有好日子过。而朝廷就是制定和维护这些规则的。没了朝廷，任凭'长毛'

横行,不说当官的没好日子过,就是平民百姓,想安安稳稳地过日子也恐怕不行。"

薛焕听了连连点头。"胡老弟,你虽然没上过学,分析起来却比那些饱学之士有见识得多!"他话锋一转,愤愤道,"我就见有些读书之人,不知操守为何物,'长毛'一来,就随附过去,把纲常伦理都丢得一干二净。"

胡雪岩没有插话,等薛焕讲完,他才转入正题:"中丞大人,上次你提到置办军械的事,是否可以再议了?"

薛焕说:"我正要跟你合计呢。这一阵子我见你来去匆匆,是否有什么新生意在忙啊?"

胡雪岩说:"不瞒中丞大人,我准备在上海开一家阜康分号。"

薛焕两眼盯着胡雪岩,问道:"好啊,什么时候开?"

"马上就开。"胡雪岩语气坚定地回答。

薛焕想了想,又说:"我这里刚好有一笔银子8万两,回头就存在宝号了。"

胡雪岩忙作揖道:"多谢中丞大人捧场。"

有了薛焕的捧场,胡雪岩的信心更足了,很快就在上海成立了阜康钱庄分号,红红火火地开展了业务。

第十六章　既打又拉，握把柄妙计拢人心

　　经济实力壮大之后，胡雪岩的胃口也大了，一心想垄断蚕丝出口生意。为此，他联络各地大丝商共同对付洋人，还和湖州庞二爷结成联盟。

　　很快，报纸上登出了上海丝商联合起来的消息。怡和洋行的丝业总代理吉伯特气得破口大骂："这些中国人，竟敢联合起来对付我们大英帝国的商人，他们忘记了我们英国的炮舰是如何轰开封闭的中国大门的！"

　　英国商人劳伦斯自以为聪明，不太瞧得起这位替人跑腿的英国同胞，笑道："主动权在我们一方，他们是想卖丝来赚钱。如果卖不出好价钱，他们就要亏本，生丝就要变质。所以，你这个怡和洋行总代理可以放出风声，胡雪岩的生丝坚决不收，即使他出价低也不收，其他丝行、其他省份的丝要大量收购，价格可适当提高，当场付清银两。用中国人的话说是一手交钱，一手交货。"

　　吉伯特似乎懂了："OK！这倒是个好办法，但这风声如何散布？怎样才能传到胡雪岩的耳朵里去？"

　　他们想到了一个人——庞怡泰丝行的总办朱福年。庞怡泰是庞二爷在上海开办的一家大丝行，代理他在上海的全部业务。

　　洋人找到朱福年，以重金拉拢他。朱福年直言相告："关于压低丝价一事，恐怕没那么容易。生丝大部分掌握在我家老爷和胡雪岩手中，他们恐怕不会同意你们的条件。"

　　吉伯特诡谲地一笑："你是庞氏在上海的大管事，在生丝行业中多

多施加影响嘛！事成之后，我一定重谢！"

朱福年忙摆手道："不，先别谢我，在价格问题上我实在帮不上忙。人事上庞二爷将有重大变动，我可能不会有多少实权了，只是个跑腿的角色。"

吉伯特耸了耸肩，说："遗憾！非常遗憾！这个意外的变化对我们来说是一个很大的打击。我们失去了朱先生这样一位忠实的合伙人。"

朱福年从容地说："不，吉伯特先生，这么一来，我反而更加自由了，我们可以在其他方面合作嘛。现在我能做的第一件事，就是向你提供一个绝密情报——庞怡泰丝行的全部资金几乎都压在生丝上，周转困难，所以我们老板要与有官府做靠山的胡雪岩合作。这就势必影响胡雪岩对生丝市场的控制，胡雪岩的资金并不雄厚，只要洋商们能坚持下去，必定可以逼他杀价脱手。"

俗话说："三人同心，其利断金。"但现实中确实有不少像朱福年这样的人，只顾自己的眼前利益，故意拆台。

咸丰四年（1854）春，朱福年回到湖州，例行向庞二爷汇报工作，胡雪岩、郭庆春几人也都在场。通过观察朱福年的言谈举止，庞二爷更加怀疑他有问题。

朱福年为庞二爷打理丝行多年，庞二爷总觉得他不够忠诚。他让朱福年去休息，然后对胡雪岩说："已经好几年了，我一直在物色一个可把上海生意放心托付的人，现在总算遇到你了。"

"二爷，上海不是有朱福年这样能干的管事全权代表你经营业务吗？"

"二爷我很小气的，尤其容不得不忠不义之人。你去上海，我要赋予你盘查庞怡泰丝行银钱借贷、考查各处用人的大权，让朱福年归你管辖。"庞二爷郑重其事地说。

胡雪岩开玩笑地说："二爷前几天让庆春兄去调查他，当'包打听'，现在又让我给你当'巡捕'啊！"

庞二爷认真地说："我马上向朱福年宣布，庞怡泰与阜康联合。这样一来，你也是他的老板，完全可以代表我行使职权。雪岩，希望你到上海以后，迅速查清朱福年主管的账目，如发现他有图谋不轨的地方，我一定对他严惩不贷！"

"二爷，做贼总会留下痕迹，日子长不了。我到上海，暂时还不能惊动他，生丝生意还要靠他摇旗呐喊、奔走打点呢。顶多我先帮你整顿一下财务，暗中调查他一下。如果发现他监守自盗，我会立即向二爷禀报。"胡雪岩又一次显示出他善于从全局着眼的气度。

为了尽快联合上海丝商，胡雪岩等人随即赶往上海。抵达上海当晚，郭庆春领他去拜访上海商会会长、人称"活宋江"的富豪白鼎钧，商讨联合丝业同行与洋商争夺生丝市场事宜。他们商定召开丝业同行大会。

两天后，会议如期在上海商会会馆召开，与会丝商30余人。白鼎钧介绍了湖州丝商敢为天下先，一心要向洋商讨回价格公道的爱国之举，以及朝廷禁市的消息，号召上海丝商与湖州丝商联合行动，统一价格，统一销售。

过了几天，朱福年请胡雪岩到庞怡泰丝行视事。胡雪岩早就打好了主意，到了庞怡泰丝行，他在账房中坐定，让管事的人一个个来见，问了问各人的经历，随即起身辞别。朱福年请他看账，他却回道："不忙不忙，慢慢来好了。"

胡雪岩此举明显是要放朱福年一马，看他是不是自己去弥补"花账"，而且胡雪岩眼前还有件与自己切身利益有关的大事要办。

原来，吉伯特通过朱福年得知庞怡泰丝行实力不足，使得郭庆春与其谈判的难度大大增加。郭庆春声明全权经手庞怡泰丝行的交易，要求照最初的议价成交，吉伯特却断然拒绝，以欧洲丝价大跌为由，只肯按8.5折收购。

谈判一时陷入僵局，胡雪岩相当为难。如果坚持原价，万一不能成交，不但自己的本钱承受不起，丝也会变质，而且很难向庞二爷交代。倘或委曲，则更不能求全，不但为庞二爷所笑，自己在商场上辛辛苦苦建立起来的名声亦会大打折扣。

"我在想,吉伯特恐怕也是嘴硬骨头酥。"郭庆春喜滋滋地说,"我倒有个办法打听他的虚实。"

"那太好了。"胡雪岩精神一振,"我就是想要了解他手里的牌,看样子'三副落地',到底是不是清一色呢?如果不是,我们死扣那张牌,不是自己害自己?"

"就是这话。我马上去打听。"

"且慢!"胡雪岩拉住他说,"你打算如何行事,先说来听听。"

"吉伯特听了朱福年的话,自以为十拿九稳,买不成我们的货,至少可以买庞怡泰丝行的。有了货,当然要定轮船舱位装货。我打算到轮船公司打听一下他订了舱位没有?"郭庆春又说,"他买的货不在少数,一两条船还装不下,非得提前预订不可,所以一定打听得出来。"

"这个办法好。"胡雪岩的脑筋转得极快,"除非他真的不想做这票生意;否则,不但要他照我们的价钱来,还要额外让他破费。"

郭庆春笑了,心情也轻松了,调侃胡雪岩说:"雪岩,你也真是,听风就是雨,给不得你三分颜色,就要开大红染坊了。"

"我说个道理给你听,你就知道我不是胡言乱语了。"

胡雪岩判断,吉伯特以为他迟早会就范,所以轮船的舱位订好了不会退掉。如果能够跟轮船公司接洽,以高价将吉伯特所订的舱位抢过来,那么洋人买了丝却运不出去,又会反过来跟自己就此事商量转让,岂不是又可以赚他一笔。

"这只是你的如意算盘。"听完胡雪岩这一番话,郭庆春说,"你说的办法恐怕行不通,不过大可借这个方法逼他一逼。"

"好极了!"胡雪岩点点头道,"你去做吧!我等你回信。"

郭庆春在轮船公司找到一个名叫陈顺生的朋友,此人在太古轮船公司做买办,专门负责招揽客货承运。据他透露,怡和洋行确实已经订好了运货船只。由此可见,怡和洋行非买丝不可,而且在3天之内就会来谈判。

胡雪岩主张再逼一逼:"我们还要想个办法,让吉伯特以为我们不愿意跟他交易,他才会着慌。你看,我们是不是另外找洋人接头,来个虚张声势?"

郭庆春笑着说:"倒是有个办法,我们放个风声出去,准备立一间号子,专做洋庄,直接写信与外国厂家交涉,看吉伯特怎么说。"

"这也是个办法。不过,"胡雪岩沉吟道,"吉伯特就算愿意回头,总也要有个'落场话'。大家的话都硬,难免转不过弯来,我们要替吉伯特开条下坡路出来,你说是不是?"

"我也想过这个。但就怕他以为我们软弱,越发摆架子,岂不是弄巧成拙?"

胡雪岩也犹豫了,洋人做生意的规矩以及吉伯特的性情,他都不太了解,只是将心比心,自己不肯低头,想必吉伯特也是如此,如果能有人从中穿针引线,搭一搭桥,事情就容易多了。

"雪岩!"郭庆春看他犹豫的神色,提醒道,"洋人做生意讲利益,也讲道理,只要我们道理上站得住,态度坚决,洋人倒不会讲什么面子,自会笑嘻嘻地来跟你说好话。所以你不要三心二意,让洋人看穿了,导致事情更加难办。"

胡雪岩最尊重行家的意见,郭庆春与洋人打交道多,自然听他的。"那好!"他说,"我们就做一番样子给他看,请尤五哥弄两条船,我们将货装上去。"

于是,胡雪岩的裕记丝栈开了仓,将一包包的丝用板车运到内河码头上去装船。

另一方面,庞二爷听了胡雪岩的话,照计行事。他做生意多少有点儿公子哥的脾气,喜欢发发飙。他把朱福年找来,叫他雇船装丝运到杭州,一言不合,便把朱福年训了一顿。这么多年了,朱福年自然知道东家的脾气,做伙计的遇到有脾气的东家,当不得真,否则不如早早卷铺盖走路。因此,只有忍气吞声才能显示出"忠诚"。

朱福年劝道:"二少爷,难怪你发脾气,洋人是不对。不过,他既然是来做生意,自然没有空手而归的道理。依我看,丝是一定要买的,就是价钱上有出入。"

"免谈!少一个'沙壳子'都办不到。就算现在照我的价钱,卖不卖也要看我高兴不高兴。"

"二少爷,生意到底是生意。"朱福年试探着说,"要不我再去跟洋人谈谈?如果肯依我们的价钱,不如早早脱手,钱也赚了,麻烦也去掉了。"

"我不管。你去跟胡先生谈,看他怎么说就怎么办。"

朱福年听了,只觉一股酸味直冲脑顶,他顿时改了主意。回到账房,他偷偷咕哝:"他娘的,随他去,看他这票货摆到啥辰光。"

这话是针对胡雪岩说的,朱福年原本对庞二爷"忠心耿耿",此时也决定牺牲庞二爷的利益,变相打击胡雪岩,于是真的雇了船,连夜装货,预备直驶杭州。

这时,吉伯特却沉不住气了,一方面是陈顺生来催货;另一方面是对方的丝真有改为内销的迹象,不由得服软了,急于找个人出来打圆场。

"如果朱福年肯去说,倒是个最适当的人选。"郭庆春说,"不过现在将他惹恼了,我们不便在他面前示弱,只有请庞二爷去问他。"

胡雪岩想了想,没有马上回答。郭庆春看问题,看的是一面,而他要兼顾两面,就得费点儿脑筋了。

因此,他有些答非所问地说:"像猪八戒这种样子,我们杭州话,叫作'不入调'。现在好比唱出戏,我跟庞二爷唱的是'乙字调',他唱的是'扒字调',根本搭配不了。我们调门高的,唱到半路拉不低,就算拉低了来迁就他,这出戏也好听不到哪里去。"

郭庆春听了这话,细细琢磨,恍然大悟。"我懂了!"他说,"上策是叫朱福年将调门提高,让他入我们的调!"

"没错。"

那么,怎样才能让朱福年主动把调子调高呢?胡雪岩已经想到了

——抓住朱福年的把柄。庞二爷一直怀疑他的账面有问题，那么只要查一查他的账，肯定会发现漏洞。

他拿来一个账本给郭庆春看，郭庆春仔细看了一遍，说："这方面我是外行，看不出有什么漏洞。"

"用不着行家来看，照一般情理，就可以看得出来。他一个做伙计的，就算在庞怡泰是总办，进出数目充其量万把银子。"胡雪岩指着单子说，"这几笔大数目都有毛病，尤其是这一笔，收 5 万两，付 5 万两，收的哪一个的，付的哪一个的？如果是因为庞怡泰的生意，头寸一时兜不转，那他有款子，先代垫 5 万两，倒也说得过去。现在明明是转个手，可以断定收的 5 万两是从庞怡泰来的。如果庞怡泰要付偿款，直接支付就好了，为何要在福记的户头里打个转？"

他这样一说，郭庆春似有所悟。"那么，"他问，"雪岩，你是打算当面拆穿他，让他不能不买你的账？"

"要是想当面拆穿，我早就动手了，为的就是顾及他的面子。"

第二天上午，胡雪岩到庞怡泰说要看看账，朱福年硬着头皮，亲自开锁，从柜子里捧出一沓总账来。

"总账不必看，我看看流水。你的账不会错的，我随便挑几天看看好了。"接着，胡雪岩便说，"请你拿咸丰三年七月、十月、十一月的流水账给我。"

朱福年听了顿时松了一口气，以为他真的不过随便查查，便依言将这 3 个月的流水账找出来，捧到他的面前。

胡雪岩翻到七月初八那一天细看，果然有一笔 5 万两银子的现款送于福记。

"福年兄，"他说，"请你拿庞怡泰户头的存折给我看看。"

朱福年的一颗心陡然提到了嗓子眼："是不是现在用的那一个？"

这句话便是很大的漏洞。按常理，应该就是目前在用的那一个，何必多此一问。这话一出口，便表明他是"哑子吃馄饨——肚里有数"。

此时胡雪岩心里打着另一个主意：将朱福年收为己用，因而对他表现得很尊重，和颜悦色地说："不晓得找起来方不方便？我想拿这两年的存折大略看一遍。"越是这样，越让朱福年有高深莫测之感，唯唯诺诺连声说道："方便，方便。"

他把存折送过来，但胡雪岩并不认真去看，只说着闲话。看账他是老手，如今虽不大管账打算盘了，但算起账来还是眼明手快，账簿与存折一对，再看一看总账，便清楚了。朱福年硬吞5万两银子倒还不敢，只是挪用了公款，在之后的半年中分4次归还了。然而，这已是犯了大忌。胡雪岩认为不必再看，便将翻开的账簿、存折都收好。

"关于几本存折，我做钱庄也几年了，这种情形倒是极少见啊！"

"各处地方不一样。"朱福年说，"为了调度方便，二少爷叫我也立一个户头。"

"哦？"胡雪岩抓住他说的"调度方便"追问道，"是不是说有时候要向外头调动头寸，庞怡泰不便出面，用你福记的名义？"

这一问，朱福年就答不出来了，因为庞二爷财大势雄，从不向外面调动头寸。如果说"是"，等胡雪岩跟庞二爷一谈，西洋镜马上被拆穿，不仅饭碗不保，名声也得坏了。因此，他只能含含糊糊地答道："不是这意思。"

"那是什么意思呢？"

朱福年急得满头大汗，结结巴巴地不知道说什么好。

"那就不必说了！"胡雪岩不再步步紧逼，正面指出他的错，"那5万两银子，细看前后，账分毫不少。"

"是啊！"朱福年急着辩白，"总账是绝不会错的。"

"错不错，要看怎么个看法，什么人来看。"胡雪岩答得很快，"我看是不错，因为以前的账目跟我到底没有什么关系，若叫你们二少爷来看，那就错了。你说是不是呢？"

最后这一问，让朱福年实在窘迫，只得先虚晃一枪："我倒是不明白胡先生你的话。"

"再明白不过了。5万两银子说是存庞怡泰，结果存入福记，福记再分4次归还。前后数目不错,起码拆息上,庞怡泰吃亏了。不过,这在我看来是小事。你倒拿我前后的话仔细想一想!"

朱福年是个精明人,知道这是暗示以前的账目有问题,但胡雪岩不会较真,以后他是庞怡泰的股东,账目便不能说与他无关,当然也就要认真了。

认识到这一点后,朱福年才知道自己不是"猪八戒",倒是"孙悟空",跳不出胡雪岩这尊"如来佛"的手掌心,只有乖乖认输,表示服帖,才是上上大吉。

"胡先生,我在庞怡泰年头久了,手续上难免有疏忽的地方,一切还请胡先生包涵指教。将来怎么个做法,请胡先生吩咐,我无不照办。"

"孙悟空"最怕紧箍咒,看样子他是真服了。既然如此,胡雪岩无须再暗示什么,而是一针见血直接提出意见:"福年兄,受人之托,忠人之事,你们二少爷既然请我来看账,我自然要对他有个交代。你是总办,我只跟你谈就是了,下面各人的账目你自己去查,我就不插手了。"

"是!"朱福年说,"我从明天起就清查各处的账目,日夜赶办。有半个月的工夫,一定可以盘清楚。"

"好,你经手的总账,我也暂时不看,半个月以后再说。"随后,胡雪岩话锋一转,"福年兄,你我相处的日子还短,恐怕你还不大晓得我的为人。我一向的宗旨是:有饭大家吃,不但吃得饱,还要吃得好。所以,我绝不肯打破人家的饭碗。过去的就不必说了,以后只看你怎么做。只要你肯尽心尽力,不管心血是花在明处还是暗处,我一定看得见,也一定不会抹杀你的功劳,在你们二少爷面前会为你说话。或者,你看得起我,将来愿意跟我一起打天下,只要你们二少爷肯放你,我欢迎之至。"

"胡先生,胡先生!"朱福年感动不已,"如此金玉良言,我朱某人受益终生,若再不肯尽心尽力,就枉为人了。我敬胡先生一杯,作为赔罪酒。"说着,他找来一瓶酒,满斟一杯,一饮而尽。

胡雪岩也很高兴,陪了一满杯,然后笑道:"福年兄,从此我们就是一家人了，有什么说什么，千万不要见外。"

朱福年恭恭敬敬地说："我懂胡先生的意思，找机会我要告诉外面的朋友们，庞怡泰和阜康是一家，总要让外头人看出我们上下一心，不敢动我们的歪脑筋才好。"

到这里，郭庆春缓步走了进来，朱福年忙起身让座。以前极拿架子的他此时格外殷勤，干脆叫人摆上酒菜，一边吃一边谈。

他们一上酒桌便聊起了闲话，只字不提正事。此时朱福年心里着急了，说道："胡先生，既然庆春兄来了，我们还是要拿丝上的事说个定规。"他略停了一下又说："和吉伯特的生意已经谈了那么久，我看'只拉弓不放箭'也够了。"

胡、郭二人会意地相视而笑。胡雪岩故意反问一句："那我们在'拉弓'，吉伯特晓不晓得？"

"'拉弓'他是知道的，但若真'放箭'，他也只能干着急。"

郭庆春想直接把话切入核心，接口道："当然，能做成生意对大家都好。吉伯特千里迢迢跑来是为了什么，还不是为了生意。"

胡雪岩也把话圆了一下，说："做成生意是双方的愿望，只是事情到了这一步，谁来先低这个头呢？"

"这个人很难找。"郭庆春故意不去看朱福年，只管摇头，"真不容易找！"

他们一唱一和，朱福年终于明白了他们的用意，忍不住说："胡先生，你看我去跟吉伯特谈一谈，是不是有用？"

胡雪岩演戏演了半天，等的就是这句话，但他仍装出惊讶的样子："怎么，福年兄愿意受这个委屈？既然老兄你肯出面，那还有什么不成的。"

话已出口，朱福年不好反悔，反而显得更加义无反顾："吃完饭我就去找他，吓他一吓，若不愿意买我们的这票货，劝他趁早回国，他在这里永远买不到我们的丝！"

朱福年说到做到，马上就要去办事。胡雪岩忙劝他从容些，把所有细节想好再去。

正事谈毕,酒兴未已。胡雪岩因对典当业挺感兴趣,听说朱福年过去入过典当行,便向他讨教:"福年兄,你是不是典当出身?"

"我入典当行时间不长,只略懂一点儿皮毛。不过,我有个三叔是朝奉人,他倒是行家。"接下来,朱福年便谈了典当的许多行规和弊端,最后似感叹又似遗憾地说:"当初未在典当行做下去,总有些遗憾。"

"照你这么说,如果开间典当行,要寻好手还不容易。"胡雪岩问道,"典当中的好手,宾主相得,一动不如一静,轻易不肯他就,是这样吗?"

"大致是这样,不过只要有好的发展机会,人才还是会出现的。"

"那么,我倒要请你留意,若有这样的人,我想见见。"

朱福年欣然应诺,而且跃跃欲试地想一试身手,以弥补当年未在典当行立足的遗憾。

与朱福年的一番交谈,更坚定了胡雪岩投资典当业的想法。他让朱福年替自己留意典当业的人才,而他一回到杭州,便开设了自己的第一家当铺——公济店。

第十七章　略施小计，并泰康再征元昌盛

生意越做越大的胡雪岩，野心也越来越大。他逐渐意识到，如果没有各地的分号，就不足以与北方的票号相抗衡。

咸丰四年（1854年），受山西一家票号的影响，胡雪岩开始计划在北京开一家票号。事情的起因是这样的。

有一天，胡雪岩得到一个不幸的消息：罗尚德阵亡了。根据罗尚德的托付，军中士兵们打算把他所存的银子提出，送回老家去。其他士兵因为要开赴江西、江苏打仗，想一起提取存款。面对前来提现的士兵，胡雪岩一面热情招呼，一面吩咐刘庆生把账目结算一下，连本带息全部付清。

刘庆生一算，总共要付银子11万两，这是一笔不小的数目。胡雪岩把他们的存折逐一核对后，毫不犹豫地让刘庆生如数给他们提现。但一名老兵说："胡老板，弟兄们对你们钱庄十分信任，因为我们即将离开杭州，奔赴战场，大家只要提点利息花花，本银仍旧不动。另外还想拜托胡老板一件事，罗营官这么多银子要送到武汉，途中不太安全，能不能给我们汇划一下……"

这倒让胡雪岩为难了。因为阜康钱庄在武汉并无分号，无法汇划。不过，他想起王有龄提到过京城有山西票号汇划的业务，心中已有盘算，便一口答应下来："好！我答应你们的要求。"

当时，王有龄介绍说，全国的票号中最有名的要算山西票号，他们在京城、西安、武汉等地均有分号。山西票号的开设使得商人的大批银子不用再带来带去，连镖局也逐渐被淘汰了。若存户有银两需两地汇

兑，只要拿票号的传票往另一地分号一送，就可以在该地就近取银，既方便又安全。即使传票失窃，也可以及时通知各地分号拒绝兑银。

胡雪岩把票号的各种优势看得一清二楚，认为这是拓展钱庄业务的一个极好途径，因而下决心在京城开设阜康票号。

胡雪岩先向刘庆生询问了阜康钱庄的资金状况，刘庆生说："我们的库存资金并不多，如果再去外地开票号，资金会更加紧张。"

"不打紧，只要我们对存户讲信用，他们自会源源不断地把钱存进来，懂得把资金用活，才是一等一的本事。"胡雪岩心里已有了一个扩张计划——小鱼吃大鱼，第一步就拿杭州的泰康钱庄开刀。

泰康钱庄的东家叫何泰祥，原是放高利贷出身，后来和京城的一位王爷扯上关系，便倚仗其势力在杭州城开了这家钱庄。在杭州城，泰康钱庄的经济实力仅次于信和钱庄，过去曾代理许多官府衙门的财务往来账目。当年椿寿任浙江藩台时，泰康就代理过藩司的库银。王有龄到海运局后，将大部分业务转到了信和钱庄，何泰祥对此极为不满，但敢怒不敢言，只得暗中较劲。当他得知真正的"幕后"是胡雪岩后，便把矛头直指阜康钱庄。王有龄新履湖州时，泰康钱庄企图把失去的业务夺回去，没想到不仅没有达到目的，反倒暴露了自己，招来了敌手。

吃掉泰康钱庄的念头一起，胡雪岩立即对泰康钱庄进行了详细调查，发现这家钱庄总本不过七八十万两银子，而过去仅藩司存入泰康钱庄的银子账面上就有30万两未提出来，泰康仅有10余万两现银在周转，其他的全都暗中放了高利贷。

胡雪岩咬咬牙道："何掌柜自寻死路，却给我们提供了一个极好的机会！无毒不丈夫，我们只有狠下杀手了！与其让别人挤垮泰康钱庄，不如我们自己来！要想办法，让泰康钱庄变成阜康钱庄的附庸。"

当天下午，两名公差模样的人手拿条札来到泰康钱庄，大声吆喝道："掌柜呢？快找你们掌柜来！"

泰康钱庄的孙大伙急忙进里屋通知何泰祥。

何泰祥意识到大事不妙，哆哆嗦嗦地走出来，一看公差递上来的条札，顿时如五雷轰顶，当下身子就软了："提取现银30万两……"

孙大伙也凑上来，一瞧："什么？一次提取30万两？"

公差刚走，何泰祥一屁股跌坐在椅子上，两眼发直，呆呆地望着屋顶上的卷棚。直到又有大客户来要求兑现，他才如梦初醒，心急火燎地赶往阜康钱庄。

到了阜康，何泰祥急不择言："我，我找你们胡掌柜。"

刘庆生故作姿态："哎哟！何大掌柜平时不来，今天却来得很不凑巧，我们东家到余杭塘栖收账去了。"其实，胡雪岩此时正在楼上观望呢！

何泰祥失望地叹道："唉……怎么这样不巧啊！救急如救火，刘掌盘能不能救我一把，调一些头寸给我们？"

刘庆生问道："怎么个救法？多少？"

"10万两银子差不多吧……"何掌柜伸出一个手指头。

刘庆生笑道："何掌柜怎么这么瞧得起小弟啊，10万两银子，别说我不能做主，就是东家在，他也未必不为难。何掌柜还是趁早想想别的法子吧！"

何泰祥相信刘庆生说的是实情，于是马不停蹄，先后跑了源安、信和、大源等大小十余家钱庄，又特地拜访了钱业公会的会首，但他要的不是一个小数目，哪家钱庄能周济得过来呢？无奈之下，何泰祥只得去求藩台麟桂。麟桂可不想自找麻烦，因此只撂下一句话："漕银之事，现归海运局经办。"何泰祥只得又硬着头皮去求见王有龄。

一涉及钱，王有龄的算盘珠子多是由胡雪岩来拨动的，何况他对这位姓何的素无好感，因而打起了官腔：

"何掌柜，这10万两银子，你也知道是购买漕粮的储备金，现在朝廷与太平军的战事越来越激烈，皖、苏、浙几省之内，烽烟不断，亟须增购军粮，刻不容缓。在这个节骨眼上，你拿不出银子，麻烦就大了。且不说耽误了军用要杀头，单告你一个挪用官款放高利贷、投机牟利，你也得吃不了兜着走。"

何泰祥战战兢兢,哪里还敢吱声。王有龄不紧不慢,又给泰康钱庄定了限期:"所需30万两漕银,十天后就要取出,改作饷银解送到曾大帅的江南大营。到时若有半点延误,本官就将你解送到曾大帅那儿,由他处置!"

曾大帅即曾国藩,外号"曾剃头",据说他率湘军攻入太平军盘踞的江西时,杀人盈野,尸积如山。河流被浮尸塞满了,他的座船需兵勇把浮尸挑开才能缓缓移动,弄得尸身上的蛆虫爬满了船。浙江一带的百姓吓唬孩子就说"曾剃头带着湘骡子来了",小孩儿一听就都不敢闹了。何泰祥听了,不由得两腿发软,跪倒在地:"王大人,请宽容小人,王大人……"但王有龄已站起身来,捧起茶盅,喊了一声"送客"。

泰康钱庄底金严重不足、濒临倒闭的消息仿佛长了翅膀,飞遍了杭州城乡,引起了储户们的极大恐慌。不少储户拿着存单来到泰康钱庄,要求提取存银。钱庄如果出现"挤兑",意味着它已面临破产!

这一天,胡雪岩从泰康钱庄的便门进了钱庄,冲何泰祥道:"听说何掌柜找我救急,来迟了,不知能不能帮得上忙?"

何泰祥一下子跪倒在地,涕泪横流:"雪岩老弟,你一定要救救我呀,现在恐怕只有你能救我了……"

"好,我尽力而为,不过你得听我的。"

"只要不让泰康倒,一切都听老弟的。"

这时,泰康钱庄大门敞开,储户们纷纷涌进钱庄。胡雪岩不慌不忙地迎上前去,大声说道:"各位客家,泰康是老招牌,信用从来不差,传言不可信!本人是阜康钱庄的胡雪岩,阜康和泰康已联手,有足够的实力保证各位的利益不受损害。退一万步讲,如果哪位客家一定要提前兑取,即使泰康没有现银可提,也可直接上阜康去提,阜康绝对见票付银。"

胡雪岩之所以敢这样承诺,就是因为他知道这些储户是受人煽动而来。他早已盘算好了,只要官府的存银不急于提现,几个有三五万两存银的大客户不急于提现,那么,一些小客户加在一起充其量二三十万两存银。事情就算弄假成真，也不会闹到不可收拾的地步。

门口、院子里总算清静下来，但还有一些人不肯散去，他们在观望等待，毕竟无风不起浪嘛。

这是泰康钱庄的悬念，也是胡雪岩的筹码！胡雪岩随何泰祥进入泰康钱庄的后堂，乘机劝道："俗话说'千里做官只为钱'，你也知道官场上的规矩，不如趁机把泰康钱庄的股份奉送一些给几位大人。这样一来，他们作为股东，泰康也就成了他们的钱庄，还能不大力通融吗？"

何泰祥想了想，这倒也不失为一救急之策。"此法确实高明，就是不知送多少才合适？"

胡雪岩笑了笑，伸出3个指头。

何泰祥失声道："3万两银子？……这，这恐怕难做。"

胡雪岩倏地变了脸色："3万两银子哪里救得了泰康？是30%的股份。何掌柜，你想想，泰康要是倒闭了，你除了一身的债务还能有什么。再说，股份反正是虚的，不是现银，只要有泰康在，还怕银子回不来？"

"股份"是胡雪岩出入洋场学来的一个新名词，第一个用到了泰康身上，泰康钱庄目前就像一条半死不活的大鱼，要想继续活下去，就不得不依托阜康钱庄这条小鱼。

果然，何泰祥面如土色，嘴唇哆嗦着说："我，我愿意奉送股份。"他当即叫来大伙，立据为凭。

胡雪岩吞并泰康钱庄后，立马北上京城，想打听一下山西票号的情况。

到了京城后，胡雪岩首先办好了罗尚德汇票之事。接着，他带着几样杭州土产，登门拜访浙籍京官夏同善。

去年夏同善回杭省亲时，胡雪岩在浙江抚台黄宗汉的宴席上与他有过一面之交。胡雪岩觉得夏同善为人坦诚，平易近人。夏同善是翰林编修，虽非权要，但常伴随在皇帝身边，与恭亲王、荣亲王、文煜等人时有接触，是一个值得结交的人物，而且夏同善深谙人情世故。当时，他见胡雪岩打听山西票号之事，便饶有兴致地问道："胡老板，你若不是也想在京城开家分号？"

"小号资金微薄，哪能与京城'四大恒'相比？"胡雪岩谦逊地说。

"胡老板不必客气，去年抚台黄大人还赞扬你为朝廷认购官票一事非常出力。你有这个家底，在京城开设分号是顺理成章之事。"

胡雪岩听了，接过他的话说："如能得到夏大人的关照，我倒想试一试。"

所以，胡雪岩此次到了京城就直奔夏同善而来。

这次见到夏同善，他刚说明来意，夏同善便轻巧地回道："胡老板，你如来京开分号，现在倒是个机会。"

胡雪岩没想到夏同善如此热心地支持自己办票号，不由得又惊又喜："山西票号在京城已有基础，而且'四大恒'又有朝廷高官做靠山，阜康哪能比得过他们呢！"

"事在人为嘛！"夏同善走到胡雪岩面前，"胡兄，你我虽是初交，但黄抚台经常提起你的为人，夸你经商有魄力，又肯为朝廷效力，依我看，你应该在京有所发展。"

"全仰仗大人了。"胡雪岩感激地说。

夏同善微微一笑："我哪有那些能耐呀，不过我倒是可以介绍几位同僚给你认识。"这时，他好像忽然想起了什么事，顿了顿，说，"如果有一笔款子进了你阜康钱庄分号，你能不能把它变成无形的？"

胡雪岩知道，京城有许多高官有钱不去存钱庄，生怕泄露。如果能消除他们的顾虑，倒是一笔不小的资金来源。因此，他回道："钱庄应该对存户负责，对存户讲信用，也可以分户立账，动息不动本，只要不细查，一般人是看不出来的。"

夏同善说："胡老板倒很了解存户心理，这样客人就放心了。"

"夏大人有什么事需要胡某效劳的，尽管吩咐。"胡雪岩说道。

夏同善欲言又止，他与胡雪岩毕竟交往尚浅。胡雪岩见状也不便多问，告辞而回。

几天后，胡雪岩再次登门拜访。夏同善把他介绍给内务府大臣文煜。两人寒暄之后，文煜兴致勃勃地与胡雪岩交谈。两人从京城谈到地方，当谈到江南"长毛"作乱时，文煜问道："听说你们南方钱庄替'长毛'隐匿了不少银子？"

胡雪岩没来得及领会此话的真实意图，一时难以回答。他认为"长毛"头上没有写明身份，钱庄只能对存户讲信用，这种事情是常有的，但又不敢在文煜面前明说。

夏同善见胡雪岩一时困窘，便插了一句："看来文尚书对南方钱庄还挺了解。"

"文大人，'长毛'当然不会长久，商人如果贪一时之利，实在是得不偿失。"胡雪岩说。

"胡老弟倒不是一般见利忘义的商人，怪不得夏大人夸你有眼光、有见地。我倒要问你，如果长毛要在你那里存一笔款子，你会如何处理？"文煜赞扬一番后提出了一个问题。

胡雪岩沉默了一会儿，说："文大人，允许我说实话吗？"

夏同善说："在文大人面前不必拘束，但说无妨。"

听夏同善这么一说，胡雪岩胆子变大了，他说："文大人，如果遇到这事，我会接收这笔存款的。"

文煜追问道："你不怕官府追查？"

胡雪岩说："开钱庄最重要的就是讲信用。"

"那谁来辨明真伪呢？"文煜问。

"这是官府和朝廷的事。至于'长毛'的钱是从哪里来的，我们没有必要过问，也许是他祖上传下来的，也许是经商得来的。如果我们去报告官府，说他是'长毛'，叫官府收走这笔钱，那就谈不上对存户讲信用了。"胡雪岩说。

文煜听了并未斥责胡雪岩，反而哈哈而笑："歪理，纯属歪理！"

"文大人，请原谅小人多嘴。"

"胡老弟，我当然不能同意你的看法，不过你们在商言商，我倒挺佩服你的坦诚！"

胡雪岩听罢如释重负，起身表示歉意："小人不敢放肆，请大人责罚！"

谈了一会儿，夏同善言归正传，问胡雪岩："你的票号准备开在什么地方？"

胡雪岩应道："我想了想，准备选在东四口。"

文煜一听来精神了："哎，胡老弟做事如此利索，实在令人佩服。你说的道理我未必同意，但冲着你这份信用和自己的一套原则，我先在你的票号立一个户头。"

胡雪岩受宠若惊，欠了欠身子说："多谢文大人抬举，我改日一定登门拜访，亲自送上折子。"

送走文煜后，夏同善兴高采烈地对胡雪岩说："恭喜，恭喜！今天你遇上财神爷了！"他拍了拍胡雪岩的肩膀，又低声说："我也准备办个折子。"

就这样，北京分号还未开业，就有了文煜、夏同善两个大客户，胡雪岩十分得意。有这几十万两银子垫底，完全不必再从杭州调资金来，便可把票号的场面撑起来。

"北征"成功之后，胡雪岩又掉头向南，去福州设立分号。有人猜测，胡雪岩此举是为了让上头的几位大人办事方便，不然也不会将手伸得那么长，还一举并掉当地钱庄元昌盛。

福州马尾湾是天然深水良港，福建水师在此驻扎，沿海港数十里，逶迤停泊着上百艘各式战船：老式的箭楼船、新式的铁甲船、小火轮等，这里是船的世界、船的家。水师几万官兵的吃喝玩乐，是个很可观的数目，都在这港湾内外消费。

元昌盛钱庄就坐落在福州马尾湾岸边，依山面水，是福州的一家老字号。正因为老，所以不把新对手放在眼里；正因为老，它的内部机制僵化，肌体腐化，不堪一击。

胡雪岩巧妙利用元昌盛钱庄的伙计赵德贵打听出了对手的内情。

元昌盛钱庄的老东家叫龚春和，原是沿海打家劫舍的海盗头子之一，出没于惊涛骇浪之中，穿行于海边大小码头之间，对海上情况极为熟悉。龚春和靠打劫盘剥渔民聚敛了一笔不义之财后，便想金盆洗手，为自己找条后路。龚春和没有儿子，有个女婿叫卢俊辉，也是元昌盛钱庄的掌盘。近两年来，卢俊辉为了获取厚利，大量开出银票。元昌盛钱庄只有现银 50 万两，却开出了近百万两银票，空头银票多出 40 余万两，这是十分冒险的行为。倘若发生挤兑，元昌盛将马上倒闭破产。

胡雪岩得知内情后，立即行动，调集头寸，收购元昌盛钱庄的银票，一切都在暗中有条不紊地进行。而卢俊辉被蒙在鼓里，全然不觉。没过两天，元昌盛钱庄柜上忽然来了一批主顾，手持银票要求提现，一天之中，顾客提走了 20 万两库银。卢俊辉听了伙计报告后，以为是偶然现象，没有在意。谁知第二天，更多的顾客蜂拥而至，全都要求提现，还没等卢俊辉反应过来，库银已被提取一空。

元昌盛钱庄门前闹哄哄一片，不能兑现的顾客骂声不绝、义愤填膺。卢俊辉忙叫伙计关了店门，缩在店里不敢露面。眼看事情要闹大，官府忙派人来钱庄维持秩序，声言庄主若不拿出银子来平息民愤，将按律治罪，抄家拍卖。这意味着老板流放，妻儿为奴，家破人亡。

卢俊辉思前想后，唯有把店面抵押给他人，才可免祸。但其他钱庄都不愿多事，只隔岸观火，作壁上观。关键时刻，胡雪岩翩然而至，他和卢俊辉谈妥，以接收元昌盛钱庄银票为条件，接管钱庄铺面，并当场向顾客宣布：凡元昌盛银票，均可到阜康分号兑现，绝不拖欠分毫。持银票的顾客大多是胡雪岩授意而来，闻言一哄而散。一场挤兑风波就此平息。

接着便是清盘，元昌盛钱庄大到房屋家具，小到一根铁钉，均一一估价。胡雪岩名正言顺地将阜康分号搬进了元昌盛。就这样，初来乍到的阜康分号，得到了实实在在的扩张，在福州站稳了脚跟。

第十八章　临危受命，忘生死倾力救粮荒

阜康分号陆续开张，风头正劲的胡雪岩，在官场也混得风生水起。

咸丰四年（1854年）夏，何桂清由仓场侍郎改任浙江巡抚，王有龄由湖州知府改任杭州知府，并兼署督粮道。胡雪岩原本已花6000两银子买了候补道员虚衔，现在乘何、王上任之机，又花银子买了浙省粮道台之衔，并补粮台坐办实缺。

穿上新官服，胡雪岩欣然一笑，指着王有龄补服上的白鹇说："你在前面飞，我跟着你飞。若论官场，你跟黄中丞、何大人都是我的靠山。"

风云际会，使这三人终于走到了一起，组成了一个"幸福"集团。

此后几年间，清军与太平军的拉锯战从未间断，加上捻军起义，长江中下游一带的战事更加复杂。社会动荡，兵荒马乱，地方未靖，民不聊生。面对重重危机，胡雪岩却看到了商机，他凭借自己和官府、漕帮以及商场所建立的深广人脉关系，乘势而为，极力扩张钱庄，做大生丝外贸，增开典当铺面，贩卖军火、粮食，几乎是无往不利。

何桂清喜欢谈兵，屡次上奏，论列军务。因此，咸丰皇帝诏令其调兵在浙西、皖南一带抗击太平军。

咸丰六年（1856年），王有龄奉委兼署盐运使、护理按察使，集粮政、盐务、司法于一身，为浙江第一能员，也是浙江第一红员。

同年，英法联军借"亚罗号事件"①攻陷广州，太平军乘机向清军发起反击。

为了加强鄂、湘、赣地区的军事力量，朝廷再次调兵遣将。适逢两江总督怡良因病免职，咸丰皇帝召见军机大臣彭蕴章，商量继任人选，问道："两江总督一缺，以筹饷为命，派谁去好？"

"以何桂清为宜。"彭蕴章毫不迟疑地答道，"何桂清在浙抚任内，筹集防守徽州兵勇数万人的粮饷，应付自如。"

又因何桂清将安徽徽州、宁国两州的军事防务揽到自己身上，且治理得不错，便升任两江总督，驻守常州；王有龄升任江苏布政使，胡雪岩也沾光做了粮道台。

咸丰九年（1859年）五月，湖北巡抚胡林翼奏调户部主事阎敬铭（字丹初）来鄂，委以总理湖北粮道台的重任。阎敬铭是有名的敛财能手，时人说他"管理粮台，东征之军，赖之以济"。胡林翼得阎敬铭之助，如虎添翼，使他能竭湖北之全力，与曾国藩通力合作，指挥湘、楚军与太平军作战。

阎敬铭虽与胡雪岩均居粮道台之职，只不过阎敬铭是科举出身，道光年间的进士。本来二人毫无瓜葛，没想到十几年之后会成为政敌。

咸丰十年（1860年），太平军李秀成部突袭杭州城，城陷，浙江巡抚罗遵殿服毒自尽。巡抚一职空缺，咸丰皇帝一时也不知道由谁顶替为好。正犹豫间，天大的好消息传来，杭州城又被清军光复了。

光复杭州城的将领是张玉良。不久，张玉良就被赐穿黄马褂，升为广西提督。张玉良在率军救援杭州城途经苏州时，王有龄对其殷勤招待，无微不至。等张玉良到了杭州，胡雪岩的银票就寄到了他手上，军饷、粮草也及时供给。因此，张玉良在给朝廷的奏章中，没有忘记给王、胡二人记上一功。不几日，圣旨下达，王有龄升任浙江巡抚。

---

① 亚罗号事件，第二次鸦片战争的导火索，发生于1856年10月8日。由于1856年英、法、美三国公使向中国提出"修约"遭拒，随后英国侵略者便制造了"亚罗号事件"。——编者注

第十八章 临危受命，忘生死倾力救粮荒

此时杭州城虽已光复，但经此一劫，城里一片萧索，路边时常可见人尸和一座座新坟，白幡飘飘，不少人披麻戴孝，恸哭不已……

城内藩库、盐库、关库里所存的数十万两银子，在城池沦陷后悉数被太平军掳走，大小衙门一律烧光。钱粮无着，又要安抚流亡百姓、修葺城墙、制造器械、督办防务，真可谓焦头烂额。况且，太平军在安徽、湖南等西线战场占不到曾国藩的便宜，往东拓展就成了必然。所以，王有龄在杭州还有可能会碰到太平军，到时候事态该如何控制？

战争的阴云像杭州城上空铺天盖地的乌鸦，在王有龄的头顶上盘旋。对此，王有龄叹道："上任伊始，就遭受如此深重的天灾人祸、内忧外患，真弄得我一筹莫展！"

胡雪岩也深为其担心："是啊，'长毛'在天目山一带活动频繁，看样子他们要在那里长期扎寨。整座杭州城人心惶惶，谣言纷纷。传说太平军已经占领苏州、湖州，又沿着太湖边的长兴、武康、安吉向杭州逼近。杭州城的人走了一大半，雪公，当务之急是赶紧奏请朝廷增兵啊！"

说到救兵，王有龄就气不打一处来："雪岩，你又不是不知道，大清绿营的精锐部队都已调往皖赣和两湖，哪里还有兵可调？'洋毛子'又趁火打劫，各方诸侯全力自保，根本不愿相互扶携。眼下杭州城只有这些老弱残兵，武器装备又差，如何对付得了拥有洋枪洋炮的太平军……"

胡雪岩劝道："胜败乃兵家常事，局势紧张，雪公是否暂避一下，只要留得兵力，不愁无克城之日。"

"我受朝廷俸禄，身为巡抚，守土有责。当初我曾劝说云公，让他不要轻易离开常州，今日贼军攻城，我倒弃城而去，如何说得过去？"王有龄说。

胡雪岩叹息道："唉！杭州城一劫在所难免，请雪公早做打算为好。"

"有什么办法呢！最近朝廷又接连下了几道圣旨，严令我督促浙江各地整顿武备，修筑沟堑，挡住从皖赣过来的太平军。"

巩固城防，加强备战，需要的是军饷和粮食。浙江全省的军饷，每年需要400余万两。但是筹饷主要靠自筹，也就是取之于商民的厘金税收。浙江盛产丝茶和海盐，厘金收入也以此为主。但浙江南部一直战火不断，茶叶贸易基本断绝，行销江西、徽州的食盐也因路上有太平军，无法运销，厘金的收入江河日下。

除了自筹以外，还有所谓的"协饷"，即让那些没有受战火侵扰的省份协助筹办军饷。浙江的协饷有3个来源：江西、湖南和四川，每个月分别是6万两、3万两和5万两。其时战火肆虐，商业凋敝，境内没有战争的几个省也是艰难度日，可谓泥菩萨过江——自身难保，更不用说援助外省了！

王有龄一向以善于筹饷闻名，但面对如此糟糕的局势，也是一筹莫展。官方途径行不通，他只能求助于胡雪岩。

银子倒可从外地调，但粮食又到哪里去弄呢？作为粮台，胡雪岩陪同王有龄从杭州郊外视察回城后，决定立即起程，赶往松沪一带购粮。

临行前，王有龄紧紧抓住胡雪岩的手，说："全城军民全仰仗老弟了！若天要亡我，则杭州城陷之时，就是我身死之日。"

王有龄拿《史记》中赵氏孤儿的故事作比：守城守不住，不过一死而已，容易；而到上海办米就跟"立孤"一样，比较难，要做保全赵氏孤儿的程婴。他大义凛然，慷慨陈词道："我早已做好准备，城在人在，城亡人亡，杭州失守之日，就是我捐躯之时。若真有那么一日，请将这封遗书面呈皇上，以明孤臣孽子之心。"说着，他从怀里掏出一封信递给胡雪岩，并双膝跪下，"雪岩，我要你做《赵氏托孤》中的程婴，这是当前唯一的办法啊！"

胡雪岩双手接过遗书，当听到王有龄把他比作《赵氏托孤》中的程婴时，深感肩上的担子重如泰山，他含着泪说："雪公一定等我回来！"

"雪岩，为了杭城军民，请受我一拜！"王有龄掩面而泣。胡雪岩见状，急忙也双膝跪地。

第十八章 临危受命,忘生死倾力救粮荒

当晚,胡雪岩乘坐一条小船,在夜色的掩护下离开杭州。从杭州到上海,沿途城市大部分已经被太平军占领,因此一路上险象环生。

当小船驶至嘉兴时,胡雪岩一行人被太平军叫住,喝令其上岸接受检查。胡雪岩提心吊胆,浑身哆嗦,引起了太平军的怀疑,正欲上前搜查,胡雪岩灵机一动,赶紧摸出10两银子递了过去,太平军抢去银子,骂他奸商,还把他痛打了一顿。胡雪岩乘乱从人群中逃脱,手臂又中了一枪,血流如注,痛得几乎昏死过去,他忍痛扯下衣服撕成布条,包扎好伤口,继续赶路。此时,他只能择一僻静小路,白天睡在破庙里,晚上偷偷赶路。熬了几天几夜,终于来到松江,见到了尤老五。尤老五一见胡雪岩这般样貌,大吃一惊。恰好七姑娘也在,她的眼泪一下子涌了出来,忙去烧水煮粥。

两碗粥下肚后,胡雪岩逐渐恢复过来,精神也好了许多,向他们讲述了杭州城的情况。此时他左胳膊上的伤势愈发严重,血污淋漓。七姑娘叫人找来一个洋医,洋大夫检查后,认为他伤势严重,怎么也要休息十天半个月。胡雪岩却是一天也不愿耽搁,因为经过这一番折腾,时间已耽误了大半个月。他顾不得伤痛,便急着要去找粮食。

次日清早,胡雪岩由尤老五、七姑娘陪同,从松江乘船来到上海。

上海丝行里的几个朋友正在谈论杭州城的情况,一见他们到来,都十分关心胡雪岩是怎样逃出来的。

"雪岩,你路上受苦了。"郭庆春也匆匆赶来了。

"这算不了什么,王大人的日子倒真是不好过。"胡雪岩说。接着,他讲了自己是怎样逃出杭州城,怎样受命来上海办粮的。

大家一致认为买粮问题不大,即使上海买不齐,去苏州也好买。再说,胡雪岩在上海本来就有粮食生意,而且他好卖人情,和各大米行老板的关系都不错。他们一合计就分头去秘密洽谈。战乱年代,粮食总是紧俏的,尽管战火没有蔓延到上海,但是这里的情形也不乐观,一时间竟没有那么多粮食可买。

而松江的情况也十分不妙。尤老五派出漕帮的许多兄弟,分赴各地

打探粮食行情，眼看半个月过去了，尤老五才回复说："松江乃漕粮集散转输之埠，历来都愁粮食卖不出去，今番却被抢购一空，眼看着要闹粮荒了。现在，漕帮打听到的唯一线索是，苏州盛昌米行还囤着两三万石大米，早点动手，还有可能抢到。"

胡雪岩脸上这才有了点儿喜色，忙打听盛昌的老板是谁。尤老五说，盛昌老板张三官是个沈万三式的大财主，长期住在乡下的庄园里逍遥自在，生意全部交给他的舅舅谭伯年打理。谭伯年精通业务，但为人刁钻刻薄，不太好打交道。

事不宜迟，胡雪岩立刻赶往苏州，只身来到盛昌米行，只见谭伯年40出头，瘦高个子，一双眯眯眼黑漆漆的，脸上还有黑亮亮的一茎老鼠须。他听完胡雪岩自报家门，竟带着几分揶揄道："胡大人胆子也忒大了些，一省粮台，比知县的官阶还高，你就不怕太平军？"

胡雪岩打出漕帮尤老五、藩台麟桂的旗号，说明来意。原来，江苏三台衙门撤出苏州，临时移住松江，麟桂还管着操练松江团练的事呢！

谭伯年闻言也不敢推托马虎，说2万余石大米在吴中乡下囤着，既是杭州地方救急，可以买走。但有一条：要现银！胡雪岩与他约定了半个月期限，谈妥价格，连夜返回上海。

上海这两年的生丝生意在郭庆春的精心打理下还算顺利。因苏、浙两省大旱，秋季蚕丝的产出不佳，湖州尹麻子看准行情，利用其人手多、触角长的优势，大宗预订秋蚕。当赵举人率团练与围攻湖州的太平军对抗时，他又果断地在城外广辟收购点，便利蚕农，并租用庞二爷设在太湖边上的仓库（庞二爷一般不做秋丝生意）存放生丝。上海今年秋丝奇俏，这批湖州丝一运到，自然价钱高、脱手快。军火生意郭庆春也做了几宗，只赚不赔。钱庄生意也算稳定，罗家驹成了一名出色的挡手①。

胡雪岩从上述生意中调出现银，买下了2万石粮食，决定先运几船

---

① 挡手，旧时店铺里的管事人。——编者注

到杭州解围救急。但眼下要把粮食从上海运往杭州，只有两条道可走，一是走大运河直往杭州，而运河已被太平军封锁；二是绕道松江、上海，走海道经鳖子门入钱塘江。

"杭城危在旦夕，胡老哥既已逃出，就不要回杭州了。"七姑娘说。

"王抚台盼粮盼得眼睛都要出血了，我怎能不回？"

尤老五说："最危险的是鳖子门，它是太平军的重要隘口，只要闯过这一关，钱塘江就顺利了。"

但是，这一关怎么才能过去呢？尤老五见众人闭口不言，无奈地说："只有我去求求沙船帮了。"漕帮和沙船帮向来势不两立，走海路少不得去跟沙船帮讲好话，请他们派人帮忙运粮。

尤老五认识上海法国洋行的一个帮办，名叫赵仁辅，他的一个堂兄弟是沙船帮二当家的，人称赵三爷。赵仁辅不仅是赵三爷的亲戚，还是他的救命恩人，所以，只要赵仁辅肯出面，事情就成功了一半。于是，尤老五和胡雪岩备了厚礼去拜见赵仁辅，拜托他去找赵三爷。

赵家兄弟二人见了面也不多客套，赵三爷早已猜到赵仁辅必有所求，因为他从来不带重礼登门。赵仁辅开门见山地说出了胡雪岩的请求。赵三爷沉吟良久，说道："贤兄，胡老板的名声我早有耳闻，若是要我自己卖命，我没二话说。不过，让我说服我的弟兄为人卖命，实在是有些为难！"

赵三爷说的是实情，将十几船粮食从上海运到杭州，中间要穿越太平军的占领区，困难实在是太大了，稍有不慎便会丢掉性命。跑江湖的人最讲究义气，自己掉脑袋不算什么；但是，如果明知道要掉脑袋还让弟兄们去做，当家的说不出口。而对赵仁辅来说，在知道对方不会拒绝自己的前提下，勉为其难，自己也于心不安。

赵仁辅想了想，说："胡老板请你吃饭，你总得去吧！"

赵三爷早就听说胡雪岩讲义气，是个人物，何况胡雪岩还受了伤，便答应赴约。

酒席上，胡雪岩绝口不提帮忙的事情，只是跟赵三爷谈上海的掌故，两人谈得十分投机。聊着聊着，自然而然讲起了杭州城的情况，素来能言善辩的胡雪岩,只轻描淡写的几句话就将杭州城内人间地狱的惨相描画得生动形象,令人动容。

大家正直着脖子听,胡雪岩却话锋一转,叹口气道:"这个人间地狱,我还要再去一趟!"

赵三爷忙问为什么,他只知道胡雪岩回上海筹粮,却不知道胡雪岩放着安逸的上海不待,还要回局势险恶的杭州城。

"赵兄你有所不知,我是从地狱里出来的人,知道地狱的苦,虽然运粮回去希望渺茫,但我总得试一试,否则一辈子都不会安生。赵兄你也不希望我是个苟且偷生、不顾他人死活的小人吧!"

赵三爷听了,良久无语。他想起自己和一些弟兄被人追杀、亡命天涯时的悲惨情景,想起赵仁辅舍命救己的情形,似乎想说什么,却又一时无法下定决心。

胡雪岩从赵三爷的神情变化中看出有机可乘,于是在情感的砝码上又加一码。他出人意料地双膝跪倒在赵三爷面前,说道:"胡雪岩代表杭州城内数十万百姓,请赵三爷成全,此恩可以命相报!"

男儿膝下有黄金。胡雪岩这一跪,使赵三爷激烈挣扎的心彻底投降了!胡雪岩不是为自己,而是为了杭州城遭难的百姓,他的大义之举怎能不感动视义气为生命的江湖朋友!

米有了,船和船夫也有了,但还有一个问题——由谁护送粮食前往杭州。

帮人帮到底,送佛送到西。赵仁辅也是一条汉子,他通过洋行的关系,想请法国人帮忙护送,但法国人以中立为借口,很干脆地拒绝了他。无奈,他只得请洋行的大班出面,与松江华尔的洋枪队接上头。

护送十几船粮食过战区,确实太危险了,这事明眼人一看就知道,精明的华尔早已掂量出其中的分量。"不!"他不住地摇头,"任务太危险。这是毫无意义的冒险。"

经赵仁辅反复劝解,加上郭庆春在一旁使用激将法,华尔才留下了一点儿可以回旋的余地——报酬合适的话也许可以考虑。

胡雪岩平素就十分慷慨，危急时刻更是散金如土。他给华尔的价钱，绝对超出公道价的两倍。

一切准备就绪，胡雪岩一行百余人、18条船，载着2万石粮食，由济河出长江，经崇明岛入海，朝杭州驶去。

到了鳖子门，按照预定计划，白天将船停下来，晚上趁着夜色偷渡。鳖子门是太平军把守的重要关卡，南北两座山对峙，河道非常狭窄，太平军只要安排很少的人在此伏击，即使是洋枪队也抵挡不住；若设有炮台，则可让船队全部覆没。

所幸鳖子门总长度只有10里（约为5公里），太平军也没有设伏，在夜色掩护下，船队很快偷渡了过去。过了鳖子门，正好遇上顺风，很快便抵达杭州城外。他们将船停在江心，已能遥遥望见杭州城了。

第十九章　杭州城破，王有龄自绝桂花树

就在胡雪岩冒死出杭州城急购军粮的前后两月，苏宁杭的形势发生了急剧变化。

其时，常州已经不保。何桂清身为两江总督，眼看太平军大兵压境，顿时慌了手脚，把平日所念忠义之道全抛诸脑后，仓皇出逃。

本来何桂清素以书生论兵，就任两江总督之后，一遇筹饷、运粮等事务，全靠王有龄筹划，而王有龄则跟胡雪岩商讨解决。

在皖湘赣督军的曾国藩对何桂清、薛焕和王有龄一直不满，主要也是因为军饷。这是怎么回事呢？

当胡雪岩吃进宝钞，控制整个苏宁杭地区的军备采买时，这一地区的军饷来源已经出了问题。

自清代以来，苏宁杭地区一直实行轻徭薄赋政策。康熙朝颁旨，声明"永不加赋"。在和平年代，这一做法并没有问题。因为苏宁杭地沃物丰，人丁兴旺，农工商发达，虽照原有基数征税，但保证朝廷库用仍绰绰有余。但是战事一起，这一办法就行不通了。大片富饶地区被太平军占领，大量人口卷资逃往上海。这样一来，原来土地上的人口跑了，流动的人口又无法按原来的标准纳税，整个地区的人口管理就出现了混乱。

本来战事需要更多的税源，但原有的税源却大部分被破坏。

苏宁沪一带自战事发生后，已经接连四五年没有增员了。朝廷考虑到战事吃紧、管理混乱，也只是下文严征，并没有太多实质性的办法，只要苏浙协银能保证南北大营的军事供应，朝廷就感到满足了。

战火东延后，太平军加强攻势，南北大营支离破碎。这时，胡雪岩已牢牢掌握了这一带的财货运度，何、薛、王为了讨好皇帝，把原来供给南北大营的协饷，源源不断地解往京城。

随后，为了保境安民，地方又办起了团练，度支一下子紧张起来。那时何桂清还在苏州，一见胡雪岩便愁眉苦脸地说："雪岩兄，这笔银子可到哪里去筹？"

胡雪岩感到不解："咦，不是说好地方自筹，办团练保境安民吗？"

何桂清说："若只是为了保境安民，倒也罢了，现在的势头是非得学一学湖南的曾相，练出一支可以抵挡住'长毛'的人马来。"

曾相就是曾国藩。因为他做过协办大学士，相当于入阁拜相，所以称曾相。太平军起事之时，曾国藩因母亲去世，正丁忧在籍。旧时以儒家之孝道纲常为本，家中父母去世，儿女须守孝3年，就是做官也不能免。不过大敌当前，朝廷急于用人，也就管不了那么多了。咸丰皇帝急令曾国藩就近招募人马，训练之后投入战场。

清朝的军队，除八旗兵外，汉人招兵均是没有定制的，谁报录谁，所以良莠不齐，素质甚差。而曾国藩练兵却极有思路，他以县为单位，专招诚实农民，实行严格训练，投入战场后又实行重赏制度。因为其编营皆以乡土地域为单位，所以人心极齐；兼之重赏重罚，所以军纪严明。训练出来的人马，称为湘军，作战勇猛异常。

要练出曾相的人马，就得有曾相的手段。能否招募到优良的兵员，这是下边的事，现在何桂清担心的是能否筹到足够的银两。

原有协饷因为已成惯例，上边也有了定数，何桂清不想在这上面打太多主意，以免几年巴结的功劳付诸东流，因此只好另外想办法。

"临时借用，我倒可以先垫支一部分。"胡雪岩对何桂清说。

"不是这个意思，我希望你帮忙出出主意，找一条固定的财路出来。"何桂清解释道。

"那就得开源。"胡雪岩说，"开源之途，无非加征，或者向上要。"

"向上边要，恐怕不太合适。"何桂清说。

"加征税赋呢？"胡雪岩问道。

"这恐怕又与定规不合。"

"什么定规？定规不都是人制定出来的吗？云公有什么可顾忌的？"胡雪岩劝道。

何桂清责怪道："这是什么话！"

"曾相说过一句话，叫'无非常之手段，无以行非常之事'。"

这句话何桂清倒是听说过，是从一句古语"以非常之志，行非常之事"套过来的，经此一变，却有了新内容。

曾国藩的新内容全表现在"手段"二字上。他是以读四书五经起家的，自在家乡湖南目睹太平军对传统社会伦理的冲击后，他的心思突然起了大变化。他痛恨太平军以西洋邪教冲击中国长幼尊卑之秩序，因此，对其镇压毫不手软。地方乡民凡窝藏"长毛"的，一经抓获，必杀无赦。一时间，乡人见了曾国藩无不胆战心惊。地方上心慈手软的乡绅，也对曾国藩的做法感到震惊。

不仅如此，曾国藩自夺了九江之后，因为饷源不继，便派人在大小关卡层层征税。他这么做并没有向江西巡抚打招呼，更没想到要通知地方官。由于这两个非常"手段"，曾国藩惹恼了不少人，弹劾之文纷纷飞往京师。其中就有何桂清一位在京同年的弹劾。

何桂清在京城时，曾听自己的老同年谈起这件事，所以胡雪岩一说，他马上就明白了胡雪岩的意思。

"你是说加税？"何桂清摇摇头，"恐怕不甚妥帖。"

胡雪岩隐约听王有龄说过，何桂清的同年参劾曾国藩，何桂清当时也是同意的。这么说来，何桂清也是书生气十足。

"何大人，如今圣上最担心的是什么呢？"

何桂清不解地说："圣上日夜忧虑的自然是'长毛'何日得除，天下何日太平。"

胡雪岩笑道："这就是了，云公若帮圣上完成了这一大业，圣上岂会在乎这些小节？"

何桂清沉默半晌，才慢悠悠地问道："那要加征，应该怎么个做法呢？"

"增设厘局。辖内水路要口，增派税员，把可能漏掉的税额收上来。我还有一个主意，就是在与'长毛'的交接地带层层设局。凡与'长毛'做生意的商人，都课以辖内各境六倍之税。"

何桂清说："与'长毛'通商的应该没收才是，怎么可以征税放人？"

胡雪岩心中暗笑何桂清不明就里，便道："云公，与其杀鸡取卵，不如养鸡接蛋。"

何桂清又沉默了，胡雪岩见说他不通，便起身告辞。

过了两天，胡雪岩办完事情，正准备收拾行装返回杭州，有人匆匆忙忙上门投帖，说何桂清何大人有请。

原来，何桂清考虑了几天，掰着手指头算了算，觉得如果按照胡雪岩的办法，新开的税额十分可观，不仅可以保证筹办乡勇，还能有所结余，用作向上提解的饷银。这等对政声有利的事情，他着实舍弃不了。不过，要做就得联合薛焕、王有龄一起做。何桂清请胡雪岩来，就是想委托他绕道上海见一见薛焕，商定这一大事。

薛焕倒不必劝，一听胡雪岩出此好主意，便满口应承下来。但何桂清要他和王有龄一起，三人联名出奏，待皇上批准了再照办。

薛焕笑着对胡雪岩说："我看何大人是过虑了。我们先征了上来，圣上不会不准奏的。"

果然，增设税卡增加了一大笔收入。朝廷见有实效，也就准其所请，不过再三叮嘱要征有所用。

何桂清、薛焕、王有龄三人的想法倒也没有太大分歧，除留作团练装备和饷银费用外，多余之数均如实押解上缴。这时却偏偏出了岔子。曾国藩在西边战事正紧，饷银需费大增，听说何、薛、王有了辟财新法，就奏请直接押解湖南，以充军需。

朝廷对曾国藩十分倚重，但按惯例，对汉人大臣从来不委以要职。

现在战事吃紧，没有办法，才依了曾国藩，由他扩展。其实朝中早有非议，担心曾国藩尾大不掉，难以驾驭。因此，在饷银的分配上，朝廷总是有所保留。

曾国藩要求饷银直接押解湖南，朝中有看法的大臣是断然不肯的。咸丰皇帝再三考虑，眼看太平军势头正盛，担心因小失大，只得准其所请。

谕令下来了，但薛、何、王三人素与曾国藩不和，因而迟迟不肯押解。后来曾国藩上了一本奏折，说他们不听圣命，延误军机。朝廷下旨严词指责薛、何、王，他们才慌了手脚，公事公办。

后来，王有龄调任浙江巡抚，何桂清顿时六神无主，王有龄不得不隔几天便给他写一封信，出谋划策，由专差逐日递到常州。若有几天信不到，何桂清便怅然若失。

王有龄看出何桂清好大言而无用，是个经不起考验的人，值此一生祸福、千秋功罪所系的紧要关头，万万错不得一步，所以一再以极严肃的语气劝告他，千万离不得常州一步。他在信中写道："艰难之秋，万目睽睽，瞻大帅为进退，一摇足则众心瓦解，事不可为矣！"

他们两人都知道这件事的重要性，因为它不仅关系到何桂清一生的名节，更关乎数万名将士的性命和江浙一带的局势。常州一丢，江浙门户洞开，太平军的攻势就如秋风扫落叶了。

何桂清起先亦想坚守，但兵败如山倒，当他觉悟到拥兵自卫、不援前线等于自撤屏藩时，悔之已晚。

常州陷落，舆论大哗。以曾国藩的做人原则，断不容这等事体发生。他上书朝廷，称"疆吏以城守为大节，不宜以僚属之一言为进止；大臣以心迹定罪状，不必以公禀之有无为权衡"。守土有责，自古乃为臣之必然。

不过，何桂清临行前仍煞有介事，召集地方士绅开会，说奉了朝廷之命移地上海，协同办理借师助剿事宜。

但这个冠冕堂皇的理由并不能自圆其说。保疆守土，乃朝臣之重任。若在和平时期,总督出游,情有可原。而在兵临城下、疆土不保的节骨眼上匆匆离开,这种行径若还要辩解,无异于掩耳盗铃。

常州城破之日,逃到无锡浒墅关的和春悔恨交加,吞鸦片自杀。当时何桂清已到苏州,苏州府台徐有壬闭城不纳,同时上疏严劾何桂清弃城丧师、纵兵殃民。何桂清无奈,只得由苏州到常熟,当地绅士递了一封公禀,说"常熟小邑,不足烦督府亲驻,请免大驾以召寇"。何桂清好说歹说,总算在常熟落了脚。他表示缺兵缺饷,当地百姓送了1000两银子的饷、200两银子的程仪①。何桂清住了几天,以借洋兵为名,逃到上海。

常州已失,杭州便大门洞开。咸丰十一年(1861年)春末,杭州城陷入太平军的层层包围之中。

王有龄亲自在城头督战。由于事出突然,杭州大部分百姓一下子被压回城内。旗营的兵力也被压在营寨内。随后几天,王有龄派出暗探混出城外,前往旗营联络,约定日期,两边一齐动手,夹击太平军。太平军措手不及,退避30余里。乘此机会,王有龄组织人手将部分老弱妇孺迁出城外。

然而,杭州城可以调遣的兵力不过3000余人,这点儿兵力怎么抵挡得住李秀成的主力军?这时(杭州被围之前),王有龄的一个手下邓辅纶向他推荐了湘军将领李元度。

李元度本是曾国藩的爱将,打仗极为勇猛,是一员虎将,因咸丰十年(1860年)守徽州的时候不听调度,出城接战,导致失守,惹恼了曾国藩,被冷落了。邓辅纶曾经在李元度手下带过兵,后来调到浙江做道台,成了王有龄的手下。他见李元度丧失领地,郁郁而归,十分可惜;又见王有龄因缺兵少将而愁眉不展,便有心替他们牵线,让李元度到浙江为王有龄效力。

王有龄大喜,忙飞书李元度,请他在家乡招募乡勇,来浙江效力。

---

① 程仪,指旧时送给出行者的财物。——编者注

李元度向来心高气傲，虽然丢了徽州，却是满肚子的不服气，便欣然答应下来。

　　当时杭州城内天天传说李道台的兵快到了，其实这只是为了安抚民心而故意散布的谎言。李元度用最短的时间召集起人马，火速赶往浙江，不过进入江西后，行军慢了下来，还未走出萍乡，就赶上太平军进犯湖南，湖南巡抚文格留他镇守浏阳。作为湖南人，故土情深，李元度推辞不掉，又急于建功，竟然就此留守湖南。

　　酷夏刚过，太平军的人马从3个方向同时朝杭州压了过来。整个杭州城顿时与外界隔绝，只剩下东门外靠海的一段长堤没有被围死。

　　起初，人们还能到城外五六里以内的地方活动。随后，官兵与太平军每天恶战一场，留下几具死尸，便各自后撤。又过了半月，太平军的人马干脆在城外半里之遥的地方安营扎寨了。

　　太平军李秀成部重兵围困杭州不过40天，城内便闹起了饥荒。起初官米还在计口平卖，米卖完了卖豆子，豆子卖完了卖麦子。不久，米麦杂粮都吃得精光，便吃药材南货，熟地、米仁、黄精都可以代饭，再后来就是吃糠、吃皮箱、吃布鞋、吃草根树皮。凡是能吃的，只要能找到的，都吃了，什么野菜、草根、葛藤、野猫、老鼠，甚至蜈蚣、树枝上越冬的蝈蝈都有人吃。

　　荒野里，一座座帐篷透出星星点点的灯火。隐约可见的"李"字大旗下，不时走过巡夜的太平军士兵。已经瘦得不成人形的王有龄，绝望而又无奈地凝视着城下，心中生起无尽的悲凉。他早就以600里快马十万火急向朝廷奏报，并请四方来援。但各地有的为了保存实力，按兵不动；有的则虚与委蛇，只听楼梯响不见人下来。而两个月前就应该赶到的李元度，至今踪影全无。

　　夜晚从太平军的营寨里吹过来一阵阵牛羊肉的香味，意味着太平军就要开始总攻了！王有龄知道自己在杭州的日子已经屈指可数了。他走出红漆斑驳的大门，在门檐下倚柱小憩。这时，从一旁的传事房里，走出黄宗汉的师爷——他来收拾一些私人物品，没想到却撞见了王有龄。

"是中丞大人呀，我来收拾一些落在传事房里的用物，您要不要……"他装作要打开包袱的样子。

王有龄抬抬手说："不必了，你走吧——"

师爷欲行又止，转动着眼珠子问："大人还在等胡雪岩的粮食？"

王有龄用一种坚毅的眼神看了他一眼。师爷一脸鄙夷地说："中丞大人，别等啦，城外没有一船漕粮运来。危急时刻，让胡雪岩携四五万两银子外出购粮，正好让他有了可乘之机，侵吞公款，逃之夭夭……奸商就是奸商，他最初就是靠买卖粮食发家的，杭州城里的人都很清楚。"

王有龄无力地摆摆手，为胡雪岩辩白道："不要凭空诬陷他……这种时候，我们需要同舟共济。不错，胡雪岩是商人，最初的确是靠买卖粮食发家，但我了解他的为人，他不会干出这种伤天害理的事。"

"可我听说，不少官员想要联名向朝廷控告胡雪岩，告他骗走购粮银，贻误军需，导致杭州危在旦夕……"

王有龄神情激愤地说："杭州确实危在旦夕，城都保不住了，告他有什么用呢？你们有何凭据……"他说急了，嗓子眼发紧，一下子失声了。他喘息着，摇摇晃晃地朝衙门外走去。

按照预定计划，胡雪岩的粮船在深夜闯过了鳖子门，天亮时顺利驶进钱塘江，正好遇上东北风，很快到达杭州城外，停泊在江上。从江面望去，三廊庙、凤山门一带，太平军营垒密布，如何进得城去，大家不由得焦急万分。

粮船停在江面上非常招眼，沙船帮和洋枪队都认为，万一粮食送不进城，应迅速掉头返回宁波。胡雪岩正一筹莫展之际，随船队而来的罗家驹自告奋勇，愿冒险混进城去，向王有龄报信。

这几年罗家驹在上海经常出入洋场，还学了一点儿洋文，胡雪岩心生一计，要他冒充英商代表，向太平军兜售军火。

胡雪岩交代了几句与王有龄见面的暗语。随后，罗家驹雇了一条小船，朝岸边驶去。胡雪岩怕船老大去向太平军报告，便付了 5 两银子给船老大，说："送上对岸后，如果马上回来送个回信，再给你 10 两银子作为酬谢。"

罗家驹冒充商人，一路上塞了不少银子，总算混进了城里。清军守将曾得胜搜遍罗家驹全身未见武器和书信，就派了一名士兵将他送往抚台衙门。

王有龄得知消息后，精神一振："快快请进！"

罗家驹一见王有龄，匆忙以大礼拜见，王有龄已无力还礼："快快请起，快快请起！雪岩是否有信来？"

"路上怕被'长毛'发现，只有口信。"罗家驹生怕王有龄有所怀疑，便将"托孤"之事一一说来，又引起王有龄一阵痛心。

"王大人，粮船停泊在江面已有两日，请大人派兵杀出一条粮道，船上有洋人护送，他们会以枪声接应……"

于是，王有龄立即组织最后的几队人马，轮番往外冲，试图杀出一条血路抢回粮食，但连试了三四次都没有成功。

最后的努力失败后，王有龄摇摇头，哽咽着说："我军饥饿多日，已无力作战，家驹兄弟冒死前来送信，这份情谊永世不忘。你现在必须马上出城，否则就来不及了。"说着，他颤巍巍地走到罗家驹面前拜了一拜。

"王大人不要这样，这是我义不容辞的责任。"罗家驹忙扶起王有龄。

"你回去告诉雪岩，不要再停船江面了，这很危险。3天之后城里没有消息的话，就是城破人亡了，叫他赶紧走。我今生能有他这个兄弟，死也瞑目了。"王有龄说着，已泣不成声。

胡雪岩见罗家驹单独回来，知道事情不妙。护船的洋人已收起武器，沙船帮老大也准备将船队分散驶离。胡雪岩哀求他们再给他一点儿时间。一连3天，他每天都立于船头，望眼欲穿，但除了枪炮声，城里没有任何消息传来。

若杭州城破，谁都有生还的希望，唯独王有龄必死无疑！

"天亡我兄也……"胡雪岩悲痛欲绝，洒泪长拜而去！

第十九章 杭州城破，王有龄自绝桂花树

1861年12月29日，杭州陷落。太平军从候潮门破城而入，守城将军瑞昌投河自尽。王有龄先吞金，怕不死，又服食了鸦片。片刻之后，听到城内一片混乱，知道太平军已近，他怕生擒受辱，便长叹一声："不负朝廷，只负了杭州城内数十万忠义士民！"遂自缢于巡抚大堂后的桂花树下。

李秀成单人快骑直冲抚台衙门寻找王有龄，入屋四处不见，寻到后花园，只见王有龄已吊死在桂花树下。他当即命部下将其放下，但已气绝。

英雄惜英雄！杭州几乎是座空城，王有龄居然坚守了两个月，李秀成对他肃然起敬。李秀成命人将王有龄尸身装入上好的棺木，抬至大堂，当众告曰："生前各为其主，两家为敌，死后不与其为仇。"念王有龄忠臣节烈，向其遗体拜后而别。

清廷闻讯后，给王有龄追加了"壮愍"的谥号，入祀昭忠祠，在浙江与福建建专祠。

第二十章　不负重托，献军粮助左受赏识

胡雪岩的运粮船队退离杭州后，原打算去宁波，到了甬江口的镇海附近，才知道太平军黄呈忠和范汝增从慈溪和奉化分两路进攻，宁波已经在两天前失守。不过，宁波有租界，通过洋人的关系，胡雪岩得以在租界暂避。

因悲伤劳累过度，胡雪岩大病了一场。一个多月后，他病情刚有所好转，便赶紧找人打听江南的情况。

太平军虽然攻占了杭州，但是钱塘江以南的大部分地区仍掌握在清军手中。那一带的清军虽少，但由于地势复杂，太平军一时难以占领。湘军的左宗棠部在皖南、赣东也已经站稳脚跟。杭州失陷后，朝廷大为震惊，以600里加急任命左宗棠为浙江巡抚，命他速由江西进军浙江，剿灭太平军。

胡雪岩听到消息后，开始规划下一步怎么走。他仍念念不忘重返杭州，但杭州眼下肯定是回不去了，那十几船大米怎么办？

据说太平军将领黄呈忠、范汝增与英国领事达成协议，尽量避免与外侨发生冲突，已发布告安民，准许老百姓在四门以外做生意，宁波的市面大致已经恢复正常秩序了。由于连年战争，现在市面上粮食紧缺，有粮食就有机会大赚一笔。胡雪岩心情十分复杂，他对郭庆春、罗家驹等人说："我现在有两件事，第一件是救杭州，即使它病入膏肓，我也要死马当活马医。第二件，我要做我的生意，做生意一步也不能落后。"他守着这些米一直不肯卖掉，坚信太平军不可能长久，杭州一两年内就会光复。不过，这些粮食既已运至浙江境内，即使不在宁波卖掉，也断

无再运回上海的道理。因此他重新把粮食装上船，征得船主们的同意，向西驶去。

同治元年（1862年）初，左宗棠率部从安徽进入浙江，不久便攻克杭州南面的富阳，距省城已不足百里。整个浙江的东、西、南三面，都已在清军掌握之中，然而膏腴之地浙西，也就是杭州及杭州以北、太湖以南，包括海宁、嘉兴、湖州在内的这一片沃土，仍旧掌握在太平军手里。

攻打杭州的主将是新任浙江藩司蒋益澧，但久攻不克。其时江苏巡抚李鸿章已攻下苏州、无锡，按照他的预定步骤，常州唾手可得，但他为了把功劳让给恩师曾国藩的弟弟曾国荃（江苏布政使），便让曾国荃去攻打常州，自己向西去跟左宗棠"抢地盘"。左宗棠在杭州以南，眼看功劳要被李鸿章夺去，心中十分着急，准备全力以赴，先攻下杭州。

就在这个节骨眼上，胡雪岩遇到了蒋益澧的人马。蒋益澧率领的是左宗棠入浙的先头部队，他见胡雪岩在这危急关头，居然冒险运来这么多粮食，不由得又感动又佩服。

胡雪岩向他自报家门说："我是奉已故浙抚王有龄王大人之命前去采办粮食的，还望蒋大人帮我先交了公差。"

这是要求见继任巡抚。蒋益澧对胡雪岩早有耳闻，也知道左宗棠对胡雪岩的印象并不好，因而不太愿意引见。胡雪岩只得想办法与他套近乎，恭维他："将军眼下有立功的机会，将来会荣升浙江巡抚。"蒋益澧倒挺有自知之明，朝廷早有让曾国荃出任浙江巡抚之意，不论从勋名还是关系来说，要想取曾国荃而代之，并非易事。

胡雪岩见蒋益澧不太相信，又为他分析道："曾九帅是大将，金陵攻了下来，朝廷自然另有重用之处。至于浙江巡抚一职，将来他是不会到任的。蒋将军，你不要泄气！"

"哦？"蒋益澧一听，顿时来了兴趣，不自觉地将身子往前探了一探，"倒要请教，何以见得曾九帅将来不会到任？"

"道理很简单，第一，曾九帅与浙江素无渊源，人地生疏，大不相宜；第二，曾大帅为人谦虚，也最肯替人着想，浙江的局面是左大人打下来的，他绝不会让自己的弟弟来分左大人的地盘。"

"有道理，"蒋益澧精神一振，"老兄看得很透彻。"

"依我看，将来浙江全省，特别是省城里的善后事宜，还要靠蒋将军一手主持。"胡雪岩停了一下，见蒋益澧聚精会神地听着，知道进言的时机已到，便用手势加强了语气，恳切地说："杭州的祸福都在蒋将军手里，目前多保留一分元气，将来就省一分气力！"

"说的是，说的是！"蒋益澧搓着手，略显焦急地说："还要请教一下，如何才能保存元气？"

"依在下之见，将军首先要解决的是浙江省数百万人吃饭的大事。全省的粮食这两年都被太平军搜刮殆尽了，百姓已无粮可吃。"胡雪岩把自己的见解和打算详细讲述了一遍。

蒋益澧看出胡雪岩确实是有备而来，对自己也很有利。因此，他派了两个得力的军士，陪同胡雪岩前去拜见左宗棠。

左宗棠的行辕临时设在一座关帝庙内。胡雪岩进门一看，只见一个矮胖的老头，左手捏一管旱烟袋，右手提着笔，在窗前的一张方桌上写着什么，听见脚步声也浑然不觉，他只好耐心等待。等左宗棠放下笔，胡雪岩才抑制住心中不安，振作精神，撩起衣襟，跪倒在地："浙江粮台胡光墉参见大人。"

左宗棠是出了名的犟脾气，人称"左骡子"，因对胡雪岩心存成见，所以打算给他一个下马威。旁边有个座位，左宗棠却故意不说"请坐"，有意给他难堪。"浙江粮台？"他微微抬了一下头，冷冰冰地说，"我倒听说你是个商人。"

胡雪岩回道："下官闲下来时也做些小买卖。"他之所以自称"下官"，是想以公对公的方式与左宗棠对话。

左宗棠又冷冷地说："听说你很阔嘛，我闻名已久了。"

胡雪岩不知他这句话的深浅，不敢直接接话，于是一边察言观色，一边曲意奉承道："此次左大人亲率湘军子弟，英勇善战，大败太平军，即将光复杭州。大人建立了不世之功，下官特地前来道喜。"

左宗棠闻言，紧绷的脸稍有松弛，但仍语含嘲讽："国事不振，洪、杨未灭，何喜之有？……不过，你倒有先见之明！难怪王中丞在世之时，称你为能员干吏。"

"不敢，不敢！"胡雪岩听得出来，这并不是溢美之词。

"我听说你起居享用，俨如王侯，这也许是过甚之词，但也不是空穴来风吧！"

"是！不瞒大人，比起清苦的候补人员来，我算是很舒服的。"

左宗棠也毫不隐讳地说："本丞一到杭州，就接到好些禀帖，说你如何如何。人言未必尽属子虚乌有，我当严查。果真属实的话，对不起！我不能不指名严参。"

胡雪岩一副恭敬服帖的样子："是，大人！如果下官有什么不法之事，大人指名严参，下官甘愿领罪。不过，我自问还没有为非作歹，亦不敢营私舞弊。只为受王中丞知遇之恩，誓同生死，待人处世不避劳怨，得罪了人亦是有的。"

左宗棠的话仍不加掩饰："有没有为非作歹、营私舞弊，犹待本官深入核查。至于你说与王中丞誓同生死，这话就令人难以信服了。王中丞已经殉难，你到现在不是还活得好好的吗？"

胡雪岩听了此话，悲从中来，撩衣下跪，泪流满面地说："左大人，胡某与王中丞有生死之交，问心无愧，只有一事对不起王中丞，辜负其重托，若大人责备下官不能追随王中丞于地下，我没有话说。倘若为殉忠、殉节，都有个名目；而殉友死得轻如鸿毛，为君子所不取，那么，下官倒有几句话要辩白。"

"你说说看。"

"大人的意思是，下官与王中丞在危城之中没有共患难，紧要关头，我一个人走了，所谓'誓同生死'，成了骗人的话？"

"不错！"左宗棠逼问道，"你对此作何辩解？本丞倒要听听！"

"下官先请教大人，当时杭州被围，王中丞苦苦支撑，眼睛里所流的不是泪水而是血,盼的是什么?"

"自然是援军。"

"正是!"胡雪岩用低沉的声音说,"当时李元度一军在衢州,王中丞千方百计想催他来,他终未赶到。这样一来,王大人就不能不做誓死坚守的打算。请问大人,危城坚守靠什么?"

"自然是靠粮食,民以食为天。"

"没错,当时王中丞跟我商量,要我到上海去办粮。"胡雪岩突然提高声音说,"我本在城内施粥救急,与王中丞同守危城,但王中丞跟我讲《史记》中赵氏孤儿的故事,托我离城办粮。大人请想,他是巡抚,守土有责,即使他有办法弄得到粮,也不能离开杭州。所以,到上海办粮这件事,只有我去做,也不容我不做。"

"嗯,不错!"左宗棠问道,"后来呢?粮办到了没有?"

"当然办到了。可是……"胡雪岩黯然低语,"无济于事!"

接着,胡雪岩把杭州如何被围,他在城里办施粥厂,后来城里断粮,王有龄如何以"赵氏托孤"为喻,跪求他出城,要他想办法多救些杭州百姓的事——道来。及至讲到王有龄洒泪下跪,左宗棠也微微动容。

"这么说,你是为了杭州百姓才这么委曲求全的了?"

胡雪岩说:"下官虽无学识,却也知道人心骨肉,绝不敢为了私利,忘掉恩义。"

左宗棠说:"这个也罢,我倒问你,可有王中丞交你公款一事?"

"左大人,下官正是为了交代这份公差而来。"胡雪岩从怀里掏出一个红封袋,双手呈上说,"这是采办粮食后的2万两余款。粮食共18船,我已经运到。"胡雪岩之所以敢冒险前来,凭的就是一个"公"字。

左宗棠一愣:"你是说你运来了18船粮食?"

胡雪岩说:"正是,有2万石大米,就在杭州城外的江面上,请大人派员验收。"

左宗棠忙召来随同前来的马弁，问道："可有18船粮食之事？"

马弁道："是的，已经交由蒋大人代管。"

左宗棠拉长了声音："来人啊，给胡大人上茶。"

左宗棠这时终于把胡雪岩当作一个官员来对待了，转眼之间，态度截然不同。胡雪岩曾经听王有龄讲过一个故事，宋朝的苏东坡有一日去了寺庙，庙里的和尚开始不知道来人是谁，便冷冰冰地说："茶。"过了一会儿，和尚发现是个要人，便恭恭敬敬地说："敬茶。"最后发现来人居然是大名鼎鼎的苏东坡，便非常热情地招呼："敬香茶。"苏东坡于是作了一副妙对，曰："坐，请坐，请上坐；茶，敬茶，敬香茶。"用来挖苦这个和尚。没想到今日自己也碰到了这种事，他既感慨又得意，对如何应付左宗棠也就更有把握了。

左宗棠说："胡大人此举真是出人意料。此番军务正急，你这18船粮食来得真是及时。不过，2万石米，时价要值五六万两银子，粮台上一时还付不起那么多。因为刚打了一个大胜仗，犒赏弟兄都是用现银。"他让书办取出那只装有2万两银票的红封袋，还给胡雪岩，说道："不如你先把这笔钱拿回去，余数我们再商量，本丞可是空着双手来的杭州。"

胡雪岩说："这笔钱大人就不必操心了。只盼大人早日光复杭州，救杭州百姓于水火之中。"

左宗棠说："胡大人还真是热心肠，我还以为商人都是只知认钱不知仁义之人呢。"

胡雪岩淡然道："那是误解。人皆父母所生，谁无骨肉亲情？"

"你这话正合了圣人之言，看来胡大人读书不少呢！"左宗棠听得仔细，仰脸想了半天，突然冒出这句话来。

胡雪岩一愣，随即醒悟了，这半天与左宗棠对答，说的话好像显得很文雅，又谈到了《史记》上的典故。原本是他预先请教过高人，想好了一套话来的。这多少也是实情，见了左宗棠该如何说话，胡雪岩曾一再打过腹稿。但如果说是有意说好听的假话，他却不能承认，所以答道:"让左大人见笑了,我根本不敢说读过书,只是一向敬重读书人。这些话只是心有所感,随口讲出来罢了。"

左宗棠点头道:"嗯,胡老弟说的是,人同此心,心同此理。天下的道理,原本就是相通的。"高兴之余,他连对胡雪岩的称呼也改了,"有你送来的2万石大米,不但杭州得救,肃清浙江也就没有了后顾之忧,可以放心去打'长毛'了。胡老弟此举功德无量,一定要好好谢谢你。老弟有什么要求,不妨直说。"

"毫无所图。我此行目的有三:第一,为了王中丞;第二,为了杭州百姓;第三,为了大人。"

左宗棠大为感动,拱拱手道:"早听人说胡雪岩忠义,我还不信,今天总算见识了!本丞马上启奏皇上,请朝廷给予褒奖。"

"蒙大人栽培,光墉自然感激,不过,有句不识抬举的话,如鲠在喉,吐出来请大人不要动气。"胡雪岩见左宗棠主动与自己称兄道弟,便把二人的关系也向前推进一步。

他得体地说:"大人奖掖,光墉自然感激不尽。不过,说句不识抬举的话,光墉送来这批大米,绝不是贪图朝廷褒奖。我是生意人,只会做事,不会做官。"

左宗棠一拍桌子,高声说道:"好啊!好一个'只会做事,不会做官'!"

胡雪岩乘机送给左宗棠一顶高帽子:"大人不也是只知做事,从不把功名富贵放在心上吗?依我看,大人和江苏李鸿章李中丞正好相反,李中丞只会做官,大人既会做官,更会做事。"

左宗棠虽是个倔脾气,却是倔在他生性高傲上,听胡雪岩这么一捧,心里不免得意:"你真这么看?"

胡雪岩乘机道:"谁不知道左大人骁勇善战,说一不二。我早在上海就听人说,想败了'长毛',非曾相、左季高二人不可。"

把曾相排在前边,拿曾、左并夸,左宗棠听了心里十分舒坦。如果只提左宗棠,不提曾国藩,未免太过。因为就连左宗棠这么一个刚愎之人，也不得不承认曾国藩治军有方，无他不足以成事。现在胡雪岩以曾、左并列，可见现今之势，非二人不可收拾，此话恰到好处。

"真的有人这么说？"左宗棠故作惊讶道，"那淮北的李少荃呢？"

李少荃即李鸿章，李鸿章以曾国藩嫡系自居，督办淮军，战功日累，功名日隆，但左宗棠颇不服气，所以故意这么问。

胡雪岩道："李大人怎么能和左大人比呢！"

左宗棠说："你也该听说李少荃战功赫赫、所向披靡了吧！"

胡雪岩道："李大人虽打了几场胜仗，却是因势而作。他后备充足，无后顾之忧；曾大人又时时相援，还派了自己几个得力的部下去帮他；江北的太平军势力又较弱。哪像左大人深入敌腹，四面迎敌，仍能指挥若定，力克毛贼。"

胡雪岩一席话分析得既有道理又顺耳，左宗棠听了甚是高兴："我吃亏就吃亏在手下能员太少，周遭又是强敌。赣东浙西，山高林密，行军打仗甚为困难，不过朝廷有令，为帅的无论多么困难，都要迎敌上前。"

胡雪岩见他稍显抑郁，又补充了一句："何况论及人品，左大人也远在李大人之上。"

左宗棠一向瞧不起李鸿章的为人，认为他一心寻求升迁，沽名钓誉，每做一事，功名心毕露，人们无可直言。现在胡雪岩这么痛快地讲了出来，左宗棠感到真是莫逆于心，犹如三伏天敷了冰，感到甚是熨帖。

胡雪岩感到火候正好，便见好就收，谦虚地说："我是信口胡说，在大人面前放肆了。"

"胡老弟，"左宗棠正色道，"你不要妄自菲薄，在我看来，满朝朱紫贵，及得上老弟见识的，实在不多。你的字号何谓？"

"下官本名光墉，做学徒时才取字雪岩，风雪的雪，岩壑的岩。"

"好名字。"左宗棠又一次改了称呼，"雪岩兄，你这几年经常在上海，想必对李少荃的作为有所耳闻，你倒拿我跟他比一比看。"

胡雪岩想了一下答道:"李中丞克复常州,当然是一大功,但他乃因人成事,比不上大人孤军奋战来得可贵。"

"这总算是一句公道话。"左宗棠说,"我吃亏主要有两点,第一是地方不如他好,第二是人才不如他多。"

"大人说的是。"胡雪岩频频点头,"李中丞也算会用人的。"

"那么,我有句很冒昧的话请教,以你的大才,以你在王中丞那里的业绩,他未必没有笼络过你吧?"左宗棠也不想显得对李鸿章过度轻视,便转而这么问道。

胡雪岩答道:"在上海时,他倒也找过我,但是我不能答应。"

"为什么?"

"第一,他和王中丞不和,我是王中丞的朋友,自然不宜背友投靠。"

"这倒也是。"

"第二,我生活在浙江,理应为浙江出力,何况我还有王中丞委托我未了的公事,就是这笔办粮的款子,总要有个交代。"

左宗棠赞道:"难得,难得!雪岩兄,你真有信用。"

说到这里,左宗棠喊了一声:"来呀!留胡大人吃便饭。"

留下来用饭,只有对亲近的同僚才会如此。胡雪岩受宠若惊,一下子又冒出了许多想法。

左宗棠滔滔不绝地和他谈起洋人的坚炮利舰,大清要强国御侮,须得"师夷长技""大兴洋务",两人越说越投机。左宗棠又问起上海洋枪队的事:"洋人真的就那么管用吗?"

胡雪岩事先已经知道左宗棠对雇用洋枪队有看法,所以回答起来就很小心:"在上海附近管用,用在别处就不一定了。"

"为什么在上海附近就管用?"

"上海离他们的租界很近,补给起来非常容易,而且他们对上海附近的地形也很熟悉。还有一点,'长毛'对洋人心存顾虑,因为洋人的武器非常厉害。"

"所以曾相和我对洋人都心存戒备,总不希望我大清被洋人所灭。"

胡雪岩心想,怪不得薛、何、王的奏折屡次被驳回了,看来说话还得再小心才是。不过,小心归小心,也得委婉地让左宗棠明白自己的想法。

"其实雇用洋枪队,洋人等于是买过来的利器,我们拿来可以无坚不摧,主动权是在我们手里。"胡雪岩仔细分析道,"何况洋人的军法和我们不一样,慢慢学过来了,也可用来对付洋人。"

"主动权在我,这倒也有一定道理。"左宗棠说,"但洋人会听我们的话吗?"

"洋人士兵,凡是跟着船来中国的,大多也是家境不好,为了找一条出路才跑出来的,所以他们都只认钱不认人。"

"这倒听着新鲜。你是怎么知道这些的?"

胡雪岩笑了笑,说:"我这18船粮食,就是雇洋枪队护送的。"

左宗棠听后沉默半天,最后说:"果真如此,洋人倒也不是不可用。"

胡雪岩见他心思有些活动,又说道:"其实依光墉之见,洋人是有利还是有害,全在于我们自己。"

左宗棠一听来了兴致:"你倒讲讲你的道理。"

"要是把洋人当个爷一样捧着,处处依着他、顺着他,看他脸色行事,那他一定会摆架子。"

"你是说,洋人耍威风,是我们自己人惯出来的。"

"没错。要是把洋人当一般人看待,怎么和一般人打交道,就怎么和他们打交道,情况就不一样了。"

左宗棠夹了一筷子菜,送进口中,边吃边说:"讲下去,讲下去。"

"洋人是来和中国人做生意的,生意人认钱不认人,只要有利可图,他就会和你来往。可恨的是,有些人见了洋人腿就发软,洋人才专拣了软柿子捏。要是你该硬的时候硬,该协商的时候协商,他就会拿你当对手看,这是一层。还有一层,像洋枪队,是我雇来给我干活的,拿了钱自然得听我的,我让你向东,你不得向西。"

左宗棠连连点头道:"有道理,有道理。雪岩兄,能像你这般去看洋人,也算是把洋人看透了。"

胡雪岩见左宗棠的想法已经完全转变了,便也敢大胆说话了:"洋人要是见了左大人这种脾气的人,还不得个个服服帖帖的!"

两人边喝边聊,胡雪岩一张巧嘴,一会儿奉承,一会儿献策,不知不觉中,左宗棠已将他视为知己。

同治二年(1863年),曾国藩的弟弟曾国荃率兵包围了金陵。李鸿章的淮军也乘势向南压。左宗棠明白,太平军失败已是迟早的事,于是,他力促蒋益澧不要错过时机,立上几个战功,这样才好替他请职。

蒋益澧受此暗示,便率了军队,日夜不停地攻打杭州。杭州城内的太平军后援既失,支持不久,城便被清兵攻破。

杭州城光复以后,左宗棠找来胡雪岩商议杭州城的善后抚恤工作。胡雪岩向左宗棠提出7项赈济措施:掩埋尸体、办理施粥、免除厘税、查殉难忠烈、营救妇女、筹划耕作、恢复书院。

最后,左宗棠执手相托道:"今日浙省一半仍在'长毛'手中,我要带兵攻伐他们,无暇他顾!而杭州内外,饿殍遍地,灾荒不断,战争的余痛,迁延难消。当务之急,是做好地方善后工作,我想设立一个善后局,请雪岩兄当总办,如何?"

胡雪岩慨然从命道:"是!于公于私,义不容辞,能为本乡本土尽绵薄之力,乃雪岩的最大心愿。"

于是,左宗棠委任胡雪岩为杭州善后局总办,由他负责军饷筹集和善后赈济工作。

次日,左宗棠杀了3名太平军降将,祭旗出征,兵分两路,直捣嘉兴、湖州。胡雪岩则全身心地投入赈济一事中。

第二十一章 悬壶济世，建药堂货真创名牌

在刘不才的陪伴下，胡雪岩带着家眷重新回到杭州，看到城内一片惨状，真是恍如隔世。街头断壁残垣，百姓骨瘦如柴，饿殍随处可见。胡雪岩一阵心酸，想起左宗棠、蒋益澧所委7项赈济措施，感到肩上的担子沉甸甸的。

他着手处理的第一件事是掩埋尸体。战事持续一年有余，杭州城遍地横尸，若不抓紧处理，必将贻患无穷。太平军失守杭州城，原因之一就是瘟疫肆虐，染病的人无以计数，军队失去了战斗力。

杭州受瘟疫之苦不浅，左宗棠曾在军营中向胡雪岩诉苦，说瘟疫一来，肥的拖瘦，瘦的拖垮，整班人马就跟丢了魂似的。而且战争必有死伤，但战事吃紧，受了伤无法及时医治，一拖下去，免不了发炎化脓，小毛病变成大毛病。要是有既简便又有效的医药，兵士岂不就少受痛苦？

大战之后必有大疫，胡雪岩还在上海时，尤老五就提醒过他这一点。所以，杭州刚一收复，胡雪岩首先置办了大批散丸药，随船运到杭州，为难民施药。随后开办粥厂，施粥解饥；又兴办义渡，兴建渡船码头。

刘不才对杭州城的情况比较熟悉，而且与地方绅士、下层平民有过接触，尤其在太平军占城期间，对这些人的所作所为一清二楚。胡雪岩与他商量如何做好赈济。刘不才说："胡老板，你是个生意人，赈济最好由官府去做。"

胡雪岩苦笑道："三叔，我想做生意的道理都是一样的，创牌子最

要紧，我说送药，就是为了创牌子。"

"我也晓得。"刘不才平静地说，"凡是药堂，都有这个规矩，贫病奉送。不过没有什么用处，做好事而已。"

"做生意一定要市面平靖，不然的话，像现在这种局面，店铺开了也做不好生意。只有与官府齐心协力，生意人才有前途。"胡雪岩把左宗棠委托杭州城赈济善后的经过详细讲了一遍，刘不才感慨地说："还是胡老板有眼光，有见地。"

胡雪岩打算开间药堂，不仅牵涉"利"，还涉及"名"。其一，军队行军打仗，转战奔波，肯定需要疗伤药品；其二，战后易暴发瘟疫；其三，开药堂还会得到活人济世、行善积德的好名声，容易得到官府的支持，在赚钱的同时，还能为自己挣得好名声，何乐而不为？

胡雪岩看着刘不才说："光有眼光哪成啊，还得仰仗三叔。"刘不才家里几代经营药铺，本来家境殷实，后来被刘不才把家财输得精光，药铺无以维系，落得以告贷为生。不过，倒驴不倒架，刘不才还有那么一点儿骨气。胡雪岩自纳芙蓉为妾后，与刘不才越走越近，知道他心里还想着有朝一日要重振家业，眼下正是说服他拿出家传秘方开药堂的最佳机会。

而刘不才在与胡雪岩的接触中，也越来越觉得这个侄女婿为人不错，既然他有济世救苦之心，不妨试一试。不过，刘不才还是说："要是平时民用，还可慢慢炮制。要是供应军营，人手少了恐怕赶制不及。"

胡雪岩征询道："多少人手才够呢？"

刘不才闭目想了半天，说："要供应一支两万人马的队伍，起码得40人。"

40人相当于一个大钱庄的人手，而且这帮人是不可能赚钱的，但此事意义重大，不能不做。

胡雪岩说："三叔，我想请你出来主持。"

"这个……容我想想。"刘不才犹犹豫豫，难下决心。

他回去翻来覆去想了一宿，终于想通了，第二天便来告诉胡雪岩：

"让我主持可以，但是得按我的原则去办。"

刘不才的原则，胡雪岩是知道的。他一向瞧不起医术不错但医德败坏的人，嫌他们用药不狠，不能药到病除，不顾病人死活。刘不才跟胡雪岩谈起药堂如何开法，怎样用人，怎样进货，怎样炮制，利弊如何，要注意什么。讲的人兴高采烈，听的人全神贯注，彼此都很认真。

"三叔，"胡雪岩听完后说，"这里面的规矩诀窍，我一时还不大懂，将来都要靠你。不过我有这么个想法，'说真方，卖假药'最要不得，我们要让主顾看得明明白白，人家才会相信。"

"那是当然。譬如说，我们要合'十全大补丸'了，不妨先贴出招贴去，请大家来看，是不是货真价实。"

这对胡雪岩来说是一大启发，拓宽了他的视界。"既然如此，那就放开手来干。"他说，"只要舍得花钱，不怕没有新鲜花样。"

"我们也不是故意耍花样，只不过生意要做得既诚实又热闹！"

谈到这里，胡雪岩爽快地说："好，三叔，一切都按你说的办。"

刘不才因胡雪岩敬重自己的医术和医品，心中十分快意。他邀请远近好友，齐集杭州城。各位郎中也都视刘不才为楷模，听说有报效朝廷、普济众生的机会，个个都铆足了劲儿，拿出自己的家传秘方，精心炮制药品。

不久，在刘不才的指导下，药堂配制出了"红灵丹""辟瘟丹""诸葛行军散"等，送到曾国藩、左宗棠军中，作为行军时的防暑药剂。

不久，左宗棠来信，说所送成药效果奇佳，军中将士有此药在身，个个都没有了后顾之忧。最让胡雪岩得意的是，左宗棠在信中提到，曾相也来信盛赞此义举，希望胡雪岩多多赶制，送往军中。

此后，胡雪岩施送痧药近十年，人们都称他为"胡大善人"，声名远播，各地乡民上门索药者日众，需药量极大，小作坊已无法满足。

同治十二年（1873 年），胡雪岩进京特邀著名建筑匠师尹芝、魏实甫等人，商讨建造一座别具一格的徽派古建筑药堂，地点选在商业繁华的河坊街，人们上吴山进香必经的大井巷。看了图样，胡雪岩十分满意，决定出资18万两银子建造店屋。他认为，牌子要响，除了货真价实、服务优良外，建造一座气派、有号召力的店堂十分重要。

这天，胡雪岩正为采办高档木材而发愁，尹芝忽然来访。他一进门就说："有个好消息要告诉老兄，不必为木材发愁了。我在京听说老佛爷正要卖掉从外国买来重修圆明园的那批名贵楠木、铁樵，这倒是一个机会，老兄可以托人打通关节，找找门路。"

胡雪岩心里不由得一动，眼前立刻浮现出一座梦寐以求的宫殿般的店堂。但他转念一想，这是皇家之物，要买来谈何容易，于是忧虑地说："我与京城的几位大人虽有交往，但要从老佛爷那里买到名贵木材，不容易啊！"

"不妨，恭亲王奕䜣的儿子载澂是我的好友，老佛爷要卖掉这批木材的消息，就是从他那里听来的。只要……"尹芝凑近胡雪岩的耳朵如此这般地吩咐了一番。

第二天一早，胡雪岩交给尹芝两件礼物，托他进京活动。一件是沉甸甸的黄金，是送给恭亲王的；另一件是翡翠珍品，想通过恭亲王献给慈禧太后。

尹芝受托返回京城，马上找到载澂。谁知载澂一听，吓得面如死灰。原来，同治皇帝得知奕䜣父子反对他重建圆明园，恨得咬牙切齿，正想干掉他们，幸而太后作保，才留住性命。尹芝无奈，只得怏怏而归，胡雪岩获悉后心里顿时凉了半截。

不料5天后，载澂突然来找尹芝，说他已将胡雪岩要买圆明园木材之事告诉了父亲奕䜣，奕䜣答应转奏太后。次日，太后传奕䜣进宫商量卖掉木材之事。奕䜣马上奉上那件翡翠珍品，慈禧打开一看，喜上眉梢："这真是一件稀罕东西，我倒要仔细欣赏欣赏。"原来，胡雪岩知道慈禧最爱翡翠，便不惜代价用了西瓜大的翡翠原料，雇能工巧匠，精雕细刻成一件"松鼠偷葡萄"，献给慈禧太后。果然，慈禧爱不释手。

"太后，这是浙江富商胡光墉托我献上的。"

"胡光墉是谁？"

"太后，胡光墉就是左宗棠在《请赏道员胡光墉匾额》奏折中提到的那个'接臣预筹出息借济缄庋，无不殚精竭虑，虽勉求之，均如期解到，幸慰军心……'的胡光墉。"

"哦，倒是听李鸿章、左宗棠说起过，此人对朝廷是有功之臣，他想干什么？"

"太后，他想购买重建圆明园的那批楠木、铁糙。"

"哦？"慈禧先是一愣，心想胡雪岩竟敢觊觎皇家之物。

"他买这批木材干什么？"

"禀太后，他数年救民疾苦，然事有所不济，江南一带仍瘟疫流行，而且已蔓延到我大清军队，为解决军民用药问题，他打算建造一家江南最大的药堂。"

慈禧太后一听是为了帮清军打仗，便"慷慨"答应将木材卖给胡雪岩。

按照常规，营业的店堂应直接面对顾客，但精明的胡雪岩却不这样想，而是独辟蹊径。大门筑起"神农式"的青砖高墙，一进门，青砖高墙之上近看字字凹进，远看个个凸出，不愧为能工巧匠之作。整个店堂宛如一只仙鹤在吴山脚下，进大门经过"鹤首"门庭拐角拾级而上，转入"鹤颈"长廊，抬头仰望八角石洞门上青砖雕出"高入云"3个字，犹如登入仙境，右侧壁挂上了38块介绍药品的牌子，使人顿感这是一家高档药堂。长廊末端有座四角亭，四周挂着古色古香的宫灯，梁上雕有众多人物花卉，神态栩栩如生。亭子下面安有"美人靠"供顾客小憩。进入右侧二大门，豁然开朗，一座金碧辉煌的营业店堂呈现在人们眼前。

同治十三年（1874年），药堂终于建造完毕。刘不才是技术人才，还得请一位懂行的账房先生负责管理工作，有一个从开办到经营、从经营到结算的全盘规划。经友人推荐，胡雪岩先后请过4位老先生，个个都称得上精明能干，算盘珠子扒拉得噼啪作响，但都不合胡雪岩的意。

有一天来了个余姚人,自称姓余,愿应聘为账房。胡雪岩与他详谈之后,余先生冷冷地说:"你想在3年内就赚钱翻本,我办不到,还是另请高明吧!"

胡雪岩从这几句话里听出了点儿味道,连忙挽留。但他还是故意说:"常言道,'千做万做,蚀本生意不做'。做买卖嘛,能不为了赚钱吗?"

余先生正色说道:"急于赚钱和正当赚钱是两回事,急于赚钱的,见钱眼开,只知道拼命地捞;正当赚钱的,就要重视信誉,细水长流。你看,每家药铺门口几乎都写有'道地药材'4个字,这难道是容易办到的吗?"接着他滔滔不绝地讲出一番道理来:驴皮非囤3年就不能熬成上好的膏;女贞子要经过五蒸五晒;红花要隔年采集于西藏;茯苓不是来自云南的洱海苍山不能算上品;麝香要当门子;鹿茸要血尖,等等。

最后,余先生说:"药是治病救命的,所以贵到犀角、羚羊,贱到通草、马勃,都必须精挑细选,丝毫不能含糊马虎。不在质量上胜过他家,又怎么能打响牌子?再说,开药堂总得图个百年大计。归根结底一句话,你要请我做账房,就要准备先折3年本,才能慢慢赢利。"

胡雪岩听了这番话,觉得句句都与自己开药店的宗旨相符,不由得心服口服。他深深一揖道:"今天我总算请到了一位目光远大、经营有方的好账房,余先生,今后一切全仰仗您啦!"

随后,胡雪岩给药堂取名为"胡庆余堂",意思是,胡雪岩请了一位洞明练达的好账房余先生。

当然,其他的布置也要体现这一宗旨:

药堂的门上高悬"药局"横匾,意味着继承了北宋时的官方制药机构——太平惠民和剂局。凭着胡雪岩的特殊地位,经过清廷默许,才挂上这块全国绝无仅有的"药局"匾额,也可称作"胡庆余堂药局"。太平惠民和剂药局所生产的许多传统药品,由胡庆余堂继续生产,如紫雪丹、牛黄至宝丹、牛黄清心丸、黑锡丹、苏合香丸等。

一进门，跃然入目的是 4 个金灿灿的镏金大字"进内交易"；二大门背面，上刻"是乃仁术"4 个字，这是胡雪岩开店的宗旨，意思是：药业是普济众生的事业。

店堂正中挂有"庆云在霄甘露被野，余粮访禹本草师农"及"益寿引年长生集庆，兼收并蓄待用有余"的对联，字体刚劲有力，还把"庆余"两字妙用在两副对联的首尾。旁则又有一副"七闽奇珍古称天宝，元霜捣白玉杵奇功"的对联，说明名药的艰辛采集和精细加工的过程。

店堂内外各种招牌、楹联、匾额共计 50 多块都朝外挂，是给顾客看的。唯有一块写着"戒欺"牌匾是朝向里面的账房。胡雪岩亲自跋文："凡百贸易，均着不得欺字，药业关系性命，尤为万不可欺。余存心济世，誓不以劣品弋取厚利，惟愿诸君心余之心。采办务真，修制务精，不至欺予以欺世人，是则造福冥冥。谓诸君之善为余谋也可。谓诸君之善自为谋亦可。"

"采办务真"，即原料要精选道地药材。胡雪岩规定要到全国各地坐庄办货。例如，到陕西办当归、党参、黄芪，到四川办杜仲、川贝、黄连，到东北办人参、虎骨、鹿茸等。

"修制务精"，为达到这一点，胡雪岩不惜工本，花巨资铸成金铲银锅，目的是要求店员制造药品务必精工细做，讲究质量。例如，制辟瘟丹要戒斋沐浴，炮制大黄要九蒸九晒。开店之初，店堂内就设有一只大香炉，平时供顾客点吸旱烟，如顾客不满意药品，可随手丢入香炉焚毁，另配满意的药品回去。

顾客买好药后，还可入内看鹿。店里有一个鹿园，养鹿 50 余只，可供顾客观看。

走出药堂，在出口处的八角门上，刻有"乃眷"二字。"乃"是虚字，"眷"者恋也。意思是，出门之后有流连忘返之感。

3 年后，胡雪岩又建药厂。药厂建成后，胡雪岩叫人在涌金门湖边打下一排排水桩，搭起又长又阔的跳板，每天雇数十人，穿上号衣，挑着担桶，排成长队到湖边挑水，吆喝之声不绝于耳，声势之大颇引市民注目。这样市民都知道了，胡庆余堂的驴皮胶是用西湖水熬制的。这对杭州人来说特别亲切：美不美，家乡水；而对外地人来说，也不乏吸引力。杭州佛地，西湖净水，使人们产生了美好的遐想。于是，胡庆余堂的驴皮胶很快驰名江南，年销以万斤计，成为胡庆余堂的著名产品。

其时，按官府规定，西湖里只准行驶用浆划的小船，不准行驶用篙撑驶的大船，而胡庆余堂却得到官府特许可以用大船。每当运驴皮时，一艘古色古香的平底大船，两边是朱漆栏杆，船头迎风飘着"胡庆余堂"的大旗，犹如一艘官船行驶在西湖上，甚是气派。

第二十二章 争权夺利，办船厂无意树强敌

同治三年（1864年），局势的发展有些出人意料。第一，常州在李鸿章部下郭松林、刘铭传、周盛波、张树声，以及常胜军戈登所部的合力猛攻之下，于四月初六城破，接着久守镇江的冯子材进克丹阳。大家都以为这两支军队会师以后，一定会乘胜西趋，直扑金陵，为曾国荃助攻。岂料李鸿章不顾朝旨催促，以伤亡过重、亟须整补为名，按兵不动。这一点早在左宗棠、胡雪岩的预料之中，李鸿章显然是不愿瓜分曾国荃一心想独得的大功，有意作态。第二，"天王"洪秀全病故于天京，其16岁的长子洪天贵福嗣位，称幼天王。

不久，金陵城被清军攻陷，幼天王洪天贵福出逃。朝廷论功行赏，曾国藩封侯，曾国荃封伯。

此外，又有恩旨赏赉东南各路统兵大帅及封疆大臣：湖广总督官文，赐封一等伯爵，世袭罔替；江苏巡抚李鸿章，赐封一等伯爵；陕甘总督杨岳斌、兵部右侍郎彭玉麟，赏给一等轻车都尉世职，并赏加太子少保衔；四川总督骆秉章、浙江提督鲍超，赏给一等轻车都尉世职；西安将军都兴阿、江宁将军富明阿、广西提督冯子材，均赏给骑都尉世职。

东南封疆大吏只有左宗棠和江西巡抚沈葆桢，上谕中特为交代："俟浙赣肃清后再行加恩。"这虽是激励之意，但相形之下未免难堪，尤其是李鸿章封爵，使得左宗棠更加不服气。往深一层想，曾国藩节制5省军务，江西、浙江也在其列，这两省既未肃清，说明曾国藩责任未了，何以独蒙上赏？

还有一件事更令左宗棠气恼,江宁战败的太平军只有往东南一路可退,因而湖州一带本来打得很顺利,竟忽然增加了沉重的压力。如果事先密商,曾国荃定于何时破城,进兵围剿的策略如何,都能告知左宗棠,以先期派兵填塞缺口,伏路拦截,又何至于让战败的太平军如山倒堤崩般涌过来?然则曾军只顾自己争功,竟是"以邻为壑"了!

曾左、李左结怨,终于形诸表面,甚至连皇上也知道了。

攻陷天京后,曾国藩曾向朝廷奏报克复金陵,所有悍贼被一网打尽。并特别指出,城破后,伪幼主积薪于宫中,举火自焚。这就凸现了曾国藩对太平军有攻克全功。不想左宗棠也上一折,称据金陵逃出难民供出伪幼主洪天贵福于同治六月二十一日由东坝逃至广德,被太平军将领黄文金迎入湖州府城,想借伪幼主名号,召集太平军余众。

朝廷得到左宗棠奏报后,对曾国藩大为不满。曾国藩平生自认为以诚信为本,假如按左宗棠所言,则无异于欺君罔上。于是,曾国藩上折反驳左宗棠,称洪天贵福可能已死,而黄文金为纠合太平军余众伪称其尚存,这是古来常有之事等。言外之意,左宗棠虚张声势,不过是为了邀功请赏。左宗棠看到此奏折后,又上书为自己辩解,对曾国藩言辞激烈,口诛笔伐。至此,曾、左二人的关系已不可挽回,十几年的交情因各自的名利而毁于一旦。

朝廷为调和将帅,另派马新贻到浙江任巡抚;左宗棠因战功升任闽浙总督。

马新贻一到任,胡雪岩则有不得不走之势。左宗棠在福建境内将太平军余部歼灭干净,打算将胡雪岩调到福建,但不必随他一起行动,而是专驻上海,为他经理一切相关事务。胡雪岩毫不迟疑地答应下来。

此时,胡雪岩已是上海滩的名人,其生意涉足丝、茶、军火、粮食、机械、百货、进出口贸易、药材、典当、金融等诸多领域,无论资本还是声望都如日中天。而此时的上海也由县升格为道,由一个繁华而畸异的小县城,一举成为一个国际化大都市。

左宗棠在上海一时插不进去,便寻思在东南沿海建立据点与李鸿章等抗衡。胡雪岩随他来到福州,并向左宗棠建言:在福建兴建船厂、军械厂,在大兴洋务上,弄出些不同于曾、李的业绩来。此议正对左宗棠的心思,"轮船成则漕政兴,军政举",于是,他指派胡雪岩总揽其事,筹建中国第一个具有现代意义的造船厂——福州船政局。

同时,胡雪岩因在浙江筹粮、筹饷有功,被朝廷授为军政使。

同治五年(1866年)五月,左宗棠根据胡雪岩的建议,向朝廷呈递了一份很有名的奏章《拟购机器雇洋匠试轮船先陈大概情形折》。奏章说:"欲防海之害而收其利,非整理水师不可,欲整理水师,非设局监造轮船不可,泰西巧而中国不必安于拙也,泰西有而中国不能傲以无也。"

左宗棠十分器重胡雪岩的才干。他说:"今欲明修政事,必先求治事之人。"并称胡雪岩"才长心细,熟谙洋务,为船局断不可少之人,且为洋人素信也"。

七月十四日,清廷正式宣布批准左宗棠的计划:"购买机器、募雇洋匠、试造火轮船只,实系当今应办急务。"对左宗棠建议中提出的设想"均照办理"。

左宗棠终究是胸怀大志之士,眼见福州的事业进展顺利,就想进军上海,把南方洋务运动的规模、声势做大,争取更多的支持,尤其是朝廷和西洋技术方面的支持。

胡雪岩自然是执行这个宏伟计划的急先锋,但他也不无担忧地说:"左大人,上海如今可是李中堂李鸿章的天下呀!"

左宗棠哼了一声:"按地域讲,上海地处长江之南,向来属于南方,为什么要把它划归李中堂的势力范围?"

"李中堂的主要基地江南制造局、江南转运局在沪经营多年,已经根深蒂固,上海官场中人多属李党。我们去上海发展,恐怕会受到掣肘。"

左宗棠斩钉截铁地说:"怕什么?我左宗棠的性格也和你一样,不怕输,越难越敢碰!这就是不少人在背后骂我为'湘骡子'的原因。

只有敢斗，才能常胜。上海是沟通南北的要津，又是世界的窗口，洋商、洋行多集中于上海。我们想在南方搞洋务，不去占领上海怎么行？再说，你在上海也有一些基础，无论洋人还是买办，都有不少是你的朋友，上海的李党恐怕见你也要礼让三分，不是吗？"说完，左宗棠仰面大笑。

大清朝即将有自己制造的铁甲轮船了，胡雪岩眼中不禁泪花闪烁，人到中年，历练增加，反倒更容易动感情了。唉，马尾港，毕竟这是他人生旅途中一个风光的站点。这里的朵朵浪花，正托拥着他拓建南疆的荣耀；点点飞鸥，正寄托着大清船政将要达到的辉煌；悠悠白云，哪里会记得它曾多少次化为苍狗！

左宗棠和他有着同样的感慨，他抄手踱了过来："雪岩，你不服输的性格，决定了你会成为商场上的常胜将军。数年前你在上海买卖生丝，与洋商斗法，不也显示出了你的神通？现在我们已在福建站稳脚跟，下一步的目标自然是上海。我想在上海开设一个采运局，委你当坐办，坐镇上海，掌控闽浙，盘活市场，联络八方。"

左宗棠所谓采运局其实是空手打巴掌，没有足够的银两做本钱如何运作？为此，胡雪岩把得力干将刘庆生从杭州调来，让他担任上海阜康钱庄的总掌盘，经管阜康钱庄在全国的业务。

刘庆生一上任，就将阜康钱庄的情况向他作了汇报："目前阜康在全国设立了24个钱庄和银票分号，已在全国范围内组成一个金融网。特别让人高兴的是，阜康在北京的很多客户是王公大臣，存款数量都很大，有恭亲王奕䜣、刑部尚书协办大学士文煜等。"

"这很重要，要紧紧抓住他们。这些皇亲国戚各有其关系网，可以发挥意想不到的作用。我们给这些人提供一个转移钱财的避风港，又可以通过与这些特殊存户的交往，获得朝廷大员的支持，这样在北京办事就方便多了。"胡雪岩一针见血点出了要害。

这时，郭庆春进来了，刘庆生知趣地退了出去。

郭庆春见到胡雪岩，欢喜之情溢于言表。上海方面这几年的大小生意,就靠他指挥铺排:"雪岩,这下你又回到上海来了。"

"这次不是来做一趟生意就走,而是要把上海作为永久的根据地。庆春兄,你还是正式来上海采运局兼个差使,帮左大人办事吧!"

郭庆春知道左宗棠是有抱负的人,当即应允,同时催促胡雪岩尽快和上海洋人中的头面人物见面。

与洋人打交道,胡雪岩必求教于郭庆春。郭庆春的路子很广,认为造轮船不必找日意格、德克碑。日意格与德克碑都是来华的法国下级军官,曾经协助左宗棠镇压太平军,战争结束后帮助左宗棠办洋务。如今西方各国,讲到轮船、铁路、火器的精良,美国有后来居上之势。同时,美国人不像英国人那样狡猾、法国人那样蛮横、德国人那样顽固、日本人那样阴险,比较容易相处。

但胡雪岩却另有看法,关于外国在华势力,英国最大,法国其次。要抑制英国的势力,只有利用法国;美国与英国同种,与美国合作等于帮助英国扩张势力。而且,日意格与德克碑是原始倡议之人,无故背弃,道义有亏。

实际上,胡雪岩还有一层意思没有说出来,郭庆春与他相处多年,亦能揣摩到。左宗棠与李鸿章争权夺利,几成不共戴天之势。李鸿章办洋务,倚重总税务司英国人赫德;然则左宗棠如果再请教英国人,也逃不出仍由赫德经手。而赫德与李鸿章互为表里,说不定会向总管洋务的恭亲王与文祥建议,制造轮船事务以由两江经办为宜。那样一来,岂不是给李鸿章开了路?

因此,郭庆春不再有任何主张,只一心一意做胡雪岩与日意格、德克碑打交道的助手。实际上也只跟日意格一个人接头,因为德克碑已经退伍回国了。建船厂的一切计划、图样及预算,都由德克碑在法国托人办理,寄给日意格,再找胡雪岩、郭庆春洽谈,一年多下来,已经策划得很周详了。及至左宗棠由广东班师,胡雪岩立即陪着日意格来到福州,左宗棠一看图释详明,非常高兴,亲自去视察日意格所建议的设厂之地。厂址选在福建海口、马尾罗星塔一带,水清土实,宜于开槽建坞，兼以接近省城，稽查方便，所以一看便中意。

同治五年（1866年）八月的一天，日意格到福州会见闽浙总督左宗棠，两人同日前往马尾，在中岐山下选择了宽130丈①、长110丈的地界。从此，这里就成为福建船政局——一段辉煌历史的发端。

接下来的事情，就是筹划经费。造厂买机器、雇募师匠，预算开办费用要30多万两银子；厂成开工，材料薪水每月需银五六万两，一年就是六七十万两，预计两年以后造出第一艘船，要花掉150万两银子。不过以后就可以省了，5年通计，不过300多万两。

这300多万两银子，从何筹集？左宗棠的意思是先办起来再说，只要有100万两银子，能应付得了头一年就行，此后欲罢不能，不愁朝廷不想办法。如果朝廷拿不出办法，有胡雪岩在，也一定可以想出一个维持下去的办法。因而粗略计算，福建海关及本省厘税，提用之权在自己手里；浙江分属自己管辖，不会袖手；广东蒋益澧是自己一手提拔的，更当效劳。有此3处财源，尽可以放手办事。

因此，左宗棠在五月中旬，便先奏陈"拟购机器，雇洋匠，试造轮船大概情形"。同时应诏陈言，以为镇压捻军宜用车战，镇压回民起义则千里馈粮，转运艰难，应该采用屯田之策。朝廷对车战、屯田之议，不见得欣赏，试造轮船则以为"实系当今应办急务"，所需经费准予在闽海关关税中酌量提用；如果不够，准再提用福建厘金。同时指示："所陈各条，均着照议办理，一切未尽事宜，仍着详悉议奏。"

有此一旨，左宗棠便紧锣密鼓地干了起来，一面关照胡雪岩通知已调汉口江汉关税务司的日意格，与在安南的德克碑商酌一切细节。议土木、议工匠、议经费，大致妥切，订立草约，担保人按照胡雪岩的建议，由法国驻上海的总领事白来尼担任。当然，这个差使必然又落在胡雪岩肩上。

同治五年（1866年）十一月初五，左宗棠在即将赴任陕甘总督之

---

① 1丈约等于3.33米。——编者注

前，向朝廷上了《恳请道员胡光墉往来听候船政大臣差遣片》的奏章，竭力推荐胡雪岩协助创办船局。他说："轮船局事虽创行，将来限满果能习成与否，虽据日意格、德克碑一力担承，臣亦不敢据谓确有把握，但觉事不可已惟当择人而任尽力以图耳……故敢传此事者绝少其人，即如道员胡光墉素敢任事，不避嫌怨，从前在浙历办军粮军火，实为缓急可恃；咸丰十一年冬，杭城垂陷胡光墉航海运粮，兼备子药，力图援应，舟至钱塘江，为重围所阻，心力俱瘁，至今言之，犹有遗憾。臣入浙以后，委任益专，卒得其力，实属深明大义不可多得之员……"左宗棠一面向朝廷推荐江西巡抚沈葆桢任总理船政大臣，一面又竭力推荐胡雪岩打理福州船政局的一切具体事务。

建造船厂显然是左宗棠出于争胜之心，非要和李鸿章的洋务一比高低，所以即便他赴任西北，船厂仍可由后来的沈葆桢继续督办。但胡雪岩自己难卸其责，必须"顶石臼做戏"，不能半途而废，并与上海李鸿章一派成为敌手。

经过一年时间的筹建，船厂于同治七年（1868年）一月十八日正式开工，这是我国第一家新式造船厂。

同治八年（1869年）秋，船厂的第一艘轮船"万年青"号下水。这艘轮船从福建试航到达天津港时，观看者人山人海，当人们首次看到我国自己制造的轮船停泊在天津港时，万众欢腾，盛况空前，连洋人也甚感惊奇。

同治十年（1871年）一月二十五日，船厂的"镇海"号兵轮顺利下水。

被西方列强视为落后的清廷，居然能制造出自己的轮船和兵船，这是左宗棠在洋务运动中的一大功绩。当然，其中也有胡雪岩的贡献。

然而，在洋务运动中，左宗棠等人也遭到朝廷中极端守旧派的极力反对。他们认为中国不应该使用新式枪炮，在中国的土地上不应该出现铁路、轮船、机器、电报等新玩意。同治七年（1868年），大学士宋晋攻击左宗棠创办船局"糜费太重"，要求朝廷下令停办。左宗棠力争，在奏章中说:"天下事创始甚难,即裁撤亦不可草率从事……若如言者所云,即行停止,无论停止制造,彼族得据购雇之永利,国家旋失自强之远图,堕军实而长寇仇,殊为失算。"左宗棠这篇冒死向慈禧太后披沥直陈的奏章,终于获得朝廷与洋务派的支持,福州船政局总算得以维持下去。

然而,左宗棠、沈葆桢苦心创办的福州船政局不仅经常遭到官场中守旧派的牵制和反对,还不断受到洋人的刁难。船政局按合同规定辞退了一名违法的法国匠师,法国驻福州领事竟借此事干预船政。同治八年(1869年),"万年青"号下水,总监工拒绝上船主持试航,沈葆桢立即辞退日意格,以示惩儆。

同治十年(1871年),左宗棠致信胡雪岩说:"闽局各事日见精进,轮船无须外国匠师,此是好消息……阁下创议之功伟矣。见在学徒匠日见精进,美不胜收,驾驶之人亦易选择,去海之害,收海之利,此吾中国一大转机,由贫弱而富强,实基于此。"

光绪十年(1884年)八月的一天中午,法国驻福州副领事照会闽浙总督何王景宣战开炮。法国侵略军精心策划,假宣战之名而行偷袭之实,以停泊在马尾港口的法国军舰向福建水师发动突然袭击。清军旗舰"扬威"号在被敌鱼雷击中即将沉没之时,仍以尾炮击中法旗舰"窝尔达"号;"福星"号被3艘敌舰包围,舰身多处被袭,犹如一条火龙,但全舰将士毫无惧色,沉着应战,直至弹药库爆炸而英勇捐躯;"振威"号被袭,舰身失去控制,随波漂向下游,船上官兵依旧发炮击敌,直到中鱼雷沉没;其他如"飞云"号、"福胜"号官兵也都临危不惧,奋勇杀敌,表现出崇高的爱国主义精神和大无畏的英雄气概。激烈的战斗持续了将近一小时,由于敌我力量悬殊,加上仓促应战,处境不利,福建水师遭到失败,损失惨重。11艘兵舰和19艘运输船全部沉没,死伤官兵700余人。花费长达16年时间建立起来的福建船厂,就这样毁于一旦。此乃后话。

第二十三章　长袖善舞，筹巨款力挺左宗棠

就在胡雪岩为办造船厂四处奔波之际，边疆的局势严峻起来。

同治三年（1864年），新疆库车、伊犁等地相继爆发反清事件，先后在天山南北建立了5个封建割据政权。同治五年（1866年）三月，沙皇俄国悍然出兵，强占伊犁地区，并叫嚣要占领乌鲁木齐，夺取哈密。此时太平军仍有残余部队活动，东南沿海地区又有列强虎视眈眈，朝廷实感力不从心，直到同治六年（1867年）才派左宗棠为陕甘总督，兼领陕西、甘肃军务，实际上是要平定新疆之乱，解救边疆危机。然而，新疆局势纷纭复杂，积重难返，陕甘总督只能遥领新疆，怎能化解这场边疆危机？

西北征伐，首先要筹办军饷。左宗棠决定采用练马队、造炮车、办屯垦的办法，稳扎稳打，以十年为期，稳定边疆。要兵要粮，要枪要饷，要办屯垦，一年下来，要筹300多万两饷银，实在不是一笔小数目。虽然可以向各省要求协饷，但通算下来，即便先筹半年的饷，仍有大半之数没有着落。

左宗棠把胡雪岩从上海召至福州，商议此事。胡雪岩不懂军事，但他知道，新疆乃少数民族聚居之地，情形极度复杂混乱；塞外苦寒，气候恶劣，民众贫困，就算有一支强劲的军队和充足的军需补给，用兵也不是一件易事。

胡雪岩是个务实之人，深知平定大西北不是一朝一夕之事，左宗棠把他从上海召回，使他这个已届中年但从未上过战场的商贾奇才忽然产生了一种士兵般的使命感："大帅万里征程，砥定新疆，有什么需要雪

岩效力的吗?"

左宗棠用深邃的目光盯着他,缓缓说道:"不是效力,是效命!因为这不是一场普通的战争,而是一场旷日持久的塞防之战、国防之战,可能要打上三年五年、十年八年……"

随后,二人又一次翻看着册页,商议这桩军国大事,左宗棠向胡雪岩透露了一些朝廷机密——来自紫禁城的消息。

以往几次大规模西征,基本是徒劳无功,大西北反而越来越不稳定,边患不已。此次西征的成败,首先在于军需,关键也在军需。

"左大帅要屯垦戍边,在大西北办工厂、兴洋务,我也要做长期打算,筹备军需也当想到十年八年之后。哪怕只有一条路可走——找人借!"胡雪岩毕竟是商人出身。

"你当然要考虑向洋人借钱!"左宗棠能体谅胡雪岩的难处。

胡雪岩摇了摇头,说:"对!可以向洋人借债,但这需要担保,江海关①是最好的担保人。我担心的是,天朝大国向洋人借债,一定会有人大不以为然,一些多事的官员更是会群起而攻之。"

左宗棠毫不在意地说:"这就顾不得那么多了!雪岩,江海关是关税收入要害所在,总不能老是让李少荃之流一手把持,你好好想想办法,从他们手中多挖一点儿协饷出来。"

乾清宫内,巨大的红烛和一座座烛山大放光明,淡淡烟气向金顶飘升,形成一片轻虚缥缈的薄雾。大臣们个个低头不语,生怕一抬头就碰上皇帝那双期盼的眼睛。"正大光明"牌匾下,龙椅上端坐着少年同治皇帝,其后是垂帘听政的慈禧太后。

"西征军费浩繁,大约需要多少?"慈禧太后问。左宗棠生怕开支过于庞大会动摇太后的决心,便带着几分含糊说道:"数万兵马的粮草、武器,集训之后西进,首度大约需要300万两之数!"

---

① 江海关,我国建立最早的海关之一,初设于华亭县的漴阙,即今上海奉贤金山交界处的海边,后迁至上海小东门外的旧察院行台,其管辖范围是江苏所有的出海口。——编者注

这一巨额数字，立即激起了众臣的强烈反对。有人大摇其头，有人说这个兵干脆不要出了。就连西太后也沉默下来，平定边疆的军费竟如此巨大！左宗棠拉长了脸，冷眼看着那些反对派，心里说：这算什么，只怕要4个300万才能奏效呢！这已经打了折扣了，实话实说，恐怕会把你们吓趴下了。新疆多大的面积？相当于16个浙江啊！

李鸿章的"鼠眼"发出锐利的光芒，示意宝鋆出面。宝鋆出列奏道："臣户部尚书宝鋆启奏皇上，'洪、杨之乱'刚平，国力维艰；而大江南北连年灾荒，使得赋税锐减。西征所需的300万两白银，户部实在度支不出。"

李鸿章也出列奏道："臣李鸿章启奏皇上，户部所奏属实。大战之后，元气未复，发兵西征，无异于雪上加霜。是否待国力完全恢复之后，再行出兵西征……"

慈禧太后听了，忍不住打断李鸿章的话说："西北历来为我大清河山，怎能容忍阿古柏之流肆意侵占？西征毋庸再议！至于粮饷军需一事，着户部、兵部商议筹措，详拟上奏。"

左宗棠再次出列奏道："微臣深知军费筹措之难，除西征军自行屯垦之外，还请各省以协饷方式尽力筹办。臣已和南方沿海三省督抚商定，臣所在的福建，每月协济4万两；浙江每月协济2万两；广东与福建一样，每月协济4万两。其他如北洋、天津等处，尤其是上海的江海关，当由海关洋税款中抽拨部分，共同协饷西征。"

李鸿章可不想出这个钱，于是赶紧推脱道："微臣所辖海关也不宽裕，时时有捉襟见肘之虞。北洋、天津海关税收，实已用于筹建北洋舰队；上海的江海关，洋人也一再刁难，所以要江海关提供协饷，实难从命。"

此时风头大变，多数倾向左宗棠，因为太后已经表态了。慈禧今日确实不太喜欢李鸿章的态度，她带着几分不满说："此事不必再争，李中堂也无须推脱，当与上海道会同磋商江海关能出多少协饷。从速奏明朝廷，不得有误。"

军费、军费，兹事体大，莫此为大！本该由朝廷操心的事，偏偏又落到了胡雪岩头上，他为此吃不香、睡不着，偶尔做梦也是骑马乘车或是追车赶马地为筹措军费而奔走……

一到上海，他就把郭庆春召到阜康钱庄，商议兵分两路。上海方面先由郭庆春出面，向各国银行、洋行商借白银300万两，使西征之事赶紧运作起来。

"雪岩，你是商人，商人牟利，你陷入一场旷日持久的战争里干什么？左大人现在是陕甘总督，远隔万水千山，对你爱莫能助，你想过这些没有？"郭庆春担心地说。

胡雪岩说："此事我已思虑再三。自从太平军被剿灭之后，大清元勋功臣，曾大帅高高在上，左大帅等而次之。倘西征事成，左帅必能封侯拜相，与曾国藩平分秋色。况曾大帅体弱多病，左大帅精明强干，以后朝廷势必倚重于他。左大帅树大根深，我们的生意也会好做得多。何况西征之战，必是持久之战，商机甚多，粮食、被服、军火的买卖获利难以估量。总之，左大帅的事我们不能不管。'背靠大树好乘凉'，先得'咬定青山不放松'啊！"

"一开口就是300万两，洋人的钱那么好借？银行借钱，未借先要谈归还，这是贷款的首要原则。大清失地赔款太多，朝廷向来反对找外洋借款。我们找洋人商借，何时归还？由谁归还？用什么归还？利息怎么算？到时不能按期归还，罚金算谁的……"

胡雪岩大笑道："我不懂洋文，更不清楚外国银行的那些事，你所说的这些，我一条也不能答复你，但请庆春兄先探探洋人的口风。至于归还一事，于私，找我胡雪岩；于公，找各省协饷——开张空头支票，画个烧饼让他们瞧。'赖借'，人家是赖账，我胡雪岩创造发明了'赖借'……"

此后一连数月，胡雪岩马不停蹄地跑了东南数省，催办、落实各省协饷，但只拿到七八万两银子。而郭庆春在上海，总算贴住了英国渣打银行。渣打银行上海分行的总裁是著名的正人君子哈姆特。郭庆春常在沙逊大厦一间豪华会议室会见此公。

"300万两白银？这可是一个天文数字啊！万一到期你们不能按时归还这笔巨款，我们银行的损失——就不必由我说出口了。"哈姆特的"猫眼"颇有力度，也是他脸上最大的亮点。

"哈姆特先生是不相信我们大清帝国？"

"No！No！如果这笔钱真是作为军饷，得由你们朝廷出面和我们交涉，否则我们不能考虑。很抱歉，郭先生，因为在此之前，大清朝还没有向外国直接借款的先例。"

郭庆春只能打马虎眼了，他微笑着说："若谈得成功，朝廷自然会做主，大清是讲信誉的。谈不成功，那就代表我自己，代表胡雪岩先生。哈姆特先生，你清楚谁出来做主不是最重要的，只要借款有了眉目，自然会有人出来做主。"

哈姆特耸了耸肩，两眼突然盯着郭庆春问道："郭！胡雪岩先生在中国官场上的影响和势力究竟有多大，你能如实地告诉我吗？"

郭庆春一听此话，立马增添了底气："完全可以！哈姆特先生，中国有句老话'有钱能使鬼推磨'。胡老板的钱财足以买下浙江半个省的地皮，相当于英伦三岛中的一个！他的阜康钱庄在全国有24家分号，北京很多王公大臣都把钱存入阜康钱庄。还需要我进一步解释吗？"

尽管如此，哈姆特仍无法下决心，表示要认真考虑考虑。

胡雪岩沮丧地回到上海，对郭庆春与哈姆特谈判的结果同样感到失望。但郭庆春提供了一条有点儿价值的线索，他在电报局听到传闻，说哈姆特最敬佩上海的犹太富商哈同和他的中国夫人。他最大的消遣，就是到哈同的私家花园坐坐，和哈同夫妇一起喝杯咖啡。

胡雪岩眼前一亮：能不能设法通过哈同，促成哈姆特进入第二轮谈判？只有通过接触，才能更多地了解这位英式正人君子，弄清他需要什么，有什么弱点，才能投其所好、供其所需。

郭庆春说他和哈同夫妇有过一面之缘，可以试试。

针对哈姆特担心借款并非朝廷授意而纯属胡雪岩的个人行为，胡雪岩提议去会一会上海道台邵友濂，他不是管着江海关吗？如果让邵友濂出具一份证明：江海关的关税将来可用于偿还渣打银行的部分借款，不就表明朝廷是支持的，至少是同意向外国银行借款的吗？这江海关、上海道难道不是大清朝廷的机构？

经过商量，他们决定由郭庆春出面，单独去会上海道台邵友濂。

邵友濂在道衙的客厅里会见了这位"特使"。郭庆春好说歹说，邵友濂就是不松口，并对胡雪岩大加诋毁，甚至还扯上了李鸿章、左宗棠。

这下惹恼了郭庆春，他拿出自己的皇室身份，半是劝解半是恐吓地说："左宗棠、李鸿章都是封疆大吏、一路诸侯，都在为我爱新觉罗家肝脑涂地，双方不是生死敌人，没有难以调和的根本利害冲突。姓邵的，莫非你以为替恭亲王发了几封电报，就不把我放在眼里了？"

郭庆春这一番话，着实让邵友濂受用不起，他只好取来笔墨纸砚，眼巴巴地看着郭庆春。郭庆春略一思忖："我说，你写——'太后懿旨：西征军费筹款着江海关分期逐年偿还'。写罢，盖上海道大印，本皇室有急用。"

邵友濂眼睛不敢看他，但又不能不申述他不敢落笔的理由："太后懿旨，西征军费，着各省协饷解决，江海关所提供的'协饷'，历来是有定数的，此其一也。其二，庆春少爷你是知道的，江海关素来为洋人所把持，其所收关税，仅提二成交上海道代收代付，怎能改作他用？其三，朝廷明令不得擅借洋款，以免有损大清声威……"

"我说'借'字了吗？我说过'借洋款'了吗？"郭庆春咄咄逼人。

邵友濂又紧张起来："没……没有，下官不过陈明懿旨的原意罢了。"

郭庆春拉长了声音说："我能不知道太后懿旨的原意吗？你跟我咬文嚼字？没错，我正在找洋商借洋款，你是科班出身，难道看不出这只是在跟洋人玩字眼吗？'西征军费筹款'，把'借'字改为'筹'，这是不使你为难。跟洋人解释：这个筹包括'借'——找谁借不是借啊？

能借到就算本事，就是面子！'着江海关分期逐年偿还'，那不是扯淡吗？兴你们被洋人哄，我们就不能哄一回洋人？告诉你，西征兹事体大，误了军国大事，叫你颈上人头不保！"他抬起手来，用力一挥，邵友濂仿佛听到了"咔嚓"一声，不由得哆嗦了一下。他定了定神，照郭庆春口授写毕，盖上上海道大印。

在哈同夫妇的敦促下，胡雪岩、郭庆春与哈姆特开始了第二轮谈判。

郭庆春出示了上海道的证明，翻译把它拿给哈姆特过目。哈姆特立刻冲胡雪岩说："OK，胡雪岩先生，我知道你是一个精明的商人，而且你与大清朝廷的大官都有关系，我就把你当作大清朝的代表。"

胡雪岩兴奋地说："哈姆特先生能理解这一点就好。如果通过这次借贷，英国在中国打开了金融市场，其利润将是很可观的，会比贸易更赚钱。我还要坦白地告诉你，由于一场内乱，大清的财政十分困难，西征军费很可能全部要靠借款来解决，因此远不止300万两白银。"

"那会是多少？"

"这应该是一个秘密。不过，我估计不会低于1000万两，甚至1500万两。"谁也没想到，恰恰是这个天文数字引起了哈姆特的兴趣。按照国际惯例，所有的战争贷款都是高息借贷，利润巨大。

郭庆春从皮包中取出一份"合约书"，递给哈姆特。哈姆特对其中的条款频频发问："贷款总数为300万两，第一期为150万两，在3个月内付清。其余的在一年内交付，这应该没有问题……偿还期限为10年。什么？10年？这太长了！偿还期限不应该这么长。"

胡雪岩早有准备："请允许我解释一下，哈姆特先生，关于这场战争，我们已做好长期作战的准备，计划花10年时间。所以贷款的最后归还日期为第十年。10年中间我们已安排了几次还款的时间，而且会严格遵守。"

哈姆特急切地想知道下面的一条："对于利息……合约书上似乎没有写清楚。"

胡雪岩会心地一笑："那是有意不写清楚。哈姆特先生，利息中有一部分是你的回扣，这笔钱不见之于账面，你可以理解吧？"

哈姆特想了想，说："这个问题应该放到最后，现在讨论贷款的利息问题。"哈姆特提出年息25%的苛刻条件。胡雪岩大叫："这不是放高利贷、驴打滚吗？"他表示只能给8%的年息。双方陷入拉锯战，你来我往，最后僵持在18个点上。哈姆特有意把这个话题岔开："还有最后一个问题，你们提出的担保措施是各省和江海关的协饷，这有充分的保障吗？"

"协饷是朝廷谕旨的明文规定，相当于你们西方的法律，不久前在北京已经得到皇上和太后恩准。"胡雪岩出示了那份邸报。

郭庆春进一步向对方阐明："在中国，皇上的圣旨就是最高的权威，谁都不得违背。"

哈姆特似乎仍有想法，他突然站立起来："好吧！第二轮谈判到此结束。我会向英国总行报告，相信很快会有一个明确的答复。"

此后又经过了几轮艰苦的谈判，哈姆特终于在合同书上签上了自己的名字。

胡雪岩好不容易筹措到了第一笔军饷，此时前线的战事却出现了意外。原来，由江南制造局负责采购的军火竟然是一批废枪废炮，洋炮威力不大，根本打不到城墙，有几门炮竟然自行爆炸，清军大败，左宗棠还身负重伤。江南制造局负责采购的人员姜石林畏罪潜逃。

前方的战事一日紧似一日，催讨军火的文书一封接着一封。购买军火的重任又责无旁贷地落到了胡雪岩身上，钱的问题又一次摆在他的面前。胡雪岩和郭庆春再次来到上海道台邵友濂的官邸，商议购买军火、筹措银两之事。

郭庆春首先切入正题："西征事大，当务之急是要向外国购买大宗攻城作战利器，包括后膛螺丝大炮、后膛七响洋枪、手掷式炸弹等，火速运往西北，以打败受英、俄支持的阿古柏军队。"

胡雪岩补充道："邵大人，庆春兄已与德国军火商汉斯先生谈妥，可用最低廉的价格购买最优质的德国新式武器，迅速运往边陲。我们来见道台大人，主要是想落实购买军火的经费，江海关的协饷能否早日拨给我们？"

"你们不是已经向英国渣打银行贷款150万两白银了吗？"邵友濂脸上堆着笑，心里却忌恨得出血。

"那是西征军的军饷，已经解往西北，用来解决将士们的粮草、衣被等军需急用。要购买军火，还得仰仗江海关的协饷。"胡雪岩说。

邵友濂顿时变了一副面孔："胡老板、庆春少爷，实话跟你们说吧，西征军费着各省协饷解决，朝廷并无定论，皇上也没有正式颁旨。就算有定论，前番购买枪炮，已将江海关应支协饷税全部用光。协饷税是极其有限的，想要，只有等明年啦。且江海关的关税，九成以上都被洋人拿走了。只有找洋人借——你们去北京讨一道准借洋款的谕旨，方有解决西征军费的可能。"

"那好，我就上京城去讨这道谕旨！"

为了讨到两宫准借洋款的懿旨，胡雪岩只身来到京城。此行他只有一个心愿，就是不惜一切代价把准借洋款的上谕拿到手！

他马不停蹄，在京城奔走数日，终于找到了一个机会，借恭亲王奕䜣在西郊检阅神机营之机，携银万两前往"慰问"。恭亲王当即表示，一定在皇上和太后面前力陈借贷洋款之必要，着各地从速把协饷解赴上海。接着，胡雪岩又拜访了吏部尚书、协办大学士文煜，文煜表示支持。但胡雪岩几次谒见军机大臣宝鋆都吃了闭门羹，只探得宝鋆有个弟弟宝森嗜赌如命……

这一天，胡雪岩持厚礼到荣王府拜见荣亲王。荣亲王道："所说借贷洋款一事，我当会同宝鋆大人一起向皇上和太后启奏。只是，我听文煜大人说，你们阜康钱庄的北京分号特别方便王公大臣，有这回事吗？"

胡雪岩心中窃喜，知道有戏，赶紧回道："确有其事，文大人等朝廷大臣在阜康钱庄占有很大股份，乃我阜康钱庄的福祉。亲王如有什么事，阜康钱庄十分乐意为大人效劳。"说着，胡雪岩装作突然想起来似的，从内袋里掏出一个锦套存折，双手呈上。

荣亲王拿过存折，抽出折叠的内芯展开看了一下，神情依然淡淡的："多谢美意！可我是朝廷命官，贵为亲王，兼任钱庄名誉董事长并不合适，这个存折你拿回去吧！"

胡雪岩只得恳求道："名誉董事长担不担任，小的不敢强求亲王，可这存折京城里不少王公大臣都有，请亲王暂且收下，用不用都没关系。"

约莫又过了半个月，在京城西直门附近的一家赌场，胡雪岩又逮到了一个机会。

号称"宝二爷"的赌徒宝森输了个血本无归，取下腰间一块玉佩，要押500两银子。对方不干，两人便争执起来。就在这时，胡雪岩出现在赌台前，往宝森手中拍了一张千两银票。宝森要将玉佩给他，胡雪岩抬手把玉挡回："玉是有灵性的，揣着！我只在这儿看你怎么个翻本赢钱。"

宝森朝他一竖大拇指："够爷们！爽快——"宝森继续赌下去，居然赢了个大满贯。之后他问起胡雪岩姓名，大叫"有缘有缘""久仰久仰"，客气一番，两人便热聊起来。

胡雪岩显出推心置腹的样子，说道："这有什么，千万别放在心上。宝二爷，不是我胡某人多嘴，您这样高贵的身份，怎么会落到这个地步？"

宝二爷是个好玩的主，毫无心机，于是就发起牢骚来了，说他当高官的哥哥宝鋆烦他、回避他，成天躲在书房里，鉴赏比命还值钱的唐宋书画。

说者无意，听者有心。宝鋆号称"冷脸冰心、油盐不进"，胡雪岩无意中得知他有这么个雅好，心中窃喜。于是进一步和宝森套近乎，请他到江南游玩，两人一下子更加亲近了。

一天晚上，坐在书房里欣赏书画的宝鋆听到差役小心地禀报："大人，胡雪岩派人送了一份礼来。"

差役呈上红木匣："不是银子，是一幅画。"他知道老爷喜欢这个，满脸谄媚地笑着，轻轻解开包装上的红绸带，打开红木匣，里面发黄的画轴露了出来。

"什么？吴道子！"宝鋆简直不敢相信自己的眼睛，他揉揉双眼，定睛细看，没错，正是吴道子的画！

"大人，要不要挂起来瞅瞅？"差役讨好地问道。宝鋆眉目舒展地说："好画当然要挂起来才能品出味来。"

差役将画挂起。宝鋆回到太师椅上，眯着双眼欣赏起来。论画，宝鋆颇信奉宋代郭若虚的观点，认为自古以来，敏慧妙悟、精通高绝、为世人所尊重的画家，也就东晋的顾恺之、南朝陆探微，以及唐代被称为"南宗画之祖"的王维和被称为"百代画圣"的吴道子。这幅画是吴道子的一幅《簪花仕女图》，高髻云鬟，轻罗彩带，现半拉雪脯，一定是皇苑中收藏的稀世珍品！

宝鋆看了又看，爱不释手。"这画可比银子还值钱啊……这个胡雪岩真鬼！怎么会知道我有这个嗜好……"他转向差役问道，"胡雪岩有什么话留给门房吗？"

"来人只说，宝大人为国事辛劳，他几次想上门请安，又怕大人公务繁忙，不敢冒昧前来。"

宝鋆捻须一笑："他不来，比来还高明；他不说明，比说明还厉害……好吧！我宝鋆也不会辜负他的美意，有什么事将尽力成全。"

不久，圣旨下，刻奉上谕："借用洋款，息银既重，各省关除划还本息外，京协各饷，更属无从筹措，本系万不得已之计。此次姑念左宗棠筹办军务，事在垂成，准照所议办理。嗣后无论何项急需，不得动辄息借商款，致贻后累。"

胡雪岩拿到了"尚方宝剑"后，匆匆收拾行装，直奔上海，与郭庆春密谈。此时郭庆春已任英商汇丰银行买办，由他牵线，和汇丰银行达成协议，借款120万两，月息8厘，借款笔据，由各海关出印票，并由各省督抚加印，到期向各海关兑取。左宗棠完全同意，但等奏准。

经过胡雪岩的巧妙周旋，这笔大额借款终于借成了，是为中国借外债的开始。在整个借贷过程中，没有一个官方要员出面。

其时，胡雪岩主持上海转运局，负责采购、运解饷银和军火，以及刺探中外情报事宜。他先去催领东南各省协饷，催领不到便向外商借洋债。这些外商与阜康钱庄都有往来，如汇丰、有利、麦加利、丽如等外商银行。有时洋债未借到手，胡雪岩便先向乾泰公司等华商银行借或自己先行垫付。

胡雪岩为左宗棠所借之洋债，总数达1770万两，其中，自光绪三年（1877年）至光绪七年（1881年）3次用于西征的就有1250万两。外商明明知道胡雪岩这些借款是清廷大帅左宗棠西征之需，却完全信赖胡雪岩个人从中斡旋。它开创了中国商人代政府向外国人借债的先例，真所谓"洋人不听大帅言，而信胡雪岩一诺"。左宗棠的勋业以及胡雪岩个人的飞黄腾达，因此有了一个新的起点。

第二十四章　贪恋美色，亏当铺换得新夫人

胡雪岩在商场、官场上无不表现出精明能干、长袖善舞的一面，但是人就会有弱点，胡雪岩的弱点之一，就是贪恋美色。所以，有时吃亏上当也就在所难免了。

话说宁波自开埠以来，市面日渐繁荣，胡雪岩看到这一商机，于咸丰十年（1860年）在宁波开起了阜康分号——通源钱庄。但在战乱频仍、饥荒不断的年代，城里人不要说那些日入日食的穷家小户，即使是略有积蓄的小康之家，也不时陷入困境。胡雪岩认识到，典当行就是穷人的钱庄。在动乱的年代，穷人更需要典当行，甚至那些在天下太平时打死也不会进当铺的大户人家，此时也会跑当铺。钱庄的太平生意不好做时，典当行的生意却是再好做不过了。自从上次购运军粮在宁波躲过一劫后，胡雪岩坚信宁波是一个生财宝地，于是打算在宁波再开一间当铺。

这天，胡雪岩、尤老五、郭庆春三人来到宁波。通源钱庄管总徐敬民偕夫人在望江楼设宴为他们接风。席间，大家闲聊政局、市面，聊着聊着就聊到了开当铺的话题。

郭庆春说：“现在外地逃难来宁波的人很多，开当铺倒是个时机。”

尤老五接过话题说：“雪岩在杭州开了第一家公济当，为我漕帮兄弟解决了不少困难。”

胡雪岩笑道：“钱庄是有钱人的当铺，当铺是穷人的钱庄。”接着又说：“我开当铺是为了穷人，不想赚钱。因为穷人有急用才跑当铺。”

徐敬民说：“话是这么说，天下哪有不赚钱的当铺，胡大先生把开

当铺作为一种善行,那另当别论。"

"雪岩的徽州朋友(一般指朝奉①)很多,他们中很多人都懂,找一个当铺总挡手既要有本事,还要讲良心。"郭庆春说。

"对,庆春兄,你说得对。"胡雪岩连连点头。

酒过三巡,胡雪岩发现徐敬民面带愁容,忙问道:"徐管总,钱庄头寸短缺否?"

"胡大先生,你来得正好,钱庄近日出现了一些麻烦。上门提现银的人突然增多,库银十分紧缺。"

钱庄靠的是信誉,一旦出现信誉危机,随时会发生挤兑,这是最令人担心的。徐敬民接着说:"有人传出风声,说浙江海运局放在阜康钱庄的库银70万两,朝廷急需挪借,以充水师。"

"杭州的事情怎么会在宁波掀起风浪,内中必有蹊跷。"胡雪岩觉得奇怪,徐敬民想想也是。

随后,胡雪岩让郭庆春持浙江海运局的公函,到宁波藩台汇划库银20万两,以解燃眉之急,风波很快平息了。事后,胡雪岩派人四处打听,风声从何而来,终于查出是当地一家钱庄的掌盘黄经明所为。

这家钱庄叫民丰钱庄,因战争影响,生意大幅滑坡,东家见胡雪岩挤进来开设了通源钱庄,更为忌恨,为了控制宁波金融,与胡雪岩争夺市场,便想先发制人,以迅雷不及掩耳之势摧垮胡雪岩在宁波的钱庄。钱庄掌盘黄经明出于个人目的,就给东家出了这么个馊主意。

胡雪岩对此很生气,打算把这家钱庄并掉。但他转念一想,"强龙难压地头蛇",还是谨慎行事为妙。后来,沙船帮的人也出面说情。民丰钱庄与沙船帮有些渊源,因沙船帮在危难时刻帮过自己的忙,出于感激,胡雪岩便卖了沙船帮一个人情,就此罢手。

宁波的当铺很快就开起来了,取名为"通恒",意为财源恒久畅

---

① 朝奉,徽州方言中称富人为朝奉,苏、浙、皖一带也用来称呼当铺的管事人。——编者注

通。因急缺人手，沙船帮就把黄经明介绍过来。黄经明因体态肥胖，人称"黄胖子"，据说是个行家里手，办事精明，胡雪岩让他当了宁波新当铺的管总。

开始几年，因从杭州、苏州等地逃难来的人多，通恒的生意的确不错。胡雪岩虽然对黄胖子没什么好感，但发现他经手的业务都办得相当不错，渐渐信任了他。不料近两年，黄胖子和上海的邵友濂、姜石林串通一气，在他们的庇护下，利用当铺的资金贩卖私盐。

原来，黄胖子的弟弟黄海明是沙船帮的人，甚不安分，因黄家在舟山一带盐场干活的朋友较多，便借打鱼之便，干些偷运、偷贩私盐的勾当，有一次被海关守兵拿获。邵友濂得知他是宁波通恒当铺管总黄经明的亲弟弟，便暗示姜石林出面担保，将他放了出来。姜石林对黄海明说他在两江地面上关系很多，私盐生意风险很大，要做就做大点，何不利用其兄长是通恒管总的便利，挪些银两出来，赚他一把。黄海明试着跟黄胖子一说，黄胖子竟满口应承。果然，不过一两年工夫，黄海明就把盘子、场子都做大了。一趟下来，万两白银到手，这些银两全都存在怡和大买办刘某开设的钱庄里，真是神不知鬼不觉。

胡雪岩因这几年忙于为左宗棠筹集军备粮饷、办药店、建楼堂，来宁波的时间并不多，对通恒当铺过问也少。有一次，有人提醒胡雪岩当铺生意上已经出了漏洞。

当时，胡雪岩的当铺在各地共有23家，资本总共450万两银子，按1分息算，一年就是54万两。

在胡雪岩的记忆中，每年年底结账，典当部分的盈余从未超过20万两。照此说来，每年有30多万两银子无影无踪了。

这时，郭庆春给他出了个主意，整顿当铺，不必一家一家地查，只需把23家的管总、管包通通调动。调动要办移交，接手的人有责任，自然不敢马虎，这样一来，账目、架货的虚实也就盘查清楚了。

口风一传出去，各地当铺的管总心里都七上八下的，黄胖子更是坐立不安。他舞弊多年，贪污和挪用的银子有七八万两。糟糕的是，这些银子除了少部分是给他弟弟做生意外，大部分都被挥霍掉了，根本无法填补亏空。他思前想后，终于寻到一条缓兵之计。

这些年黄胖子打理当铺，全靠一个女人。这个女人叫香雪，她的父亲陈珏是徽州富商，开过几间当铺，战乱之后逃难到上海，与黄胖子合伙开了一间典当行。当时上海小刀会起事，陈家所有财产都被小刀会的一个头目霸占，黄胖子便逃到宁波的钱庄做挡手。在这当口，陈珏病死，香雪带着一个丫鬟逃了出来，刚到崇明口，她和丫鬟就被人流冲散了，她漫无目的地走了两天，身无分文，没吃没喝，最后晕倒在一条小河边。后来沙船帮的一个尖丁救了她。黄胖子知道这件事后，让弟弟把香雪骗来宁波，做了他的小妾。香雪受家庭熏陶，已成为一个识宝行家，不论哪个朝代的名画古玩、玉器珠宝，一经她手，真伪立现。

胡雪岩在着手处理前也暗中做了一些调查，知道了香雪的存在。"倒是一个难得的奇才。"他对郭庆春赞叹道。

"可惜是个女的，不然，你可以重金聘用她。"郭庆春说。

"我倒要去领教一下。"胡雪岩说。

一天，胡雪岩带上一大一小两件典物，走进通恒典当行，一个年长的挡手见有人送上两件翡翠珍品作典，赶忙请入内堂，就座奉茶。

"本号欢迎先生光顾，不知要典多少银子？"老挡手殷勤地说。

胡雪岩故意要考考他的本事，于是轻描淡写地说："在下急用，小的当100两，大的当1000两。"老挡手摇了摇头，说："总共也只值100两银子。"一时委决不下，两人正在争执，后堂有个女人款款而至。胡雪岩顿觉眼睛一亮，只见这女人面若桃花，眼如秋波，透出一股聪明和自信。她细看典物，淡淡地说："老先生差矣！这小的值1000两，大的权当玩物拿回去吧！"

胡雪岩暗暗佩服，料定她就是香雪，真是一个才貌双全的女人，他有心收于自己门下，可惜已为黄胖子所占，不免惘然。

香雪瞟了胡雪岩一眼说："先生踌躇不决，不知有何难处？"胡雪岩回过神来，感到举止有些失态，急忙解释："在下刚从杭州来，因缺银两，故而出典，无意多少。只因两次开价悬殊，一时委决不下。"

香雪见他年轻潇洒，风流倜傥，举止彬彬有礼，料定必是富家出身，一听满口朝奉（徽州）乡音，难道是杭州的东家胡雪岩？又见他紧盯着自己看，遂报以一笑，闪进内堂。

第二天，胡雪岩招来黄胖子，提出要查账，并宣布人事调整的决定。黄胖子不知所措，礼恭貌敬地说："大先生要把各处总挡手调动一下，当然好。只是最近几个月我一直在病中，通恒的账目还没整理出来，望大先生给我点儿时间，缓几天再做决定。"

胡雪岩知道，通恒当铺开在租界，且黄胖子背景复杂，不仅与本地人打交道，还与洋人打交道，又跟沙船帮有不少纠葛，有其特殊性，处理不好会惹来麻烦。

胡雪岩想到这一层，沉吟半晌，装作若无其事地说："既然黄老板因病不能交接，我也不好勉强。只是希望黄老板尽快把一些不清不楚的账目弄清楚，以免影响大局。"

胡雪岩这句不软不硬的话，让黄胖子悬起的心稍稍放下了一点儿。不过，这几年他挪用的款项太多，窟窿太大，若细查起来，后果不堪设想。他知道，胡雪岩喜欢女人，且有一个怪僻，就是特别喜欢年轻的孀妇。作为情场老手，黄胖子自然懂得如何利用女人。关键时刻，他想到了自己颇有几分姿色的三姨太香雪。

黄胖子朝胡雪岩面前凑了凑，低声说道："大先生从杭州来，旅途劳累，不妨先歇息一两天，我立即就把账理清。再说也可让我尽点儿地主之谊。贱妾香雪不仅饭菜烧得好，而且也懂点儿古玩，她久慕大先生之名，一直想当面讨教。"

胡雪岩本没有心思听他解释，当听到"香雪"两个字时，立刻来了精神。

次日，香雪摆了一桌酒席，胡雪岩欣然赴约。开席之前，黄胖子借故离去。

"夫人，今日又见面了，这是不是缘分？"

"胡大先生，我家相公做了对不起你的事，请原谅。"

"夫人不仅聪慧过人，而且深明大义，可敬可赞。过去的事情已过去了，看在夫人的份上，我不追究。"

"胡大先生如此宽宏大量，难怪他们都愿意交你这个朋友。"

"那夫人呢？"

"我……我不配。"

"于公于私都配的，我真的需要你。"

香雪脸上泛起一阵红晕。胡雪岩趁势从怀里摸出一只打簧金表。香雪一看，只见表面是象牙瓷面，嵌着罗马数字，表壳金光闪闪，十分夺目。胡雪岩把表捧到香雪面前说："小小礼物，不成敬意，请夫人笑纳。"香雪懂得此表的珍贵，马上站起来说："此表乃稀罕之物，我怎敢收下？"说着用手推还回去，一双手恰好被胡雪岩的双手握住。推拉之间，显示出胡雪岩的一片诚意，香雪的芳心为之感动。

事后，胡雪岩既没查通恒典当行的账目，也没把黄胖子解职或调往他处，只是说让香雪出来当副手。

香雪名正言顺地出来主事后，便时常对黄胖子进行劝导。黄胖子一想到胡雪岩夺人之美，心里就憋了一股气。虽然这个馊主意是他自己想出来的，但没料到胡雪岩咬上鱼饵就不肯松口。因此，他对香雪的话不但不听，反而经常对她谩骂毒打，香雪终日郁郁寡欢，怨叹自己命薄。

面对胡雪岩的退让，黄胖子不仅不感激，认真检讨自己，反而又生一计。他在宁波商界制造谣言，说外商不买胡雪岩的蚕丝，阜康钱庄资金周转不灵，迟早会发生挤兑。消息传到胡雪岩耳中，他只是淡然一笑。他知道这事肯定与黄胖子有关，便再次奔赴宁波。

尤老五正好也在宁波，他告诉胡雪岩一个消息，漕帮兄弟打听到一个惊人的秘密：黄胖子本来也是沙船帮的人，原名应天龙，后来落草为寇，因抢劫商船害过一条人命，还杀过一个漕帮的弟兄。后来他到上海隐名埋姓，利用抢夺来的财产做生意，一夜暴富。黄胖子与香雪的父亲合伙开的那间当铺，早已从小刀会那里要回来了，但被他据为己有。

第二十四章 贪恋美色，亏当铺换得新夫人

尤老五征得胡雪岩同意，向宁波官府告了密，并举出人证、物证，黄胖子终于锒铛入狱。宁波官府同时断明了黄胖子霸占陈珏家产案，将财产发还香雪。

不久，胡雪岩得到一个消息，黄胖子在狱中脾气变得异常暴躁，心火上攻，摔倒在地，一命呜呼。胡雪岩得知消息后，让人给香雪送去1000两银票，以示抚恤。香雪也让人传过话来，连连道谢，表示非常感激。胡雪岩说，这是善有善报，恶有恶报，并让香雪担任通恒典当行管总。

自此以后，两人来往密切，胡雪岩几次让人去说媒，但都遭到拒绝。香雪说："小女子命薄，今世不想再当小妾了，而且胡家上下家规甚严，进得门去，日子肯定不好过。"胡雪岩听了不但不恼，反而拍手称好："正合我意，正合我意。"

这下又该人缘极好的七姑娘出面了。她与胡家上下都很说得来。七姑娘对罗四太太说："胡老哥为了创业，要香雪帮他打理宁波通恒典当行，香雪知道胡太太贤惠，你罗四姐又很通情达理，等以后干出成就来，再来拜见金老夫人、胡太太和你罗四太太。"

罗四太太说："是不是雪岩要你来当说客的？"

七姑娘说："胡老哥回杭以后，一定会和你当面商量此事。"

胡雪岩回到杭州后，找机会向罗四太太说了此事，还特别强调说："别人都说你有帮夫运，香雪会帮我创事业，现在要看你的了。"

罗四太太一直就不反对胡雪岩纳妾，而且遇到类似的麻烦总是她帮忙解决，所以胡雪岩对她十分信任和感激。如此一来，胡雪岩的小妾也越来越多。

不过，胡雪岩的眼光确实不错，香雪没有辜负他的期望，果然帮助他将典当行打理得十分出色，在宁波同行中首屈一指。

第二十五章　大兴土木，享安乐处处藏危机

生性风流、精力过人的胡雪岩，对于美女向来是多多益善。他认为，一个成功的男人没有个三妻四妾，似乎就与自己的身份不配。因此，哪里有他的商号，哪里就藏有他的小妾，而且还闹出了许多滑稽剧。

据说，有一次在福州，胡雪岩经过一家衣铺，见一名少女倚门而立，身材苗条，清丽可人，便目不转睛地盯着她看。该女子发现有个陌生男人在偷看，忙转身进屋，关上了门。

胡雪岩恼恨在心，派人到该女子家中，对其父亲说，想买他的女儿做妾。对方一开始不答应，胡雪岩就不断提高价码，最终以7000两银子买下来。胡雪岩又买了一座雅致的宅子，选了个良辰吉日，大宴宾客，将女子纳进门来。

酒罢入洞房，胡雪岩又独饮一番，直到烂醉。他让该女子卧在床上，又让一名女仆端着一支巨烛在一旁照着，他前后反复审视，捋着稀疏的胡子大笑道："你前日不让我看，今日偏这样看你！"然后便离开洞房，第二天早上就回杭州去了。而后，他派人告诉那女子说："房中一切都归你所有，你带着这些东西回家，另外嫁人去吧！"女子莫名其妙，只得带着价值8000两银子的财物回家。

胡雪岩还常流连花街柳巷，以前仅止于"吃花酒"，后来渐渐以勾栏为行馆，经常彻夜不归，甚至在"堂子"里接见宾客，料理公务。

罗四太太自进了胡家门，胡母对她宠信有加，大太太也与她相安无事，她在胡家的地位越来越高。她担心胡雪岩这样下去不仅会影响事

业，也会累坏身子。于是，她与胡母和大太太一起商量，打算把胡雪岩藏在各处的小妾都集中在一起居住。

眷属一多，加上生意发达、不断添人，原有的房子虽然一再扩建，始终不敷所需。到后来因基地所限，若不彻底翻造，就得另辟新居。胡雪岩便与罗四太太商议，打算另外觅地建一所住宅，将他的两个胞弟，连同各式办事人等一起迁出去，空出来的房子拆掉，改建花园。于是，一个建宅计划就开始实施了。

宅址位于今元宝街，这是一条用青石板铺成的宽敞街道，足容四马并行，街中突起，两头低下，形似元宝，因而得名。不过，胡雪岩铺这条街时，并未想到这个能陪衬他"财神"名号的俗气街名，只是为了便于排水。四周的阴沟经过细心修整，畅通无阻，每遇夏日暴雨，别处积水两三尺，元宝街只要雨一停，水即消。

最初计划建造这座豪华宅院时，就有一个风水先生建言：其元宝呈外向状，卒败其业；若易向而对内，则百世不可替。这是从风水方面来说的弊端，而从胡雪岩本人的动机来说，最终的衰败也有其腐化的原因。

设计宅院时，胡雪岩特地从北京请来了著名建筑匠师尹芝。为了体现杭州山水的特点，尹芝专门去杭州有名的风景胜地灵隐寺住了几天，仔细揣摸灵隐寺山水风光的奥秘，随后借鉴飞来峰，设计出了一幅园林建筑蓝图。胡宅整体设计以中轴线为界，东边是内宅，将建13座楼，西边将专门为胡雪岩最宠爱的罗四太太建造一座金丝楠木厅，再往西边是花园。

胡雪岩对设计十分满意，动工时还请来了魏实甫等4位本地叠山匠师，参与施工。

同治十一年（1872年）五月，胡雪岩从京城回来的时候，宅院的主体工程已经竣工。原有的清雅堂共7间已修缮一新，新建的和乐堂7间也已装修完毕。园内总共16个院落，全都取名并请名家题了匾额。

胡雪岩穿堂入室，一一查看，不禁面露笑容。看过堂、楼、厅、舍的内外，胡雪岩最后来到之后命名为芝园的花园之中，站在红木厅前的汉白玉平台上，眺望新建的鱼池、假山，一种境由我造、势由我开的雄心壮志不禁油然而生。

次日，各房各处均搬进了新居。

乔迁入户，整肃内帏，延师设馆训诫下人，胡府的忙乱刚告一段落，京城便来了一位高官，指名要看胡家的"江南第一宅院"！此人正是刑部尚书协办大学士文煜。胡雪岩不知他此行何意，但也乐得陪同他穿堂入室，参观一座座厅堂、花园。

"听说百狮楼用一百根紫檀木雕成狮子，用黄金做了眼睛，不论日夜，尽是光彩四射、华丽无比，可是这样？"文煜捋着长须问。

胡雪岩点头承认："实不相瞒，确实如此。"

文煜楼上楼下游览一番，随胡雪岩从百狮楼漫步到西花园，感慨道："此前我一直以为京城皇亲国戚的房舍最为奢侈、豪华，今日看了胡大财神的府第，那才真叫大手笔，艳压群芳，就是北京名气很大的恭王府搬到这儿来，恐怕也是小巫见大巫了。哈哈！"

胡雪岩不无得意地说："这倒也是。修建这座宅邸，的确是不惜工本，花了近200万两银子，用的全是最好的材料。譬如这木料，有的还是从国外进口的洋木。这延碧堂，又叫红木厅，全部用名贵的红木建造。不瞒你说，连这楼前鱼池的池底，都镶嵌着木板和铜片，以防漏水呢！不过，眼下工程未完。"

胡雪岩陪文煜走了几步，接着说："这13层水法塔灯是从日本定做的，府里共有30余架。这大玻璃镜也是来自横滨……"

文煜随胡雪岩登上顶楼，探首看到一块匾额，上题"御风"二字，不由得点头道："这个楼名取得好，登上斯楼，确有凌空御风、飘飘欲飞之感。"

顶楼原来四面皆空，除了几面透雕栏杆、数十楹泥金露柱外，既无墙面，也无帷幄，岂止八面来风？到得此处，耳边但听呼呼风响，身上衣衫胀鼓、袍角卷飞，俨然有"飞天御宇"之感。这里是杭州城的最高处,杭州南面为凤凰山,东面为钱塘江,山做青螺,水做纨幅,一切尽收眼底。此时看去,青螺有渐解之姿,纨幅有再开之意,云气、水气交织成一派微茫。青螺、纨幅之间的楼宇、街道、旷野、泥径,稍远便似墨渍,尚有浓淡之分,再远便似蝌蚪几粒出没渐逝于云水间。

胡雪岩还是没弄清文煜此行的目的。在京城的高官中,文煜可是阜康钱庄北京分号最大的股东。此时文煜仍一个劲地赞道:"在京城就听人说,胡大财神的豪宅极其富丽堂皇,既有禁苑规模,又具西洋风姿。百闻不如一见,确实比皇宫还考究!"他环顾四周,点头不已:"难怪朝廷大官、洋人商贾来到杭州,都不愿住迎宾馆舍,而要住到这座元宝街胡府来。"

胡雪岩不知此话深浅,只好打哈哈道:"是呀!文大人,人生苦短,还不是图个活得舒坦潇洒!赚了钱,只要赚的不是昧心钱,理应在衣食住行方面享受享受。文大人是刑部尚书,又是我们阜康钱庄的大股东,阜康钱庄赚了钱,你也能坐地分红,到这儿来坐坐玩玩,又有什么不应当的呢?"

文煜正是因此事而来,不得不暗示道:"话是不错,但官场是非太多,人言可畏,不得不有所收敛。再说,北方人不像你们南方人会过日子,住得豪华,穿得讲究,吃得也精细,最懂得享受。更兼西风东渐就是从南边闹起来的,势必影响民风、国风啊!"

"我就是最受西风影响的一个,骨子里头——"胡雪岩递给文煜一个锦缎封套的存折,"文大人,这是你在我们阜康钱庄的存折,除了本金,几年的红利也全在上头。请大人过目。"

文煜摇晃着二郎腿,装模作样地说:"我在贵号的存银有这么多吗?真是不好意思!无功受禄,无功受禄!"

又一年后,宅院的大小工程俱毕。

西边花园内有名贵的松皮石笋81支,还有"魏紫""姚黄"等名贵牡丹和白皮松等,把园林装点得富丽堂皇,既有宫廷的气派,又有西洋的风姿。胡雪岩为之取名"芝园"。园内除了5开间正厅外,还有红木厅、楠木厅、鸳鸯厅、四面厅等。四面厅是透厅，从四面可见园内的百竿竹、百章梅、百株桃、百本李。另有曲廊、小桥、荷花池、牡丹台等。

人工堆叠的大岩洞有4处，分别取名为滴翠、翣黛、皱青、悬碧。其中有一大岩洞高达4米，宽10米，深10米。洞上面结顶的山石奇形怪状、姿态各异，有的像狮虎，有的像人物，有的像凤凰，有的像鬼怪。园内池塘用点铜浇铸，终年不枯，一泓清水映照着奇形怪状的假山，犹如人间仙境。池边饲养了孔雀、白鹤等珍禽点缀园林景色。假山上下两边有手扶栏杆，乃用铁杆做中心，外用五色彩瓷做成竹节筒式扶手，只要不打碎，千百年也不腐烂。园内假山有17米高，山上有一座角亭，亭外有一座牌楼，牌楼下面是游廊，中间匾额题"水木湛华"四字，据说为左宗棠手书，道出了"芝园"的绝妙佳境。

"芝园"有16个院子，分别取名为安吉院、冷香院、影怜院、红芸院、古香院、春晖院等，是为安置妻妾和女儿所用。为了随时可以召唤某房妾室，胡雪岩还效法西洋，在妾室房内都安装了"德律风"（电话）。

每座院子的建筑、陈设无不精美绝伦。影怜院中间的两边墙上嵌有黄边大镜，是英国一位钦差送的。镜面有3米宽，1.5厘米厚，两面镜光，互相照映，一层层看去也数不清有多少层次。居中有一架13层水法塔灯，此灯乃胡雪岩夸口的"日本造"。灯架全是湖色洋瓷描金花的，六角挑起水法龙条，上面擎着灯，下面坠着瓷做的风铃，风吹起来，只听得满园叮叮当当的响声。

芝园建成后，不少文人前往参观，挥笔泼墨。"入芝园，绕回廊，循华规，仰高阁，临清池……无品不精，有形皆丽。奇巧之匠，彤采之饰，组锦绣之千丝，罩为层障；标琉璃之五色，荡作十光，美矣！茂矣！"

胡雪岩修建芝园以及开创胡庆余堂，正是他"理财之名大著，富可敌国，资产半天下"事业发展的鼎盛时期。芝园建成后，他效仿《红楼梦》中的金陵十二钗，在宅内安置了12房小妾，住在麝月楼、花影楼、醉春楼、听莺楼……享尽了人间风流事。

胡雪岩从小喜爱象棋，而且能按棋谱下盲棋。这些年来他奔走于商场，仍爱下棋。不知何日，他别出心裁地想出下"人棋"游戏。他与大太太坐在芝园二楼的观戏台子上，以地面为棋盘，以32名妾婢作为棋子，穿上红蓝背心，上面写着"卒""车""马"等。胡雪岩和大太太对弈，口述棋步，妾婢们就依据指令挪向各自的"位置"。这些妾婢事先经过训练，因此，听到胡雪岩和大太太的指令，她们都晓得走法，进退自如。胡雪岩心情大好时，一家人"下棋"取乐，事后对她们进行奖赏。

胡雪岩酷爱古董，凡是上门来的古董商人奉上的古董一概来者不拒，高价收下。一次，有一人携来一只古铜做的睡鸭炉，那只鸭子的两只眼睛是两粒透灵的宝石，熠熠有光。对方收购此物仅花了50两银子，胡雪岩出价500两买下。由于胡雪岩不论真假古董都愿出高价买下，后来有人就相互串通，你哄我骗，拿假古董上门骗钱，不少人因此发了大财。

左宗棠在南京为官时，有一次来杭州，参观了胡庆余堂古建筑，颇为赞赏。是夜，胡雪岩在芝园为其设宴，宾客如云，高朋满座。时有一官员名王年门，给胡雪岩送来一座翠玉屏风，价值千金，置于厅堂，宾客赞叹不止。突然"砰"的一声，翠玉屏风被一仆人失手打碎，在座宾客无不震惊，连左宗棠也赫然一惊。仆人则吓得呆若木鸡，胡雪岩却面不改色，反而安慰仆人说："有此脆声，亦可娱宾。"左宗棠见他如此宽容，赞叹道："你的气量真如大海啊！"胡雪岩听到赞誉更显得意之色。此后，左宗棠对胡雪岩越发器重，常对人说："浙江有奇才异能者二，一为丁丙字崧生，一即公云。"公即胡雪岩。

就是因为这座园子太耀人眼目，也因为胡雪岩树大招风，不久就引来了麻烦。

光绪元年（1875年）的一天，铜锣震天，喝道声声，加上"肃静"

"回避"旗牌，路人皆退避三舍，唯恐避之不及。

接官厅码头，早有钱塘知府、江南制造局观察姜石林等一帮官员在此迎候。姜石林是专程陪文煜来杭州的。文煜着人搀扶下轿，与众人一揖，便径直朝官船走去，姜石林忙把他扶住，一路喁喁低声提醒着陪他上了船。

文煜坐定后，对姜石林说："此番我来杭州，一是为胡雪岩，因朝野非议太多，收到不少奏折，我身为刑部大员，必得实地调查一番。二是采纳你的建议，我悄悄买了'北京阜康'不少股份。有人说胡雪岩好大喜功，实力不足，所以特地亲自来看一看。"

"大人，胡雪岩确是一尊商神，长袖善舞，背后又有左宗棠这个大靠山，现在又官拜二品，事业更是如日中天！说他的财产抵得上国库一半，实不为过，但正因为他权势太大，树敌过多，在这小小杭州跟他作对的人也不少，都在背后诅咒他早日败落。"姜石林丢官落单几年，如今又浮了上来，不得不承认经商、办厂、兴洋务，无人能及胡雪岩，北洋系那些人谁不想把他打垮？

"是啊，不能再让他滚雪球一般越滚越大了，否则总有一天，我们这些人都要在他屋檐下讨饭吃了。据说他买地建宅，竟有一个小小剃头匠敢与他作对，死活不愿把西角上的一小块地卖给他，还真不简单！你告诉杭州知府，一定要支持到底！"

"杭州这地方，建房造墓都非常讲究风水。风水不好，亿万家产也会败掉。现在胡雪岩宅邸独缺一角，杭州人都说，金银财宝都会从这个缺口流出去，胡雪岩败落的日子不远了。"姜石林连市井传闻、风言风语都用上了。

文煜沉思片刻道："胡雪岩即使将钱庄、当铺、丝行等全部败光，光是府邸和药店这两处房产就值几百万两银子……你叫杭州知府把那剃头匠的状纸交给我，我带回京城，也算一份罪证。"

姜石林见文煜态度这么坚决，喜滋滋地下船布置，并叮嘱杭州知府：不时给剃头匠几个小钱使使，让他坚持住，就算把那巴掌大的一块地卖给别人，也绝不可落入胡雪岩手中。这风水里头的玄妙可别小瞧了！

这一年的春节，胡雪岩过得特别不愉快。他的第三房夫人竟然和一个小厮鬼混，除夕夜被当场拿住。胡雪岩这几年一直奔波在外，无暇他顾，家里的管理混乱不堪，儿子香官成日厮混，纨绔之相毕露；杭州的当铺和钱庄因疏于管理，已呈乱象。更让他担心的是，自己官商两界都得应付，声名显赫，树大招风，随时都要躲避明枪暗箭。自从修了这座豪宅，胡雪岩也明显感觉到自己庞大的生意王国反而缺乏活力，资金调度、人事安排运转得并不是那么顺利，不像先前他事必躬亲时那么让人心里踏实。

芝园很风光，却已是危机四伏。

第二十六章 襄助西征，赐一品受赏黄马褂

尽管胡雪岩的商业王国已经危机暗伏，但他很快又迎来了人生中最风光的时刻。这与他此前为左宗棠西征筹饷和后勤支援是密不可分的。

这还要从西北之乱说起。

从道光年间开始，清廷可谓内忧外患，貌似强大的东方帝国，实际已是百孔千疮、摇摇欲坠了。同治三年（1864年）六月，新疆地方分裂势力起兵反清。沙俄和美国乘机将侵略的魔爪伸向南疆。在两国的唆使下，中亚细亚的浩罕汗国——一个由乌兹别克人在中亚费尔干纳盆地建立起来的封建汗国——封建统治者派遣阿古柏带兵入侵新疆，如秋风扫落叶般很快便控制了南疆的大部和北疆的部分地区。

同治五年（1866年）十月，朝廷急命闽浙总督左宗棠出任陕甘总督，督师甘州，坐镇西北，谋划出兵西征，攻剿西捻军和西北反清回民军。

其时，作乱的"甘回"① 共有西、南、北三大支。三大头目，西面的叫马朵之，盘踞在青海的西宁；南面的叫马占鳌，以甘肃与青海的河州，也就是临夏为根据地；北面的叫马化隆，是三大头目中最狠的一个，势力范围在宁夏、灵武一带，老巢名为金积堡。

金积堡周围有500多个寨子，众星捧月般拱卫着马化隆的金积堡。马化隆狡诈多谋，专门煽动善良的回民与汉人为敌，表面上却对宁夏将

---

① 甘回，清朝、民国年间对新疆部分回族的别称，因其多由甘肃迁入，故名。亦为当年甘肃回民之简称。——编者注

军穆图善很恭敬。左宗棠看穿了此人的诡计,所以西征的第一目标就是攻打金积堡。

在攻打金积堡之前,先要隔断捻军与"甘回"的勾结。捻军的特性在于易聚易散,看起来像乌合之众,而实际上流窜不定、飘忽千里,令人疲于奔命。对东北部的捻军,僧格林沁的黑龙江马队,追南逐北,捻军见了就逃;但一停下来,周围不知为何又会冒出无数捻军来,僧格林沁在追击中不幸身亡。消息传来,朝野震惊。僧格林沁是当时最能征善战的将领,朝廷无法不担忧。

此时的捻军已分为两大股,称为"东捻"和"西捻"。西捻的头子叫张总愚,自河南至陕西,由河南横渡黄河,直上延安、米脂,南北战线拉长到1000多里,目的就是希望与马化隆由西往东,把这条千里战线连接起来。只要一接上头,西捻将不复可制,甘肃之乱亦不知何时才能平定,所以左宗棠西征的初步战略,首在隔离西捻与"甘回",不让他们"会师"。

两宫太后召见左宗棠,天语褒嘉。左宗棠拟定以5年为期平定西北。所需军备,尤其是军饷粮草,要统一筹措,这一切都由胡雪岩筹集调度。此时胡雪岩已由原来的按察使衔(正三品)提升为布政使衔(从二品)。

左宗棠西征最初驻军西安,然后往西北逐步推进,大营先移乾州,再移甘肃境内的泾川,然后往北打,克复镇原、庆阳,收容降众及饥民17万人,行屯垦之法,种子、农具都由胡雪岩的转运局采办好了运到甘肃。

很快,左宗棠的前锋逼近灵武,马化隆怕老巢被抄,于是施计,"上书乞抚",表示愿意投降,但要求部众或者收编为官军,或者遣散,或者为他们谋个生计。左宗棠阅历极丰、心思深沉,深知马化隆是善于反复之人,因而置之不理,备妥3个月行粮,挥师进攻金积堡。

左宗棠手下最得力的大将叫刘松山,行伍出身,屡建奇功,升至总兵。早在咸丰十年(1860年),英法内犯之时,僧格林沁提兵勤王,倘若东南没有这一支剽悍的马队,战局将大受影响。当时太平军分道进兵,李秀成本人自率大军,由芜湖南下,攻占皖南黟县;太平军悍将李世贤、黄文金等相继攻陷宁国、徽州,接着占领江西浮梁、都昌、饶州。驻守祁门的曾国藩被重重围困,一筹莫展,最后听从幕宾建议,反攻徽州,移军祁门、徽州以西休整。

有一天,太平军前来夜袭,曾国藩所属各营皆被击溃,只有刘松山在寒夜列队迎敌,太平军不敢相逼。已溃散的清军各营,见刘松山打出旗号,才知道大营未失,"老帅"无恙,惊魂始定。祁门一役转危为安,全因刘松山之功,从此曾国藩对其以国士相待。

左宗棠受命西征,这是一场大战役,各军理当协办。尽管左宗棠与曾国藩此前已失和,不通音信已久,但曾国藩还是将自己最倚重的刘松山一军交给左宗棠指挥。此时,左宗棠才知道,"谋国之忠,知人之明,自愧不如元辅(曾国藩)"。他将刘松山一军交自己节制,比作曾国藩"嫁女",是受到极盛的恩宠,因而对刘松山倍加重用。刘松山不负曾国藩的知遇之恩,亦不负左宗棠的期许,几乎战无不胜、攻无不克。

刘松山从军以前,就已在家乡定下亲事,聘而未娶,在军中十几年,只因招兵回过一次家乡;直到西捻平定,才在洛阳草草成婚,新郎、新娘都已超过30岁。蜜月不过10天,刘松山便率军入陕,进军灵武,一战而克。马化隆惊恐万状,一面再次求抚,一面四处求援;但他的友军慑于刘松山的威名,不敢轻举妄动。

同治九年(1870年)正月,刘松山在攻打金积堡外围的一个寨子时,中炮坠马,不幸阵亡,他的侄子刘锦棠率领余部,于同年十一月攻下金积堡。

同治十年(1871年)七月,沙俄武装侵占伊犁。英国和沙俄乘机支持阿古柏、白彦虎等反动势力建立殖民属国。阿古柏在新疆悬挂奥斯曼土耳其帝国国旗。

同治十三年(1874年)五月,左宗棠以63岁高龄,被任命为钦差大臣、陕甘总督,督办新疆军务。次年四月,左宗棠坐镇甘肃酒泉,打响了收复新疆的战役。

光绪二年（1876年）春天，经数年精心砺兵整训，又获全套新式武器装备的西征军，兵分三路，进军新疆。西征军绕过阿古柏主力集结的南疆，直插北疆，一路势如破竹，仅大半年光景，就收复了北疆大部分领土。占据准噶尔西部的沙俄军队，受陕甘守军的钳制，不敢贸然出动，只好眼睁睁看着左宗棠回师南疆，把阿古柏关起门来打。

一顶顶帐篷如草原上的蘑菇，只有不时传来的号角之声，打破了大漠旷古的宁静。左宗棠望着篝火在沉思。

此时，全军上下无人不佩服他数年厉兵秣马、苦心孤诣打造一支6万人军队的战略：大清的将士是与数个国家、多个民族的敌对势力作战，如果没有足够的军备，谈何收复新疆？

左宗棠指挥的西征军，有刘锦棠所部湘军25个营，张曜所部14个营和徐占彪所部蜀军5个营，包括原在新疆各个据点的清军，共有马、步、炮兵150余个营，总兵力近8万人。但真正开往前线作战的只有50余个营，3万多人。途中令人畏惧的莫贺延碛大沙漠，流沙数百里，上无飞鸟，下无水草，极难跋涉。粮草可以马驮车载长途运输，"惟水泉缺乏，虽多方疏浚，不能供千人百骑一日之需，非分期续进不可"。左宗棠苦思冥想，寻找良策，最后决定亲自坐镇肃州，命刘锦棠、金顺分兵两路，先后率师出关。他把大军分作千人一队，隔日进发一队，刘锦棠走北路，金顺走南路，到哈密会合。

刘锦棠率领西征军主力自肃州入疆，至哈密行程约1700里，很顺利地进入哈密。各营到达哈密后，像接力赛似的，把从肃州等地陆续运往哈密的军粮，再辗转搬运，翻过东天山九曲险道，分运至巴里坤和古城（今奇台县）。很快，刘锦棠的前锋部队便占据了距离乌鲁木齐只有不足300里的济木萨（今吉木萨尔县）。清军大部队严阵以待，兵锋直指乌鲁木齐。

五月，清军两路会师，首先攻下乌鲁木齐。叛军二号首领白彦虎逃到托克逊。九月，攻克玛纳斯城，从而北路荡平。接着集结兵力转攻南路。光绪三年（1877年）三月，又先后收复达坂城和托克逊城。叛军一号首领阿古柏逃往焉耆，留下他的小儿子驻守库尔勒为其殿后。不久，官军又收复吐鲁番，阿古柏见通往南路的门户已被打开，自知大势已去，只好服毒自杀。

同年冬天，左宗棠第六次率兵出征，一举攻克喀什，伯克胡里下令放火烧城，裹挟5000余民众和大批牲畜向俄境逃窜。不久，另一路清军再次收复和田，处决了叛军首领金相印。至此，左宗棠的西征军收复了除伊犁地区以外的新疆全部领土。

左宗棠收复新疆以后，晋封为二等恪靖侯。一个举人出身的巡抚幕宾，能取得如此丰功伟绩，他深感曾国藩知遇之恩，更难忘胡雪岩相助之力。

西征军胜多败少，步步进逼，是因为器械利、士气旺、纪律好。胡雪岩得郭庆春之力，西洋凡有新式枪械以及其他精巧的军事装备，只要能够用得上的，不必向左宗棠请示，一概先办了来，加上补给适时，从无粮饷不继之虞，士气自然就旺盛了。这使左宗棠手下都佩服也感激胡雪岩；但纪律好亦应归功于胡雪岩，这就只有左宗棠心里最明白了。

饮水思源，如果没有胡雪岩筹饷及后勤支援之功，左宗棠的西征不可能取得如此辉煌的成就。因此，他接二连三地将胡雪岩的功绩专折奏给朝廷，事先还专门问过胡雪岩想要什么奖赏。胡雪岩托人去谒见左宗棠，提出"想弄件黄马褂穿穿"。对于这一请求，左宗棠有些为难了。

据昭梿《啸亭杂录》载《黄马褂定制》曰："凡领侍卫内大臣、御前大臣、侍卫、乾清门侍卫、外班侍卫、班领、护军统领、前引十大臣，皆服黄马褂，凡巡幸，扈从銮舆以为观瞻。其他文武诸臣或以大射中侯，或以宣劳中外，上特赐之，以示宠异云。"可见它是皇帝身边的侍卫扈从以及立有殊勋的大臣方能穿的。连左宗棠自己也只在立了大军功，出任闽浙总督时才被赏穿黄马褂，一般商人哪能穿得？而且黄马褂向来是皇帝主动赏赐，绝没有臣下指名请赏的。但为了胡雪岩，左宗棠做好了碰钉子的准备，居然几次向朝廷请赏。

第二十六章 襄助西征，赐一品受赏黄马褂

光绪四年（1878年）四月十四日，左宗棠会同陕西巡抚谭钟麟联衔出奏《道员胡光墉请破格奖叙片》，奏折中历举胡雪岩的功劳有条之多。例如，为左宗棠主持上海采运局，转运输毫无延误；向泰西各国购买新式武器，价廉物美，及时运至军营；多次为左宗棠商借洋款，前后合计1770万两；各省的协饷也由胡雪岩一手经理，从未出现断饷之虞，等等。左宗棠在奏折后请求朝廷，"仰恳天恩俯准将布政使衔江西补用道胡光墉破格优奖，赏穿黄马褂以示优异"。

左宗棠在历次奏折中，盛赞胡雪岩"实属深明大义不可多得之员""其急公好义，实心实力，非寻常办理赈抚劳绩可比"，称胡雪岩为"才长心细，熟谙洋务，为船局断不可少之人，且为洋人素信也"。

既然胡雪岩的功劳与前方厮杀的将领没什么区别，那就应该给予重奖；但同时，也有人在西太后面前密告胡雪岩"奸商谋利""病国蠹民"。朝廷不得不派工部侍郎端政赴上海调查。端政一到上海，迎接他的是皇亲郭庆春和宝森，侍候他的有洋女人曼丽亚、交际花林翠翠和富家女姬丽。待到胡雪岩公开出面，送他一台留声机和一块金表时，不仅端政本人，连上海道台邵友濂的目光都直了。这位侍郎哪里还有心思查案子，结果可想而知。

一日，气象森严的乾清宫中，文武百官齐集金銮殿，共议朝政。慈禧太后思忖良久，信手拿起一份奏折说："左季高最近就有奏折呈来，一再强调'重新疆者，所以保蒙古；保蒙古者，所以卫京师'，连日又传来最新捷报，清军二次收复和田，兵指伊犁，平定新疆，已指日可待。"

李鸿章自恃自己是汉臣中与西太后走得最近的，约在半年前，他于坤宁宫晋见西太后，就曾进言："自洪、杨乱后，国力十分空虚。现在西征军又连年征伐，军费开支实在浩大。据闻，西征总军需官胡雪岩商借洋款达1500万两之巨，且属高息。借贷洋款打仗，终非长久之计。臣以为，新疆远离京师，毕竟遥远，并非举足轻重，实在久攻不克便理当放弃，而应集中财力、人力，加强东南海防。"这一次，李鸿章又率先出列，匍匐在阶前奏道："启禀太后，臣以为此议不妥。胡光墉乃一介商

人,唯利是图,既无武功,又无政绩,仅为西征军借贷洋款,购买军火担任采办,而且从中渔利达数百万两之巨。如朝廷破格奖叙,难以服众。"

左宗棠哪里忍得住,出列上前跪奏道:"臣左宗棠启奏皇上、太后,李中堂所言纯属不实之词,且有诬陷之意。西征军万里赴戎机,艰难境遇苦不堪言,江南制造局送来的竟是劣质军火,江海关等协饷也迟迟不至,数万将士命悬一线。此时此刻,全赖胡光墉侠心义胆,及时解决军饷、军火、粮草,并送来药品、衣服,保我西征大捷凯旋。此等功绩,与奋勇杀敌的英雄何异?破格奖叙绝不为过。至于对他的某些议论,朝廷派端政大员赴沪调查,已然水落石出,无容置喙。要追查的倒是在军饷、军火中营私舞弊的朝廷官员。"

荣亲王也出列替胡雪岩说话:"胡光墉虽为商人,几年来却义举不少。迭次捐助巨款,据称均系恪遵母命……其平时见义必为,有益于军需国计者,至周且博,尤非寻常所能并论也。李鸿章前于胡光墉直隶捐输案请赏给伊母匾额,原欲邀破格殊恩昭贤母令子之风谊,以励薄俗,虽为该道乞逾分之显扬,亦正以彰朝廷教孝之盛典……仰恳天恩俯准特赏道员胡光墉之母胡金氏匾额以示优异。"

醇亲王也出列表达他的意见:"是啊,胡光墉对御林军神机营一直热心赞助,去年更对大西北冻灾慷慨解囊。此等爱国爱民义举,朝廷务必大力表彰,以使其发扬光大,昭闻天下。"

慈禧太后听了两位亲王之言,微微点头。"百善孝为先"这一古训,对于当时的慈禧太后来说显得格外重要。当初,她唯恐自己的亲生儿子同治皇帝不肯顺从她垂帘听政,光绪继位后,她的担心又多了一层。民间一个商人发迹后居然能恪遵母命,行善积德,朝廷理应大力弘扬这种风气。荣亲王在奏折中所说的"昭贤母令子之风谊……正以彰朝廷教孝之盛典",正合慈禧太后的心意。她随即批准了荣亲王的奏本,并亲笔书写"淑德彰闻"4个大字。一块红底金字匾额送下来了,上铭一方御玺"慈禧太后之宝",款书"赐正一品封典布政使衔江西候补道胡光墉之母金氏"。

众大臣见慈禧太后给予胡母这么高的封赏，无不流露出惊讶之色。李鸿章更是不发一言，脸色十分难看。

奉旨钦差抵达杭州。元宝街胡宅黑漆大门大开，金灿灿的阳光洒满庭院。钦差大人手持圣旨，在阵阵鼓乐声中，走进稍显逼仄的胡氏厅堂。

胡雪岩率全家齐刷刷跪倒在圣旨前面，听钦差宣读圣旨："内阁奉上谕：杭州道员胡雪岩，于平定洪、杨之乱，襄助西征军收复新疆，南方兴办洋务，尽皆亲躬鼓踊，宵旰劬劳，崇实输金而助大局，厥功至伟，实乃中兴功臣。特颁正二品顶戴，赏穿黄马褂，并准予骑马进出皇城。又承太后懿旨：赏胡太夫人'正一品夫人'封典，以示德彰。钦此！"

胡雪岩受皇帝赏赐黄马褂，胡母金氏又被册封为一品夫人，荣华富贵俱全。杭州元宝街的胡公馆又起了一座门楼，还有整修宽阔的轿厅。浙江巡抚到胡公馆亦须在门外下轿，因为巡抚的品秩只是正二品。

胡母金老夫人69寿辰，正是受朝廷赐赏一品封典之后。早在一月前，"洁治桃觞，恭请光临"的请柬就发往各地。寿堂共设7处，城里4处，城外3处，处处张灯结彩，热闹异常。最主要的一处设在灵隐寺，正中上方高悬慈禧太后颁赐的"淑德彰闻"金匾，中堂挂有《瑶池祝寿图》，左右分悬"恪靖侯左宗棠拜祝"和"武英殿大学士北洋大臣直隶总督李鸿章贺"。

宾客送来的寿幛，自头山门到方丈房悬挂，几无空隙之处。登堂祝寿者，自官绅、外商到至亲族戚，不计其数。7处寿堂，7天受贺，每次开堂祝寿均设筵演戏，鼓乐之声、车马节旌之影，盛极一时，犹如人间仙境。

胡母享尽荣华富贵，真如《红楼梦》中之史太君矣。

胡雪岩是捐班的道员，以军功赏加布政使衔，从二品文官顶戴，现奖颁正二品红顶戴用珊瑚。

未几，胡雪岩奉旨进京谢恩。慈禧太后专为召见，听他念了谢恩表，又问了他一些生意上的事情，遂传懿旨下去：胡雪岩乃商界奇男子，着仿鼎甲三名故事，开午门正中而出，走东长安街"御街夸官"，再赴礼部特设酒宴。于是，胡雪岩披红挂绿，头上是正二品大红顶戴，身穿黄马褂，骑着高头大马，从正阳门昂然而出。两排荷戟的御林军肃然远立，目送胡雪岩堂堂正正从御道骑马出入。

次日，胡雪岩来到军机处，身穿官服向左宗棠磕头请安问好。

左宗棠大着嗓门说道："好倒是好，只是闷得慌！现在反倒怀念在战场上厮杀的那些日日夜夜，还有我在兰州办的兵工厂。听说你把那些老大的德国机器运往西北，费了不少力，动了不少脑筋……"

胡雪岩赶紧道："过去的事还提它干什么。大人在军机处统领着全国军务，威风八面，怎么会闷得慌呢？"

"军机处空议兵备战事，洋人在那儿挑衅，穷人又在密谋造反，处处觉得那几位军机老爷面目可憎！"

胡雪岩沉思片刻，乘机进言道："大人既然觉得军机处憋气，何不另寻地方安身呢？"

左宗棠眼睛一亮："只是……哪有地方适合我呢？"

"两江总督！"两江地方殷富，又坐拥上海这个国际大港口，坐镇两江，大可办一些实事，因此胡雪岩这般建议。

"那我就要和'李合肥'这个直隶总督分庭抗礼了。"

胡雪岩悠然站起身来："我就是这个意思！大人，如今李中堂权势熏天，并非因为他是直隶总督，而在于他借办海防，建立北洋水师，大兴洋务。而大人在军机处位高权重，却只能纸上谈兵。若能主持两江，我可以扶助大人兴办船厂、机械厂，到时候与李中堂南北鼎立，也不是什么难事。"

左宗棠拍案叫好："好哇！雪岩，我听你的，到两江去，好好整治整治两江，也让京中那帮官老爷和'李合肥'看看！"

慈禧太后和掌管军机的荣亲王正为两江总督的人选犯难，左宗棠在军机处又不太"安静"，现在他既然毛遂自荐，要去就任两江，正合慈禧太后之意："左宗棠这个人，自恃有功，在朝中喋喋不休，不安于位，甚是讨厌！如今年过六十，也没有几年折腾了，就让他去吧！"

第二十七章 官场权争，风云起左李龙虎斗

左宗棠就任两江总督，给胡雪岩带来了更多的商机，但也使他陷入一场足以致命的权力之争。这就不得不提左宗棠与李鸿章的矛盾与分歧。

自从湘军统帅曾国藩镇压了太平军后，朝廷中汉人大臣的地位日益显要，曾国藩、左宗棠、李鸿章3人手握重权，在朝廷中举足轻重。处世精明睿智的曾国藩深知功高震主的道理，于是解散湘军，悄然引退。而他培养起来的两员朝廷重臣——左宗棠和李鸿章则继续明争暗斗，打得不可开交。

此时李鸿章的淮军羽翼渐丰，成了朝廷中兴的砥柱；左宗棠原为曾国藩的幕僚，后脱颖而出，率8万大军平定新疆之乱后，更为朝野所称道。

俗话说，一山难容二虎。曾国藩在世之时，左、李还各自收敛，相安无事。同治十一年（1872年）二月曾国藩死后，他们两人便分道扬镳，互相排挤。

同治十年（1871年）七月，沙俄武装强占伊犁；同治十三年（1874年），日本入侵台湾。在这种局势下，清廷内部爆发了海防与塞防之争。

光绪元年（1875年），左宗棠经过一年半的准备，积草屯粮，调兵遣将，打开关陇通道。即将挥师出关之际，朝廷群臣会议引起了海防与塞防之争。在这次讨论国家安危的决策性会议上，多数大臣都赞同李鸿章之议："自从高宗皇帝在乾隆年间平定新疆一百多年以来，每年都要

花费数百万两饷银,这是一个填不满的窟窿。如今又要竭尽天下的财力去支持大军西征,真是个得不偿失的下策。这样打下去,还不如依从英国人提出的条件,允许阿古柏政权独立,只要他答应称臣入贡就是了。如果这样办的话,就不必兴师动众地西征,可以专心全力去治理海防。"

左宗棠见此情形,似乎不战而降已成定论,他怀着一颗忧国忧民之心,不畏群臣指责,挺身而出,力排众议,指出"天山南北两路粮产丰富,瓜果累累,牛羊遍野,牧马成群。煤、铁、金、银、玉石藏量极为丰富。所谓千里荒漠,实为聚宝之盆",西北"自撤藩篱,则我退守而寇进尺",眼光比李鸿章更为长远。

左宗棠据理力争,侃侃而谈:"如今关陇新平,如果我们不一鼓作气,及时收复失掉的新疆,而割裂这块国土,让它自成一国,无疑是个遗祸患于子孙万代的罪恶主张。一旦阿古柏自立,新疆这块土地,不是被西方的英国势力所狼吞,就是落入北方沙俄的虎口。如果我们眼睁睁地束手坐视,任列强鲸吞蚕食我们的国土,那么我们丢掉的就不仅仅是新疆,也将失去西北边防的关卡要塞和重镇,使西北边防无以屏障。到那时,我们的边防兵力不但不能削减,反而会大大增加。从全局来看,放弃它的后果,对内必将严重损害国威,丧失民心;对外也必将助长列强的侵略气焰,不利于海防。臣以为罢兵乃是误国之计,绝不可行。"

左宗棠主陆防,李鸿章主海防,这是已经争论了十几年的老话题,先是西北告急,陆防论占了上风。正当左宗棠在哈密积极准备收复伊犁的反侵略战争时,清廷动摇了以武力攻克伊犁的决心,以"现在时事孔亟,俄人意在启衅,正须老于兵事之大臣,以备朝廷顾问"为由,下诏将左宗棠从新疆前线调回北京。左宗棠将钦差大臣关防移交给刘锦棠后,怅然离开哈密。这正是:"将军一去,大树飘零。"

沙俄以为清朝召回钦差大臣是为了中俄停战谈判。此时,沙俄刚刚结束俄土战争,大伤元气,于是一方面强打精神,让俄方谈判代表放风说,"只有痛打他们一顿,才能使他们老实下来";私下里却说,"但是我得承认,这种必要的做法,对于我们枯竭的财政来说是十分困难的"。

这时的沙俄其实已是外强中干，左宗棠突然回京，使沙俄不明底细，在谈判桌上不得不有所收敛。

左宗棠返回北京后，曾纪泽与俄方代表订立了中俄《伊犁条约》和《陆路通商章程》等不平等条约。随着条约的签订，陆防论不再有人提起，直隶总督兼北洋大臣李鸿章旧事重提，拿出了海防计划，朝廷完全同意。李鸿章打算把上海建设成为海军基地，进而控制南洋海防，成为中国的"海军王"。左宗棠也特别看重上海，尤其上海还有著名的江南制造局，为中国南方最大的兵工厂与机器制造机构。左宗棠在军机处待了一段时间，也发觉中国海防空虚，虽然他极力主张陆防，但事关国家安全，也不得不要求加强海防。加之李鸿章手握北洋水师，权势如日中天，左宗棠对此耿耿于怀，也想在海防上拓展自己的势力，扩大影响。正当他筹备得如火如荼之时，李鸿章的母亲老太夫人病殁于汉口，李鸿章丁忧回籍。

已任两江总督兼南洋通商大臣的左宗棠自感得意：关于海防，北洋可管，南洋又何尝不可管？而且经费大部分出在两江，亲管南洋，更觉名正言顺。所以，左宗棠一到上海，便要胡雪岩陪同去视察江南制造局，考察政务、职司，以及转运局、船政局、制造厂的情况。

胡雪岩与郭庆春精心策划，为左宗棠举行了极为隆重的欢迎仪式，请洋人造声势，迎接左宗棠到沪。上海各国海军军舰上挂起大清黄龙旗，在吴淞口鸣炮13响。左宗棠的车队经过租界时，由巡捕房承前开路，一路护送左宗棠。仪式在规格、规模上都为左宗棠做足了面子。

左宗棠下榻静安寺行辕。刚一安顿下来，他便单独约见了胡雪岩。"雪岩，依你所见，我这次来上海，应该如何行事？"左宗棠单刀直入地问道。

胡雪岩压低声音道："雪岩替大人想，上海的洋务早就掺杂进许多北洋的人，李总督虽因母丧暂时在家丁忧，实际上仍在背后操纵。对此，不知大人可有察觉？"

左宗棠点头道："这正是我此行的用意所在！"

胡雪岩知道左宗棠不太容易说服，是有名的"犟骡子"，只好从上海的官场说起："以姜石林为代表的一帮人，背后是李鸿章；以邵友濂为代表的一帮地方官，其后台实际是军机大臣李鸿藻，两派既有矛盾又互相勾结，使得上海官场盘根错节、千丝万缕。左大人此来想要拨乱反正，清理一下上海的门户，可上海的杂草灌木实在茂盛，不能一把火烧掉，而且一下子也烧不掉！"

左宗棠听了沉吟不语，良久方道："你的意思，上海的情况已成顽症痼疾，不是大刀阔斧、雷厉风行地在制造局、转运局查办几个人就可以解决的，是吗？"

"正是，此次大人赴沪，他们几乎人人自危，料定难逃一劫。如果把他们逼得太紧，他们肯定会顽抗到底。如今的局势，尤其是在金融、贸易方面，需要的不是对抗，而是要大家携起手来共渡难关！"胡雪岩显然希望各个利益集团停止争斗，和衷共济，在危难之中开创一个新局面。

左宗棠的巡视实际是左、李争斗的引子。本来江南制造局是李鸿章的禁地，左宗棠却硬要委托胡雪岩代为购买军火，分发江南各防营使用。这便有了"抢生意"的意味，实际上等于让左、李之斗短兵相接。胡雪岩连忙推脱说"怕不见得好"，把这生意仍让给了江南制造局的买办。

但是，现实再次证明这只是胡雪岩的一厢情愿。

左宗棠染指海防，欲从中夺食，这叫李鸿章如何忍得住，他下决心要与左宗棠斗一斗。他知道左宗棠今日权倾东南，虽有个人才华，却也依靠胡雪岩为其筹划，欲扳倒左宗棠，必先剁其左右手胡雪岩。胡雪岩就这样被推上了政治斗争的风口浪尖。

左宗棠来上海不久，姜石林就接到李鸿章的电报，让他尽快搜集胡雪岩的罪证，找可靠官吏具本参奏；并说胡雪岩与洋商斗法，元气大伤，虽未在商场上彻底败下阵来，那就让他在官场上领教领教对手的厉害吧。电报结尾一句是："不惜一切代价，挤垮胡雪岩。"

北洋大臣因为地近京师，又是"总理各国事务衙门"的成员，自然比南洋大臣更易发挥优势。加上李鸿章手腕圆融，掌握多项资源，更拉大了北洋与南洋的差距。更有甚者，李鸿章在南洋大臣的地盘上也布置了北洋系的人。例如，整个两江总督辖区里最繁华的上海地区，地方官上海道台邵友濂就是李鸿章的心腹。邵友濂不但把左宗棠的一举一动详细报告给李鸿章，而且对左宗棠阳奉阴违，公事上处处掣肘，扯其后腿。另外，整个东南沿海地区的电信事业都掌握在北洋大将盛宣怀手里，而他正是李鸿章的干将之一。

丁忧的李鸿章"倒胡"这一招，显然是针对左宗棠上海之行的。李鸿章的人马都在奉命积极活动，书房里灯火通明，帘帷低垂。朱福年交给姜石林一个小布包，包里装着他搜罗的一些证物，西征时胡雪岩购买军火的往来账目；贵福打到"阜康"的漕粮银；胡雪岩让挡手拿去收购生丝的手令；哈姆特出具的购买俄式枪炮时，他亲手交给胡雪岩一笔佣金的证明；胡雪岩打点、交接、贿赂各级权要的一份清单……姜石林草草翻阅了一下，连声称好，然后把这些书证交给了邵友濂。

光绪七年（1881年），法军进攻驻越南的清军，中法战争不可避免。越南是中国的邻邦，法国此举是"项庄舞剑，意在沛公"，想以越南为跳板，向中国西南扩张自己的势力。许多大臣要求朝廷出兵帮助越南抗击法军，左宗棠也同意这一计划。但李鸿章却以越南不是中国的属国，而且朝廷连年征战，民生疾苦，贸然与法国交战，会得罪许多西方国家，而且胜负难料等为借口，主张议和，这更加深了他与左宗棠的矛盾。

左宗棠虽然主张出兵助越南抗法，但是无钱无粮。于是，他召见胡雪岩，向他说明形势，要求借钱购买军火粮草。

胡雪岩十分为难，近来他与洋人大打商战，积压了上千万两银子的生丝，钱庄上的活钱只有百万余两，若战事一起，不知还要扔多少银子进去。但他又无法拒绝左宗棠，只好答应回去筹划一下。回到浙江，胡雪岩听账房来报，近来由于法军入侵，南方各地的许多人纷纷把钱存入钱庄，几日之内钱庄已存入近百万两。

　　胡雪岩一听大喜过望。每逢战乱，总有不少人怕战乱之中钱财放身边不安全，因此选择存入钱庄。只是这次数额如此庞大，有点儿出乎意料。但胡雪岩也没多想，便放心借钱给左宗棠。而且战事一开，短时间内估计不会有人来提款。自己和洋人斗法，洋人已快支撑不住，近日便可将囤积的生丝套现。于是，胡雪岩便向左宗棠发电，同意借款100万两银子。左宗棠借到银子后，立即购买军火。

　　这时，一条更大的绳索紧紧套住了胡雪岩。

　　左宗棠西征的借款眼看就要到期了。光绪三年（1877年），由胡雪岩担保向汇丰银行借款300万两，为期7年，分14期归还。光绪七年（1881年），胡雪岩再向汇丰借款400万两……这些钱还有100万两欠债到期但并未付清。胡雪岩作为担保人必须为这些款项负责。汇丰银行拿不到银子，肯定会直接找担保人。这简直是一道随时会落下来的催命符！

　　尽管户部尚书宝鋆此番给足了胡雪岩面子，频发部文催追各省，速征协饷税解付江海关。然而，北方数省连续4年大旱，赤地千里，大批难民流落江南，抢米抢粮，风潮迭起。南方近海，日本图谋台湾。法军自攻陷河内后，刘永福始终率领清军与法军作战，但李鸿章却在法军的威逼下，与其签订《顺化条约》。法国取得了对越南的保护权，便把矛头直接指向清廷，一面令法军继续北犯，一面要挟清廷撤走越南北部的清军，并开出议和条件：召回刘永福，开放云南边界。因南方各省一面推行洋务，一面整军备武，本来银子就不够花，哪里还有多余的协饷解付江海关？就算有，邵友濂一伙还不趁机拿胡雪岩一把？

　　光绪七年（1881年）八月，沪市各种股票开始暴跌。汇丰银行一面停止对中国所有钱庄和票号放款、押借，一面催促胡雪岩偿还西征所剩欠账。万般无奈，胡雪岩不得不赶赴南京，向左宗棠求救。

　　"大人公务如此繁忙，雪岩却从上海赶来仓促求见，向大人讨教，实在是事出无奈，望大人见谅！"胡雪岩仍不免客套几句。

左宗棠习惯性地摆摆手："雪岩，你这就见外了！你的事就是我的事，不必如此客套。现在，你那边情况究竟怎样，你从实告诉我。"

胡雪岩心情沉重，把遭受商场、官场以及华洋两界夹击的情形简述了一遍，几乎要落下泪来："大人，眼见大局不支了，我才赶来求救。如今上海滩上，洋商掌控金融、交通、输运、商业消息各种大权，停止放款借贷，坐观华商之败，坐等钱庄、股票之糜烂速朽。上海市场百业萧条，银根奇紧，大小生意，全以现钱购现货，日日如除夕交易。而汇丰逼我偿还西征借款，使已陷入危局的阜康钱庄更加危如累卵，我快要支撑不下去了！"

左宗棠听了，顿时显得焦灼不安："各省的协饷呢？朝廷批准的协饷究竟在哪里？雪岩，你有没有找过上海道，去催问邵友濂？"

胡雪岩泄气地摊了摊手："去了，去过多次，可邵友濂不但不施援手，反而乘人之危，借故拖延。据说是李中堂的意思，叫海关缓放'协饷'……"

左宗棠猛地一挥手，一脸的憎恶之色："算了！早知他会来这一手，不要再对'协饷'抱有幻想了。"他抄着手踱了几个来回："这样吧，通过荣亲王向皇上告御状，或许能解决危机。"

郭庆春不得已也准备向自己的皇亲低头，出面请求帮助。不管怎样，郭庆春的行动还是给胡雪岩打了一针强心剂，使他暂时稳定了自己的情绪。

这时，上海阜康钱庄也出了问题，刘庆生急了，忙向姜石林求助。

姜石林以一种复杂的眼神打量着刘庆生，有点漫不经心地说："你估莫上海阜康钱庄还有多少库存银？"

这是钱庄、银号的最高机密，绝对不可外泄，刘庆生当然不能说。不过，姜石林早料到刘庆生不会说，这便成了他拒绝给予帮助的借口。他说江南局本来就是个空架子，它的股票跌得这么惨，若不是户部和北洋各处拿银子顶着，江南局早就完蛋了。而外国银行一律停止了向中国的私有业主放款，他也一样借贷无门，因此爱莫能助。

刘庆生听后，彻底绝望了。

姜石林心中其实已经有了主意，在给胡雪岩的一连串致命打击中，刘庆生不过是一个棋子、一个牺牲品。他满脸堆笑，故作亲昵地拉住刘庆生一只手拍了拍说："不过，或许还有其他方法，你先回阜康钱庄，待我跟邵大人商量商量，想想别的法子，再派人去找你。"

刘庆生不知大祸临头，匆匆告辞而去。

刘庆生一走，姜石林便火烧火燎地来到上海道衙，与邵友濂密谋。他说，以前因见阜康钱庄信誉好、底子厚，就让他的几个朋友以各自的名字替他存了近20万两银子在阜康钱庄吃利息。现在搞垮胡雪岩的机会终于到来了：一方面，上海道可速派捕快公开抓捕刘庆生，罪名可以随便捏造一个，只为引发社会及储户对阜康钱庄的关注；另一方面，他找一些江湖上的人，拿着他手中的这些银票，到阜康吵闹，造成挤兑的假象。

邵友濂转动着眼珠子，说："胡雪岩在江浙经营多年，关系极广，只怕到时有人会借款给他，替他解围。"

姜石林得意地挤了挤眼睛："大人言之有理，所以我还有第二招！阜康钱庄不是有一部分存银是上海官款吗？出现挤兑后，大人可以保护官款之名，封了阜康钱庄。同时上折奏明朝廷，说胡雪岩私挪官款，这样一来，即便左宗棠出面来保胡雪岩也无济于事了。至于第三招，阜康钱庄危急，让汇丰银行也去凑热闹要债，那些小额客户哪能辨明真假……哈哈！"

邵友濂听了，与姜石林相视大笑。

于是，就在胡雪岩向洋行借走第二笔100万两银子数天后，阜康钱庄上海分店突然来了一个主顾，要求取走存银2万两，伙计有些吃惊，但还是给他取了。接着，又来了一位主顾，要求取走存银5万两，伙计无奈之下，只得报告刘庆生，让他亲自处理。过了一会儿，又来了两位，要求取银11万两。这下，刘庆生知道事态严重了，连忙发电报给胡雪岩。

第二十七章　官场权争，风云起左李龙虎斗

胡雪岩得知消息赶到上海后，发现钱庄门前已围了不下百人。他的商业秘密从来没人知道，今天这件事明摆着是个阴谋，而且幕后之人来头不小。胡雪岩让钱庄把那些提款大户叫进密室，而把那些小户的钱兑给他们，要求大户宽限几日并且利息也给双份甚至更多，但这帮主顾只要求拿回本钱，而且要立即兑现，否则便去告官。

胡雪岩感到事态危急。他马上派人与洋人谈判，想把囤积的生丝卖出去变现，谁知洋人知道胡雪岩的处境后，扬言不会买胡雪岩的生丝，即使买也必须依他们的价格，他们的出价足以令胡雪岩在这笔生丝生意上把本钱赔光，摆明了要趁火打劫。

当时，各省协饷都汇到上海，供两江总督衙门还贷使用。这些钱通常是先汇到上海道海关衙门，再由其交给两江总督衙门。而胡雪岩的阜康钱庄则代理总督衙门公库，所以邵友濂应该将各省协饷汇入阜康钱庄。但邵友濂却刻意拖延时间，迟迟不予办理。与此同时，阜康钱庄的大伙计宓本常也在搞鬼，挪用钱庄资金另做生意，结果发生亏空，无法归还。

阜康钱庄上海分号里外被坑，外面的资金该进未进，里面的资金不到出时却要出，两头掏空，库存空虚。北洋派此时又在外面煽风点火说，阜康钱庄的库银不足，打仗将老本都打光了，如今只剩下一副空架子；而且上千万两白银的洋行贷款都是胡雪岩担保的，朝廷不同意偿还。舆论一起，人心动荡，阜康钱庄信用一落千丈。一场金融风暴一触即发。

第二十八章　对抗洋商，窝里斗独木难力撑

俗话说，墙倒众人推。在华洋两界的夹击下，胡雪岩的钱庄因西征的欠账陷入危机之中。与此同时，生丝生意也因其坚持与洋商斗法而势头不妙。

胡雪岩从咸丰三年（1853年）开始涉足生丝业，几年后开始对浙沪生丝垄断经营。他不断地囤积生丝，到光绪八年（1882年），已经囤积了8000包，超过了上海生丝全年交易量的三分之二，总价值近2000万两银子。不出他所料，市面的生丝价格果然被抬上去了，但他仍不满足，自恃手上控制着阜康钱庄和当铺，俨然是"金融控股公司"，后备资金充足，不但不抛售生丝，反而继续囤积。

当时，与胡雪岩对峙的对手，也就是生丝的买家——缫丝工厂，很大一部分属于洋人。胡雪岩的判断是，缫丝工厂如果买不到生丝（原材料），工厂就无活可干、无货可卖，所以，他们迟早要买生丝；而中国的生丝一半都在他手里，要想买生丝，就必须买他的。这就像两个人比憋气，看谁挺得久，看谁先撑不住，胡雪岩一向认为自己的"气"比较长。

光绪八年（1882年），胡雪岩还想继续联合丝业同人，共同做一次生丝买空，以应对洋商对中国丝业的步步紧逼。但他的号召在丝商中没有引起什么反响，会场气氛沉闷，只有几个丝行老板空洞地表示要跟洋人斗法，而大多数老板疑虑重重，更有甚者说："胡老板拥有强大的实力，就由你做个买空吧。"

胡雪岩见状，赶忙解释："雪岩此议，系针对洋商一步步夺走生丝

市场，绝无他意。统一收购，统一集资，所得利益也统一均摊，并非胡氏垄断生丝市场，利润一家独占。"

然而，此时的上海商界与多年前联合对抗洋人时已有了很大不同。朝廷跟列强签订一个又一个不平等条约，无穷无尽的割地赔款令人胆寒。洋人先进的技术及理念，还有层出不穷的各式新鲜玩意儿，仅电灯、电话、电唱机、电光照相等一系列带电的物件，就令人艳羡不已。洋人在中国享受一系列特权，经商享受种种优惠，让华商备感压抑和郁闷。

丝商们离开会场后，一反适才的沉闷，个个言辞激烈："胡雪岩不自量力，竟想独自一口蛇吞象，吞得下吗？"

"集资同购丝，我看还是抱旁观态度为好，先看看朝廷和洋人的态度再说。"

"听说上海道的态度已经明朗，对胡雪岩这一举措不予支持，以免影响和洋商的关系，引起国际争端。"

左宗棠赴任两江总督后，胡雪岩打算说动他加收茧捐，使洋商成本上涨、无利可图，那洋人的丝行就一定关门大吉。

刘庆生觉得用这一招对付洋商确实很厉害，但须防洋商策动总税务司英国人赫德反制，他通过李鸿章的关系，已向总理衙门提出交涉。

果然，就在胡母金氏生日那天，赫德亲自上门来了。条件开得很好，所谓"市价以外，另送佣金"，一下便是两笔收入。坐享厚利，在他人是求之不得，而胡雪岩却不愿就此罢手。

赫德的情面不能不顾，至少要想个不伤赫德面子、让他能向怡和洋行交代的说辞。办法总会有的，只要不起风潮，不坏市面，还要养蚕人家有生路。

赫德是有名的老奸巨猾，料定要避免这3点的妥当办法，花10年工夫也未必能筹划出来。不过，胡雪岩的苦心，他还是体谅到了。

尽管愿意和胡雪岩"集资同购丝"的同盟者不是很多，除了庞二爷的大公子庞廷礼等四五家，应者寥寥，但胡雪岩仍大批买进生丝，希图与洋商进行最后一搏。他多方筹措资金，包括找美国一家银行秘密贷银50万两、推迟偿还日本正金银行的一笔贷款、向票号挪借贷……

　　天气不阴不晴，没有一丝风。浊闷的空气如同一只看不见的手，把一种黏糊糊的液体涂抹在人身上，将人的毛孔堵死，不透一丁点儿气，液体又始终不干，像胶水似的把人裹得透不过气来。伙计端进来一盆井水，伺候胡雪岩擦了一把脸，人终于清爽一些了。一抬头，他望见了郭庆春。郭庆春在这种鬼天气到阜康钱庄来，肯定是有什么急事。

　　"雪岩，最近一连串的迹象表明今年生丝市场的气候很不正常，正如这几天特别闷热，恐怕老天在酝酿着一场大雷雨。"原来郭庆春是为生丝的事而来。

　　胡雪岩当然看重这位老搭档的意见："你倒说说，有什么不正常？"

　　郭庆春想了想说："照理说，你领头号召大家集资同购生丝，是大家赚钱，可在同业公会上，为何无人响应？会后，我找过几位洋行买办，都是做进出口的，他们有的推托说当前资金紧张；有的说已经改做别的生意，爱莫能助；有的直截了当地说，同洋人斗法风险太大！"

　　胡雪岩思索良久，语气沉郁地说："鸦片烟把国人的身体和灵魂都麻痹了，商人是病国病民中的重症患者，不奇怪啊！"

　　"我怀疑内部有人往外通消息！"郭庆春加重语气道。

　　也许胡雪岩已经见怪不怪了，这句话竟没有引起他的警觉，而是问道："洋人方面，你和他们有过接触吗？"

　　这是郭庆春的职责之一，他与洋商接触时同样有不祥的预感，于是回道："我去找过，同样反常。过去他们见到我，都主动与我交谈，即使嬉笑怒骂，他们也毫不隐瞒自己的观点。可现在态度十分暧昧，不是退避三舍，就是虚与委蛇，不吐真言。奇怪啊……"

　　犹豫不决，岂能成事？胡雪岩用一种坚定的语气说："不管洋鬼子耍什么花招，反正这次我跟他们斗定了！"他走到窗前，发现天已经暗了下来，从天边涌来的乌云，在他们头顶上迅速积聚，不知何时已如同沉重的铅块了。

郭庆春来到胡雪岩身边，声音很低，但听得出是经过掂量的："既然黑云压顶，我看你还是见好就收吧！"

胡雪岩猛然回过头来，目光锐利："不！我胡雪岩决定要做的事，绝不轻易改变。如果我中途变卦，洋人岂不是又将乘虚而入、卷土重来？不是更要对蚕农们肆意压价吗？"

"这是无可奈何的事，独木难撑大厦，而今你一个人怎么斗得过这么多洋商？"郭庆春显然想说服这位顽固的"大先生"。

"怎么是我一个人？不是还有庞氏、徐润、金嘉记？就算他们都临阵退却，我也要为国人争这口气。即使只剩胡氏一家，我也要跟洋商斗到底！"

郭庆春惊讶地说："你把全部家底都用来收购生丝，就等于把自己的手脚全都捆住，动弹不得了。"郭庆春顿了顿，加重了语气："太冒险了！你也说过做生意不是斗气，我劝你还是慎重考虑，不要小觑了洋商！"

胡雪岩挥挥拳头："不！我现在别无选择，前无明路，后有追兵。除非洋人按我的价，买走这8000包丝。"

但正如郭庆春所言，洋商不是那么好对付的。他们联合起来，以外交手段频频向上海道施压，说"生丝乃是五口通商后，促进中英贸易的一大项目""大英帝国的在华利益受损"云云，希望官府出面干涉胡雪岩的联合买空。

上海道台邵友濂赶紧推脱说，那是少数商人的个人行为，并非官方行为。

洋帮办路吉斯通过外交途径打听到一些胡雪岩的商业情报后，约见胡雪岩进行试探。

路吉斯做出一副公正的样子说："胡老板，我知道你与外国侨商在价格上已经相持很久了，这笔交易始终没有谈成，这对双方都很不利。作为朋友，我愿意为你们从中疏通一下，能否相互做些让步，取一个折中的价格？"

胡雪岩问:"折中?怎么个折中法?"

路吉斯咧嘴一笑,但笑得并不自然:"我听说你提出要2800万两银子,而吉伯特他们只肯出1800万两。我看,就加价到2000万两吧,这是他们说给我的底线。"

胡雪岩毫不含糊地说:"2600万两,再不能降低了,否则免谈!"

路吉斯脸上浮起一丝苦涩而又无奈的笑意:"胡先生,中国有句古话,退一步海阔天空。我想提醒你一句,我所说的是侨商们能够接受的底线。"胡雪岩慢悠悠地呷着英式红茶说:"我也是。"

当晚,一批洋商聚在洋商俱乐部召开紧急会议。路吉斯通报了他和胡雪岩会晤的情况:"我已尽了最大的努力。胡雪岩认准生丝是他发财的好机会,想要守住价格这道底线,在财力和气势上完全盖过外商,坚决不肯让步。"

美国人马克似乎盘算已久,美国人的办事风格要粗率直接得多。他说:"办法倒有一个,以牙还牙!我们也联合抵制,不买胡雪岩手里的生丝,让他的生丝全都积压在仓库里,使他的资金周转不灵。"

众人纷纷嚷道:"对,对!这是个好办法!我们不买他的丝,坚决不买!"

"我们可以转向印度及东南亚国家购买,哪怕比这儿贵,这样才能真正把胡雪岩的嚣张气焰打下去!最终让这个老对手从商场消失,甚至从这座城市消失!"马克这个恶毒的主意获得了洋商们的一致赞同。

双方斗法愈演愈烈。

胡雪岩死死捏住手里的生丝,想逼洋商们把价格提上来。他在大上海酒家订了一桌丰盛的酒席,拟请湖州、上海丝商的头面人物及上海的达官显贵,商议再次集资收购生丝,控制市场主动权,逼洋人跳脚。然而,他最终仅迎来了屠会长、金老板等少数几人,就连庞大公子也去湖州扫墓未回,仅派朱福年作为代表。

有顷,郭庆春失落地从外面返回,胡雪岩连忙上前探问:"邵大人呢?"

"道台大人说他事情实在太忙,无法赴宴,再三要我向你表示歉意!"

胡雪岩如遭当头一棒,顿时呆住了。其他人无不神色黯然,情知不妙。形势显然不同于上次与洋商对决,已发生巨大变化,分明有人心怀鬼胎,暗中作祟。胡雪岩感伤地说:"我想为国家民族做点实事,可朝廷官员却如此对待我……"

"这是今天早晨的报纸。"郭庆春神情阴郁地将手中的报纸递给他。胡雪岩草草翻阅这些中、西文报纸,只见一个个大标题:《胡雪岩与洋商斗法,新丝尽为夷人所买》《湖州庞氏与英商成交新丝万担》《金嘉记丝栈倒闭累及钱庄》……胡雪岩极度懊恼,用手敲打着报纸,几乎要掉下泪来:"痛心啊!眼睁睁看着市面上的新丝都被洋商恣意压价收购去了,我却无能为力。其他华商又不能齐心共事,官府无动于衷,庆春兄,我现在真感到心力交瘁、力不从心了。"

郭庆春叹口气道:"我早就跟你说过,一个人力量再大,也斗不过整个社会,更何况你面对的是洋商。"最后又补充一句:"这桩生意我撒手不管了。"

胡雪岩没有把郭庆春撂挑子的话放在心上,只解释道:"我最大的失策是,不该把所有的资金都压在生丝上,导致其他生意全被连累。一年下来,整个胡氏被旧丝套住,也收购不了今年的新丝。洋人诚然不是什么好东西,但最坏的人肯定是出在长袍马褂的同胞之中。"

胡雪岩这样说是有所指的,长袍马褂的同胞中就有像盛宣怀之类的人善于窝里斗。

盛宣怀,字杏荪,江苏武进人。他处世聪明,但八股学问不行,屡次乡试均名落孙山,学问不如别人,似乎前途发展也没什么指望了。但是盛宣怀熟谙经世之学,对天下之事,"事事研求,益以耳濡目染,遂慨然以区时济自期"。命运没有辜负他的期望,终于给他带来了发展的机遇。同治九年(1870年),盛宣怀进入朝廷重臣李鸿章的幕府,开始了他不平凡的一生。

同治年间，洋务之风更盛，建立中国自己的电报线——盛宣怀与胡雪岩心中不约而同都起了这个念头。盛宣怀的后台是李鸿章。他向李鸿章分析道："太后对此事一直犹豫不定，一些王公大臣和各地巡抚都表示电报必惊民扰众，变乱风俗。左宗棠一咋呼，大家都会把反对的矛头对准他。等他们都争得疲惫了，我们的准备工作已经就绪，到时再争取太后同意，在最短的时间内架成电报线。"没多久，盛宣怀悄悄带着李鸿章的亲笔信来到上海，请太古轮船公司总经理郑观应出山，共商办电报之事。

正如盛宣怀所料，在朝里，大臣们为办不办电报一事争得不可开交，左宗棠只得两手空空地南下两江。而郑观应看了李鸿章的信，大受感动，毅然离开太古轮船公司，与盛宣怀一起，开始了办电报局的准备工作。盛宣怀请示李鸿章后，先在大沽北塘海口炮台与天津之间架起了一条电报线，小试牛刀。而这里正是李鸿章的防务区。

天津的电报线架成后，李鸿章请醇亲王等朝廷显要亲临试验，评价很好。李鸿章这才正式奏请，很快得到批准。光绪七年（1881年），盛宣怀被清廷正式委派为电报局总办。

盛宣怀与胡雪岩在生意上争端日多，各有胜负，积怨也越来越深。他知道胡雪岩每年都要囤积大量生丝，垄断生丝市场，控制生丝价格，便通过电报掌握胡雪岩生丝买卖的内情，然后一边收购生丝向胡雪岩的客户出售，一边联络各地商人和洋行买办都不买胡雪岩的生丝，致使胡雪岩的生丝库存日多，资金日紧，苦不堪言。

郭庆春和胡雪岩正说着，刘庆生匆匆走了进来。刘庆生通报消息说，金嘉记丝栈参与去年的"集资同购丝"行动，导致巨额亏损，已经倒闭。而它的倒闭又影响到放款给它的10多家钱庄。这个消息对市面的影响太大了。胡雪岩去年收购生丝，把绝大部分流动资金都压死了，如果不把仓库里堆积如山的旧丝抛出去，阜康钱庄的头寸就调不过来了。钱庄里没有足够的现银，一旦发生挤兑，将全面破产，局面无法收拾。

胡雪岩也感到事态严重："洋商一致行动，不买胡氏生丝，现在我们想抛售旧丝，能够卖得出去吗？"

"我听朱福年说，有个美国生丝代理商乔治，知道我们手头有货，只要价格合理，他有意全部收购。"刘庆生显然早就在留意这类行情。

胡雪岩皱着眉踱了几个来回，问："他愿意出多少钱？"

刘庆生声音低得像蚊子嗡嗡："800万两。"

胡雪岩顿足大叫，然而，就连他自己也感觉到绝望与恐慌。他与少数几家丝商"集资同购丝"的爱国壮举，现在看来无异于搬起石头砸自己的脚，而洋人还要在他们受伤的躯体上再踹上几脚！这是无法接受的事实，但他却不得不接受这个事实！

第二年夏天，新丝又上市了，胡雪岩囤积的旧丝被迫贱卖，只得800万两，仅计老本就亏损1000万两，家资去半，他的钱庄、当铺资金周转不灵，陷入了困境。在这个节骨眼上，他的老对手盛宣怀伺机反扑，落井下石。

胡雪岩与洋人对抗失败，对我国商界震动很大。不少史料对此均有记载。醒醉生《庄谐选录》卷十二云："江浙诸省，于胡败后，商务大为减色，论者谓不下于庚申之劫。"大桥式羽在《胡雪岩外传》的序中写道："自君一败，而中国商业社会上响绝音沉者几二十年，正不知受亏几何……迄今雪岩之成而败……昭昭在人耳目。妇孺类能言之，独至商会之无力，有足令人抚髀长叹者，中国梦梦，吴山沉沉，安得雪岩再生，鼓舞全浙，以大开商务学堂之实业也。"李伯元《南亭笔记》卷十五云："后以亏空公款奉旨查抄，文襄再三为力，脱于文网，未几郁郁而终。冰山（注：雪岩字义近冰山）易倒，令人浩叹。"

第二十九章　上下其手，倾家产店铺被查封

俗话说：福无双至，祸不单行。胡雪岩的生丝生意可说是输得彻头彻尾，而在李鸿章的幕后指使下，钱庄也到了命悬一钱的危急时刻。

早前左宗棠曾让胡雪岩向汇丰银行贷款，准备助清军帮助越南抗击法军，李鸿章当时已打定了议和的主意，只是慑于主战派的力量，不敢公然表示。李鸿章门下对此心领神会，想要议和有结果，须先救火。谁是"纵火者"呢？第一个就是左宗棠。擒贼先擒王，只要将左宗棠压制住，李鸿章就能掌控整个局势，与法国交涉，化干戈为玉帛。而要使左宗棠"纵火"不成，非除去胡雪岩不可。

经过深思熟虑，李鸿章亲自拟了一个秘密电报给上海道台邵友濂，要他不惜一切代价挤垮胡雪岩，并暗示已经另找人在京城活动。

邵友濂把这份秘密电报传给了盛宣怀、丁日昌、李勉林等人，共同策划一个阴谋——排左必先除胡。

邵友濂说："我知道胡雪岩向汇丰银行所借的300万两银子快到期了，在这件事上倒可以做点文章。"

盛宣怀说："我从内部电报中获悉，胡雪岩的大批蚕丝按他提出的价格根本卖不出去，他钱庄里的银根非常紧张。"

北洋水师提督丁日昌说："胡雪岩向汇丰借款的息银是1分，而他向朝廷申报的息银是1分2厘5。他谎报利息，大发国难财，理应治罪。"

连上海海关总税务司赫德也一起出鬼点子，他要邵友濂拖延应解缴的协饷，使胡雪岩到期的洋债更加难以偿还。

原来英资汇丰银行给官方的借款300万两，本应经过总理衙门办理，但左宗棠生怕朝中有人阻挠，西征军饷已催得很急，便近乎独断专行地认为："各省应解协饷未来数年尚多，这笔300万两借款的本银可以归上海转运局经手交还。"这样做实际上是把风险全部压在了胡雪岩身上。

邵友濂是负责上海海关税收的，经济上有一定实力，按理应该及时将协饷解缴，但为了挤垮胡雪岩，他故意拖延不缴，还别有用心地造谣说："胡雪岩的蚕丝卖不出去，他与洋人斗气已经赔光老本了。"还煽动说："胡雪岩经手的洋债到期却无法偿还，他的钱庄经营已摇摇欲坠了。"

邵友濂的话被看作官方之言，一时谣言四起，上海阜康钱庄首先出现了挤兑风潮，很快传遍了各国各地。胡雪岩的厄运降临了。

一天上午，上海阜康钱庄刚刚开门，忽有两个公差模样的人闯进店来，问道："谁是刘庆生？"刘庆生正与挡手徐先生闲话哪年的钱庄生意也没有今年凶险大，闻声忙道："我就是。"来人问徐先生："他就是阜康钱庄的总挡手刘庆生？"徐先生应了个"是"。来人朝门外一招手，顿时拥进来几个手提刑具的衙役，给刘庆生上了枷，套上铁链，推出大门。

刘庆生被捉拿的刹那间，心中一阵窃喜：想不到姜石林会用这一招来救我！及至出了大门，看到门外众多围观者，以及围观者中鬼鬼祟祟的一干人，他才猛然明白自己大祸临头了。他被人当枪使了！他把胡雪岩给卖了，同时也彻底把自己卖了。他后悔将阜康钱庄的情报告知姜石林，但已无可挽回。

盛宣怀也来了个"掐七寸"。胡雪岩每年都要囤积大量生丝，以此垄断生丝市场，控制生丝价格。越依靠某种东西，就越受制于它。盛宣怀早就悄悄从生丝入手，发动进攻。

紧接着，盛宣怀开始釜底抽薪，打现金流的主意。胡雪岩胆子大，敢于负债经营。他在5年前向汇丰银行借了650万两银子，定了7年期限,利息约 50 万两。次年,他又向汇丰银行借了 300 万两银子,合计 1000 万两。这两笔贷款都以各省协饷作担保。

这时,胡雪岩历年为左宗棠行军打仗所筹借的第一笔 150 万两借款已到期,这笔款虽是帮朝廷借的,但签合同的是胡雪岩,外国银行只管向胡雪岩要钱。这笔借款每年由协饷来补偿给胡雪岩,按理每年的协饷一到,上海道台就应该及时把钱转给胡雪岩,以备其还款之用。盛宣怀找到邵友濂,对他说:"李中堂想让你迟一点划拨这笔钱,时间是 20 天。"邵友濂自然照办。

对盛宣怀来说,20 天足够了,他已事先串通外国银行向胡雪岩催款。这时,左宗棠已告假去福州养病,来不及帮忙。由于事出突然,胡雪岩只好从阜康钱庄调出 150 万两银子,先补上这个窟窿。他想,协饷反正是要给的,只不过晚到几天。

直到此时,他还不知道有人暗中做了手脚。在事情更加严重之后,他一打听,才知道是盛宣怀在搞鬼,不禁暗自叹了口气,知道这一回自己是彻底完蛋了。他有气无力地坐在太师椅上,面如死灰。胡府内乱糟糟的,不时有人跑来报告新的坏消息。胡雪岩听着听着,忽然仰起头,大吼道:"盛宣怀,我跟你没完。"

可惜,他现在是四面受敌,已无力招架。邵友濂也早想出手了。江海关的税收归邵友濂管,之前有一次各省关票解沪,邵友濂就已经做了手脚,只是时机不对,胡雪岩在左宗棠的支持下,写出了一封措辞严厉的信,又逢李鸿章抵沪,胡雪岩借商谈鸦片捐税的机会,请求李鸿章出面催收。如此,税款才顺利移交。等到法军进攻越南时,朝中议论分为主战、主和两派。左宗棠主战,邀胡雪岩到总督府面谈,由转运局想办法,购买 4000 支洋枪,另外加拨 25 万两白银,作为开拔费用。这时,市面忽然谣言大盛,说胡雪岩摇摇欲坠,一说他和洋人在丝茧上斗法,已经落了下风;一说是应付的洋债到期无法清偿。谣言的源头正是邵友濂。

刘庆生被官府抓捕后,乘着越刮越猛的"倒胡"风,一个江湖黑龙会的头目进了阜康钱庄，往柜台上递上一张银票，说："给我兑现银！"

罗家驹接过银票一看，顿时傻了眼，这是一张面额为5万两的银票。他忙让客人稍等，转身入内找到徐先生。徐先生正安排伙计去给胡雪岩报信："刘庆生此时被官府拿去怕不是好兆头！"现在看到银票上这么大的数字，他顿时方寸大乱，冷汗直冒，赶紧来到柜台，这时柜台外面一直到街上，已经聚集了不少人，或交头接耳，或三五成群窃窃私语。看到徐先生从里间出来，有人轻咳一声，所有的眼睛全盯着这位阜康钱庄的临时总挡手。

徐先生一脸笑容："是哪位先生要提现银？"

"我！"那声音、那架势，一看就不是良善之辈。徐先生又问了一句："5万两都兑现银吗？"

徐先生想拖到胡雪岩赶来，于是打着哈哈请对方到里面坐："您这是何苦呢？钱存在我们阜康钱庄，不仅不会减少，还会生利息，搁在家里反而……"

那头目竖眉立眼地说："怎么，这样拖泥带水、推三阻四，是不是没有银子可兑？"他突然扯着嗓门朝人群大叫："大家快来看——阜康钱庄没银子可兑，想赖账！"

立刻有不少人拥到柜台边。大街上，过往行人开始驻足观看，阜康钱庄可是上海滩排在前几位的大钱庄！徐先生不得不强颜欢笑："谁说的，阜康钱庄怎么会没银子可兑呢！真是笑话！"他扭头冲伙计拉长声音道："好嘞，兑银5万两！"

要运走这5万两银子，不使脚夫就得用马车拉，这边黑龙会头目正指挥手下磨磨蹭蹭、大呼小叫地将一口口银箱抬上马车，又一辆马车徐徐停在阜康钱庄门前。一名身着羊皮坎肩、足蹬黑洋布高腰靴的男子跳下车，扬了扬手中的银票，高声道："老板，兑现银！"

徐先生接过他递过来的银票一看，又是一个5万两，他不禁倒抽一口凉气，现出惊慌的神色，人群中一阵骚乱。大额客户先后提现，阜康钱庄有了"挤提"的先兆……

胡雪岩得到消息时并没有惊慌，该来的迟早会来，阜康钱庄在金融风潮迭起的上海滩能坚持到今天，已经是个奇迹。他取出一封事先写好的信，吩咐一个伙计火速送往道台衙门：邵友濂拖欠的用来还洋债的"协饷"150万两，说好这两日归还，有这笔银两到库，再大的挤兑风潮也能平息下去。

然而，他并不知道，盛宣怀、姜石林他们已经布下天罗地网，他今番是在劫难逃了。他发往各分号的催银电报，被姜石林在电报局截获。邵友濂则躲进姜石林的公馆，两人在幕后指挥这场绞杀胡雪岩的战斗。

姜石林对自己的聪明头脑颇为得意："胡雪岩和洋商的生丝大战亏了1000万两，现在英国汇丰银行又催逼他还洋债！他纵然富甲天下，也拿不出成千上万两银子，只好向各地分号紧急调运头寸。否则，上海阜康钱庄的家底全掏空了，就撑不住门面了。"

邵友濂咬牙切齿地说："胡雪岩，胡雪岩！你的厄运终究到了。"说罢，他双手往后一抄，得意地扬了扬脖子。

"对！邵大人，商场如战场，胡雪岩在明处，我们在暗处。'明枪易躲，暗箭难防'，李中堂吩咐下来的事情，成败在此一举！"姜石林的连环计已经产生效果了。

邵友濂连连拍着桌子："还要再猛一些！把公家的大宗银项全拿去挤兑！心一定要狠，手绝不能软。"

"大人，我已让电报局发电报给各地，让储户到阜康钱庄各个分号去挤兑，在大江南北掀起更大的挤兑风潮……"

"好！这样胡雪岩就垮得更快了。哈哈……"

一大清早，上海阜康钱庄门口已排起长队，大批储户等着兑换现银。有人估计，昨日仅大户就从阜康提走至少50万两银子。有些银锭褶凹上还挂着银霜，明显是从未出过库的十足官银。这表明阜康已经在挖老底了！

面对挤提，胡雪岩一筹莫展。昨日下午，汇丰银行催债，上海道台邵友濂隐身不见，刘庆生的被拿引发谣言四起，就算各地有银子运到，也远水救不了近火——确实有人在有计划、有步骤地要摧毁他胡雪岩！

库里的存银不到两个时辰就被挤兑一空。

上海挤兑初起时，胡雪岩正在回杭州的船上。浙江藩司德馨与他一向交好，听说上海阜康钱庄即将倒闭，料定杭州阜康钱庄也会发生挤兑，忙叫两名心腹到库中提出2万两银子，送到阜康钱庄。

宁波通源钱庄和通恒典当行均是阜康钱庄的大分号。德馨准备由官府代垫银子20万两，维持这两家钱庄不倒闭。但胡雪岩却拒绝了德馨的好意，不愿意连累他，情愿放弃这两家钱庄而保存杭州阜康钱庄的实力，目的是想收缩战线。在经济面临崩盘之际，他的基本想法是力求图存，尽可能保持一个败而不倒的基础，但事情并没有他想象的那么简单。

杭州的局势尚能稳定一时，但上海那边却已失控。胡雪岩到了杭州，还没来得及休息，就星夜赶回上海，让管总高达去催上海道台邵友濂发下协饷。邵友濂却叫下人出来说自己不在家。

胡雪岩忙叫高达赶快去发电报给左宗棠。殊不知，盛宣怀已暗中叫人将电报扣下。第二天，胡雪岩见左宗棠那边没有回音，这才急了，亲自去上海道台府上催讨。这一回，邵友濂借口去视察江南制造局，溜之大吉。

胡雪岩无奈，只好把自己的地契和房产抵押出去，同时廉价卖掉积存的蚕丝，希望能够挺过这场挤兑风潮。不料，事情愈演愈烈，各地阜康钱庄门前人山人海，大门被挤掉，柜台被挤倒。胡雪岩这才明白，是盛宣怀在暗中算计自己。

盛宣怀还在准备给胡雪岩致命一击。他通过内线，对胡雪岩的调款活动了如指掌，估计胡雪岩调动的银子陆续进了阜康钱庄，便托人到钱庄提款挤兑。

提款的都是大户，少则数千两，多则上万两。盛宣怀知道，仅靠这些人挤兑，还搞不垮胡雪岩。于是他又动用了最先进的通信工具——电报,向各地通报消息,使挤兑风潮愈演愈烈。

很快,胡雪岩接连接到几封电报:各地阜康钱庄,今日皆遭遇挤兑!

"完了!"胡雪岩一字一顿地下令,"不下排门,告诉外面,阜康歇业!"

到胡雪岩起程回杭时,上海阜康钱庄遭挤兑已有3天。到了第四天,只好上了排门。杭州这边情势尚好,一则没有李鸿章的人煽动,二则藩司德馨和胡雪岩亲如兄弟,亲自到阜康钱庄维持秩序,所以等胡雪岩上岸,照旧摆出排场,以稳定人心。

当天德馨深夜造访,和胡雪岩、郭庆春一起斟酌发往军机处密友的电报,托他在都老爷面前烧烧香,正好快过年了,承诺节敬从丰从速,请他们在家纳福,不必多管闲事。只要大家对胡雪岩有所体谅,事情就有回转的余地。

他们算了算总账,人欠、欠人通扯来算,连官款在内,还完欠款后,还多出350万两。假如朝廷出面主持公正,挤兑之风还刮不倒胡雪岩的经济大厦。但风潮之起本属有因,要想朝廷在此时施以援手,绝无可能。事情很快通天。据奏,阜康银号关闭,查刑部尚书文煜在该号存银70多万两,要求"查明确数,究所从来",恐怕很快就有严旨。

在北京,一场攸关胡雪岩性命的权力斗争正暗流涌动。

早朝前,行事一向谨慎的文煜装作随意走动的样子,悠悠然踱至荣亲王面前,朝这位昏朽的老者深深点头致意,确信这位亲王没犯迷糊,然后说:"闻听左湘侯有封紧急奏折送呈亲王,要您老人家向圣上启奏,亲王准备如何处置此事?"

荣亲王素知文煜城府很深,便从怀里掏出那份奏折:"左湘侯的奏本尚在我手里,我正拟今日奏明皇上和太后,从速解决第一、第二批洋款的归还问题。"

文煜粗声粗气地说:"亲王听我说句实话吧!"接着,他事无巨细,娓娓道来,从左宗棠、李鸿章先后跟曾国藩当幕僚,从围剿太平军起家，谈到后来左当闽浙总督，李当直隶总督，左兼南洋大臣，李兼北洋大臣，左立有不朽军功，李总理万国事务（外交）方面不辞劬劳。最后说："这两位汉人大臣争功斗法，由来已久！我们这些满人官员，在左、李党争中最好持超然态度。胡雪岩与左宗棠生死攸关，共为一体。但他毕竟只是左氏的一只臂膀，抑或一根拐杖，我们何必为这个暴发户张目，去得罪李中堂呢？我们和李中堂究竟要走得近些，诸多利益关系已经融为一体，难以分开。就算是坐观龙虎斗，左季高也比李少荃大了10多岁，已属西风残照啰！"

荣亲王犹豫道："你说的也不是没有道理，但我担心万一胡雪岩垮了，你我不同样要受到影响？我们都是阜康钱庄的大股东，文大人的股份好像比我更多！倘若胡雪岩破产，城门失火，岂不殃及池鱼？"

文煜成竹在胸，诡谲地一笑："不！亲王，您恐怕想岔了，只有胡雪岩破产，财产移交朝廷清算，算盘珠子由我等扒拉，我们才能得到真正的好处！"

"哦，此话怎讲？"荣亲王精神不禁为之一振。

"下官执掌刑部，已收到各地不少的奏本和诉状。倘以国法论处，胡雪岩确有不少祸国蠹民的罪状，其财产完全可以没收充公，这样一来，我们不就可以按股份折算其各类资财，把它们名正言顺地拿到手吗？"

荣亲王听了，恍然大悟，频频点头道："领教！领教！"

文煜恶狠狠地说："胡雪岩仗着自己是红顶商人，短短几年敛财，竟然富可敌国，他的宅院，京城哪个王公贵族能比得上？荣亲王，现在是摘下他红顶子的时候了！"

就这样，左宗棠因远在福州，委托荣亲王代为启奏的"急密"奏本，未能及时送达御前，又未当廷启奏，该日朝议便没有这个话题了。

荣亲王、文煜等面圣，意在促使皇帝早些颁旨，责问胡雪岩的贪渎之罪。若是迟了，或是他的钱庄、当铺歇业久了，资财被其他债主分光，他们可就要偷鸡不成反蚀一把米了。

此时，乾清宫里，正大光明匾下，一场将胡雪岩赶尽杀绝的朝议已接近尾声。

须弥座上，已届中年的光绪皇帝，将手中一份有关胡雪岩的奏折重重地扔在御案上，鼻孔里哼了一声，抄手踱了起来。

参奏一个红顶商人的本章如此之多，矛头集中指向一个连督、抚都不是的虚衔人物，明眼人一看便知是有人幕后操纵。光绪皇帝停止踱步，冷冷看了一眼丹墀之下，立时就有宝鋆出列，伏地奏道："户部尚书宝鋆启奏，为道员胡雪岩侵取公私款项，请旨拿刑部治罪，以正国法，而挽颓风。"宝鋆乃军机五大臣之一，在对法国入侵越南的问题上，与主战的左宗棠、曾国荃等意见尖锐对立，但在军机处内，他又因与胡雪岩的亲谊关系常受攻讦，所以要抢先做出姿态。

光绪皇帝故意放缓语气说："胡雪岩，不就是那个赐予二品顶戴、赏穿黄马褂的富商吗？怎么一下子又要拿他下牢，交刑部治罪？到底都参他些什么？你等向朕一一奏来。"

宝鋆忙道："皇上，经户部初步查核，胡雪岩经手公款数额巨大，由江海、江汉两关及两江采办军火等经费就有1770万两之巨，各省协饷尚不在内……若任其亏空，不予严惩，年复一年，则国库公款将被奸商掏空，非杀一儆百不可。"

文煜也紧跟着出列，加强声势："皇上，刑部尚书文煜跪奏：查胡雪岩出身市侩，一身兼官商之名，一手擎着红顶子，一手拿着账本子，遇事售奸贪之术，网聚公私款项，盈千累万之多。现突然将京城、上海、杭州、福州、两湖等地的阜康各字号全部关歇，闭门逃走，臣请立行拘捕，查封家产，追回损失，决不可姑息。伏乞皇上恩准！"

对胡雪岩的弹劾，文煜是主奏，罗织罪名达六七款之多，如"贿通权要""勾结洋夷""贪污秽行""欺世盗名"之类。其他人有奏胡雪岩"草菅人命"的，有奏他"僭制越礼""武断乡曲"的，不一而足。

光绪帝懒得听这些如苍蝇般嗡嗡的议论之声，半晌不见几位亲王出来说话，遂高声降下谕旨："拟旨！朕准户部、刑部所奏！现在阜康银号闭歇，胡雪岩着先行革职，严行追究。其所有房产店铺，一律查封，以防假手移转。此案务必彻查，尔后再据刑定罪。钦此！"

文煜、宝鋆叩首连连，口称"皇上圣明"，心中暗喜。随着这道谕旨，凡有胡雪岩店铺资财的地方，全都响起了纷沓的脚步声，晃动着如狼似虎的公差的身影，一张张封条贴到了"阜康钱庄""阜康典当""胡庆余堂"的门窗上……

面对破产清算，胡雪岩没有匿报账册和转移财产，而是把全部账册缴出，听候朝廷处理。他家中收藏的首饰细软，即使破产仍可维持相当阔绰的生活，但他仍据实上报。他并不害怕官府查抄，因为公款有典当做抵押，可以慢慢偿还，私人存款则不能打折扣，用他自己的话说："一想到这里，肩膀上就如有千斤重担，压得喘不过气来。"

在各地钱庄纷纷倒闭、查抄之风四起之际，他仍有条不紊地处理事务，体现了他豁达大度、处变不惊的气度。他曾经对别人说："我是一双空手起来的，到头来仍是一双空手，不输什么。只要我不死，你看我照样一双空手再翻起来。"

第三十章　撒手人寰，烟云散一片白茫茫

　　胡雪岩经营多年的钱庄、银号"不经日而肆闭"，在上海引发了一场金融大地震。

　　新一轮的疯狂挤兑，使上海南北市面的70家钱庄，到旧历年年底剩下不到10家。上海遭遇了开埠以来的首次重创！

　　胡雪岩破产以后，两江总督左宗棠出面，会同浙江藩台德晓峰（满人）、杭州知府和钱塘、仁和两县，主持债务清理工作。

　　胡雪岩被户部尚书阎敬铭指控"监守自欺侵吞公私款"等罪名以后，悲愤不已。除了典资抵缴朝廷王公大臣债款以外，尚累及各善堂、各行号和众多平民百姓的存款，无力偿还，他为此深感不安。

　　这些小户牵涉面极广，有商贩走卒、和尚道士、流氓妓女、鳏寡孤独，他们将一生积蓄存入阜康钱庄，没想到现在却分文无着。眼看偿还无望，他们纷纷拥至胡庆余堂索债闹事。为了维护胡庆余堂正常营业，杭州官府特出告示，严惩拥店闹事者。不少小户债权人迫于无奈，愤然采取极端行动，闯入元宝街胡宅芝园，强行搬走家具、摆设。这些家具都很值钱，有老红木的、花梨木的、紫檀的；各种摆设雕刻精细、形态各异，有洋人送的，有官员送的，也有胡雪岩自己收藏的，顷刻之间被一抢而空。胡家的人自知理亏，也不予阻拦。

　　传说灵隐寺的一个和尚在阜康钱庄存有300两银子，闻讯也跑来搬东西，但来迟了，家具、摆设都已被先来者搬走。他踅摸到灶边，见灶龛中有一个泥塑灶君，形象精巧，两旁有蜡台香炉，也甚可爱，便随手拿走。回到寺里，他请人仔细察看，发现灶君并非泥塑，乃赤金制成，

蜡台银质也很值钱，而香炉竟是赫赫有名的"宣德炉"。和尚一下子成了富翁。谁知第二天一觉醒来，这3件宝贝竟不翼而飞，和尚得而复失，悔恨交加，竟然一头栽进寺旁的冷泉亭下溺水而亡。

夜深人静，胡雪岩开始细算自己欠下的账款：前前后后都算上，总共欠债1500万两，要还清这笔巨款，恐怕要把自己全部的资产都赔上。

灯下，胡雪岩用笔记录自己的产业和店铺，那一个个熟悉的名字，饱含自己半生的劳苦和感情，如今全都要赔出去，他怎能不肝肠寸断？！

罗四太太来看他，见状不禁掩面而泣，胡雪岩对她说："现在还没有到最后见分晓的时候，朝中还有左公，他不会看着我不管的！但眼下恐怕要做最坏的打算，家里的姨太太也该让她们走了，去谋一条生路。"

大年三十晚上，胡雪岩在元宝街芝园宴请姬妾。夫妻俩坐上座，姬妾20余人分坐左右。席间，丝竹之声扣人心弦，如诉如泣，令人肝肠寸断。胡雪岩心如刀绞，强作镇定，高举酒杯，说道："天下无不散之筵席，雪岩不才，遭此厄运，一生事业已付诸东流。你们随我已久，今不忍见再为我牵累，今晚干完这杯告别酒，于后而别，以壮行色。今各自回房，收拾可带财物细软，另发川旅银500两，各奔前程，去安度余年……"说完连饮3杯，低头无语。

众姬妾闻听此言，知胡雪岩气数已尽，无力回天，无不悲泣。小妾香雪跪于胡雪岩面前，泣不成声地说道："妾侍候大先生多年，已享过荣华富贵，今遭劫难，妾不忍离去，愿终身相随，生死与共。"

香雪原本是大家闺秀，知书达礼，聪慧过人，熟稔官场，深知民间，为胡雪岩事业的一大帮手。听了她暖人心房的话语，胡雪岩更为心酸。香雪又说："奴家房内藏有阜康钱庄存折，内有私蓄10万两银子，另外还有钻镯一对、金银首饰若干，变卖后也值数金，可做全家生计。"

胡雪岩说："阜康钱庄已被查封，爱妾的存折无法兑现了。"

香雪说："留得青山在，不怕没柴烧。大先生只要人在，不怕没有翻身之日。"

"雪岩自知有愧于你们，现在已来不及弥补了，你们还是各自谋条生路去吧!"胡雪岩悲伤不已,怅然泪下。

在胡太太和罗四太太的安排下,姨太太和下人们先后离开了胡家。

千盼万盼,胡雪岩终于盼来了左宗棠的信,但信中说:"现在的局面,我已很难维持,雪岩你要早做打算,给自己安排一条后路。"

胡雪岩看完信,手中的茶杯落在地上,昏死过去。朦胧中他似乎又见到了左宗棠,他只想要左宗棠说一句话——他胡雪岩不是一个唯利是图的商人,而是对得起朝廷、对得起百姓的汉子!

不久,他听到了哭声,缓缓睁开眼睛,只见罗四太太哭道:"大太太藏了价值约50万两银子的珠宝在朱太太家,本想给一家老小留条退路,不想被朱太太卷走了,她一气之下吃了安眠药,自尽了!"

一行泪顺着胡雪岩的脸颊流了下来。

外面响起了爆竹声,病中的胡雪岩忽然想起明天就是腊八,母亲还在灵隐寺等着家人给送腊八粥呢!他猛然坐起来,询问腊八粥是否做好。罗四太太说下人们都走了,自己还没来得及做。

胡雪岩不想让母亲知道家中的事情,他要亲自去熬腊八粥,给她送去。

火炉旁,胡雪岩熬着粥,忽然感到唯一的安慰是母亲还在自己身边。

次日,胡雪岩小心翼翼地将腊八粥递到母亲面前,胡母看着他,什么也没有问,什么也没有说,只是静静地接过来慢慢地吃。胡雪岩在一旁看着,感到沉默中的母亲已经知晓一切,心中不免慌乱。胡母吃了两口,似乎吃不下去了,对他微微一笑,说:"不如你媳妇熬得好!"

她分明知道媳妇已经死了。胡雪岩闻听此言,再也忍不住了,他叫了一声"娘",便放声大哭。胡母把他抱在怀里,也流下泪来,停了一会儿,说想去寺里给菩萨烧炷香。

胡雪岩知道母亲的心意,背起她朝高高的山上走去。山路崎岖,胡雪岩背着母亲走到庙前,转头唤娘却没有回应,他放下母亲,发现母亲已经闭上了双眼,手里还紧紧地攥着那把香。

母亲去了,胡雪岩感到天仿佛塌了。七七过后,他呆呆地跪在母亲坟前，回想自己的一生，艰辛坎坷，风里雨里，水里火里，闯出一片天地，叱咤商场，显赫一时。人生无常，世事难料，如今一切如白云苍狗，随风散去。

不久，户部尚书阎敬铭又咨左宗棠，要"将胡光墉侵取西征借款行用补水十余万两于革员备抵产业内迅速变价，照数措齐"。所谓"行用补水"，是指借款时所花掉的交际费和装运时的水脚保险等费用，这些早经左宗棠核准，列入正项报销。于今战事结束，胡雪岩破落后重提旧事，迫其追缴，不仅对胡雪岩是一种无理欺压，亦使左宗棠极为难堪。由此亦知，显赫一时的左宗棠也是大势已去。

光绪十年（1884年）九月，左宗棠请旨去福建养病，两江总督由曾国荃代理。曾国荃在咨复户部的公函中，倒为胡雪岩说了几句公道话。他说："前值收还伊犁，俄人多狡展，和战未定，而国内外防营须饷孔殷……前督办大臣左宗棠深恐因饷哗噪，一面慰谕各军，一面贷银接济，情形迫切，虽其所费较多，而其所全甚大……以前两次支项，均经胡光墉具报，有案可稽……迄今事隔数年，忽据着赔，不独胡光墉业已穷途无措，即其备抵实物，骤易实银，徒作纸上空谈，追缴亦属具文。且彼恃其早经报销，将不咎己之浮开，必先怨官之失信。在胡光墉一市侩耳，曾何足惜。而纪纲所在，或不得不慎重出之……此番案属因公支用，非等侵吞。"

曾国荃代表左宗棠，在咨复户部的公函中叙事详明，措辞委婉，为胡雪岩作了辩解，但是依然无效，结果官员们仍逼迫胡雪岩备抵产业变价解缴。

此时胡雪岩已将罗四太太攒积下来的近20万两纹银，送至阜康钱庄供储户兑现。"亏谁，也不能亏客户，亏我胡雪岩的衣食父母！"

另一边，姜石林接到刑部尚书文煜亲王急电，火速赶往杭州。他此行的目的只有一个，赶在胡雪岩变卖家产之前，把胡雪岩的宅邸和胡庆余堂这两块肥肉抢到手里。文煜最感兴趣的是胡庆余堂药店，派姜石林来杭就是要和胡雪岩谈判。

文煜是钱庄存款大户，存银有70万两之多。他担心朝廷要查究他这么多存款的来历，于是主动向慈禧太后奏请，愿向朝廷捐献银子10万两。这样，曾国荃便把文煜列为胡雪岩的最大债权人。这样一来，文煜不仅获得了胡庆余堂的全部债权，还成了芝园的新主人。

　　胡雪岩得知后捋须大笑，对文煜说："老实告诉你吧，我建造这间药店和宅院，耗去白银200余万两。既然文大人看中了，我就半送半卖，做个顺水人情吧！"直到这个时候，胡雪岩仍如此大气！

　　一天，胡雪岩邀文煜在胡庆余堂"耕心草堂"内饮酒长谈，他强打十二分精神，绝不表露出自己失魂落魄的样子，这也算是新旧主人交接药铺的一次聚会。

　　胡雪岩抬头看了一眼古朴典雅的"耕心草堂"和高悬的"戒欺"匾，内心深感沉重。人生如梦，一生辉煌已如过眼烟云，数千万财富似冰化雪融，他却束手无策，无可奈何。最使他留恋的是这苦心经营的胡庆余堂。他怀着十分复杂的心情，在"耕心草堂"宴请药铺的新主人。

　　"文大人，胡某愧对大人厚爱，愧对场面上的一帮朋友。人生无不散之筵席，今天谢幕了，特敬上一杯薄酒，望前程珍重。"说毕胡雪岩一饮而尽。

　　"不，不！雪岩老弟，本人受朝廷谕旨，接管药铺，实在情非得已，先生豁达大度，以平常心待之，实令人敬佩，我也回敬老弟一杯。"文煜急于表白自己。

　　"文大人，胡某一生事业付诸东流，这是天意，不可违抗，没有结果，只有过程。胡某理当处之，不会在乎成功与失败，但有一事却不能释然……"胡雪岩欲言又止，心觉凄然。

　　"雪岩老弟，有话尽管直说，兄弟的为人，文某尽有所知。"文煜表露出一副坦荡的样子，似乎他们依然是兄弟。

　　胡雪岩接着说："胡某倾家荡产，累及公私，于心不安。更难于释怀的是胡庆余堂，它是胡某一生之心血，奉母之善举，病家之福益。望大人能尽心再造，于公于私，天下幸矣！"

文煜说:"本人虽非中药行家,但亦久闻雪岩老弟之良苦用心,正有一事相商,不知能遂愿否?"

"大人直说无妨。"胡雪岩爽快地说。

"文某希望胡庆余堂今后仍能沿用'胡雪记'三字,不知意下如何?"文煜诚恳地说。

胡雪岩微微露出一丝笑容,坦然说道:"大人有此远见,胡某甚为赞同。望大人以胡某在药铺'戒欺'跋文中所言,集天下之大义,以诚信为本,称雄药界、商界,药铺幸甚,病家幸甚。"

光绪十一年(1885年)七月,左宗棠在福州病逝,胡雪岩彻底失去了靠山。清廷官员因左宗棠在清理债务时触动了他们的利益,群起而攻之。户部尚书阎敬铭落井下石,于同年十一月十二日又奏请:"已革道员侵取公私款项,请旨拿交刑部治罪,以正国法。"他一面速将已革道员胡雪岩拿交刑部严追定拟治罪,一面将胡雪岩的家产押追着落,扫数完缴。朝廷批准了阎敬铭的奏折,下旨给浙江巡抚部院刘行,要他将胡雪岩逮捕入狱。

这天夜晚,胡雪岩写下了一份遗嘱:"墉做丝生意亏本,累及公款,又累私账,又苦多少亲友,尚有平日所靠墉吃饭者不少,真害大众。墉在日有洋1000元,将来冬至后,托周晓江、戚俊源二位仁兄,其洋400元,做坟之用,必得年前落葬。年内无日可用,则好开年,愈早愈好,入土为安。墉同周、戚二公三四十年交情,拜托,照墉之意而做。其洋600元,墉在日面交300元周晓翁,300元戚俊兄,二位共600元。华表坟上不用,此物不过后人好看,墉如此下场,要好看何用,费神卖脱,恐坟上不敷,将华表以备敷之用。此事如能照墉之意而做,墉在九泉,感恩无浅,一位保佑长寿多孙,一位得位贵子。墉之妾,恐不能久活,如死,拜求一同葬也。"

写完,胡雪岩坐在躺椅上,用最后的力气拨动着手中的那串珠子,手指忽然停住,脸上露出了微笑,说:"我胡某人,今生今世,不再欠任何人的钱!"说罢,他手一松,珠串掉在地上,啪的一声散了,珠子滚落一地。

　　光绪十一年（1885年）十一月十二日，浙江巡抚部院刘行接到要把胡雪岩逮捕入狱的圣旨后，即密札杭州知府吴世荣，由他督同仁和、钱塘两县前去胡雪岩家查看，只见桐棺七尺（梧桐板所制的劣质棺材）停放在灵堂，灵帏垂地，烛光如豆。询知家属逐一细点，只有桌椅板凳粗杂家具，别无细软贵重之物。家属胡乃钧等供称："所有家产，前已变抵公私各款，现今人亡财尽，无产可封。"奉旨前来逮捕胡雪岩的差役见状，只得悻悻而去。

　　同年十二月十七日，《申报》载有一则新闻，题曰《烈姬》，文中云："杭垣胡君雪岩，晚年奉母家居，深居简出，颇有韩蕲和不谈兵之概。前日忽染沉疴，寿终正寝，胡君素多内宠，昔乎尽皆遣散，所存者二三人而已。胡君既殁，有某姬，痛不欲生，誓以身殉，众人力劝，始忍泪进餐。自胡君入殓即回房紧闭至晚未启。家人各自忙乱，亦无人问及。至黄昏后，一仆妇推门而入，见姬悬梁高挂，大惊，急唤众奔集，解去其绳，抚之体已冰且僵矣。家人见其节烈，无不惊悲赞叹。奚奉（罗四）太太之命，一切棺衾从丰承殓，即柩胡君之侧矣。他日一同出殡，一遂其同穴之盟云……胡君生平蓄姬妾不下百余至，仰其鼻息，沾其余唾，以成富家翁，作巨腹贾者，更不知几何。今于途穷日落之际，他皆视若泛交，只得一宠姬相从地下，魂而知当不尽炎凉之感矣。"

　　江南的冬天，枯叶在寒风中飘飞，寒气入骨。罗四太太带着胡雪岩的灵柩远走他乡，她回望胡家大院，只见文煜的下人忙里忙外、吵吵闹闹，已经开始换灯笼了。故园依旧，物是人非，罗四太太的唇边露出一丝冷笑。

　　沿途的人看到胡雪岩的灵柩驶过，争相呼叫："胡大善人走了！胡大财神走了！"

　　人们放起了鞭炮，撒下了纸钱。刘不才带着胡庆余堂的伙计向小船哭拜；岸边，已经出家的芙蓉在为他诵经；河道间，水面上，罗四太太跪在船头，扶着胡雪岩的灵柩，向乡亲们哭拜而别。

　　小船远去，残阳如血，水色苍茫。

后　记

　　本书在出版过程中，得到了李华伟、林中华、李华军、范高峰、林学华、张慧丹、林春姣、李雄杰、刘艳、李小美、林华亮、陈聪、曹阳、李伟、曹驰、庞欢、刘艳、张丽荣、李本国、林晓桂、李泽民、龚四国、周新发、林红姣、林望姣、李少雄等不少同人的支持和帮助，在此特表示深切的谢意！